# 청소년의 아르바이트 경험과 적응

# 청소년의 아르바이트 경험과 적응

청소년들은 아르바이트를 통해 무엇을 경험하고 있으며, 그것은 청소년들에게 어떠한 영향을 미치는가

김예성 지음

한국학술정보㈜

# ▌❦ 머리말

　　　　　현재 우리 사회에서는 시간제노동, 즉 아르바이트에 참여하는 학생들의 수가 빠르게 증가하고 있다. 1990년대의 급격한 자본주의 성장 속에서 자라난 지금의 청소년들은 단순한 소비 주체일 뿐만 아니라 생산 주체로서 노동을 통해 적극적으로 경제활동에 참여하고 있으며 이 같은 청소년들의 노동참여는 앞으로 계속 확산될 것으로 보인다.

　오늘날 이들의 아르바이트 활동을 바라보는 시각에는 긍정적인 관점과 부정적인 관점이 혼재하고 있으나, 구체적으로 이들이 아르바이트를 통해 어떠한 경험을 하고 있으며 그것이 이들에게 어떠한 영향을 미치는지에 관해서는 경험적 연구가 부족한 실정이다. 이에 본 연구는 학교청소년들의 시간제노동 경험특성이 학교적응, 심리적응, 행동적응 수준에 어떠한 영향을 미치는지를 규명하고자 하였다. 즉 '학교청소년의 시간제노동 경험은 어떠한 양상을 보이는가', '학교청소년의 적응에 영향을 미치는 시간제노동 경험특성은 무엇이며 그 영향은 어떠한가'라는 두 가지 연구문제를 설정하고, 이를 분석함으로써 학교청소년 시간제노동에 대한 이해를 넓히는 한편 그에 대한 제도적 실천적 개입 방안을 도출하기 위한 기반을 마련하고자 하였다.

　분석을 통해 얻은 결과를 정리하면 다음과 같다.

　첫째, 본 연구의 연구대상인 한 달 이상의 지속적인 노동경험을 지닌 학교청소년은 조사대상자의 19.0%에 해당하는 201명으로 나타났다.

이들은 주로 패스트푸드점 또는 일반음식점에서 서빙이나 배달하기, 주유소 주유원, 전단지 돌리기 등 단순 업무에 종사하고 있는 것으로 나타났으며, 평균적으로 주당 약 24시간이라는 긴 시간 동안 일을 하고 있는 것을 확인할 수 있었다. 이들은 대부분 특정 물건을 사거나 용돈을 마련하기 위한 물질적 동기에서 노동을 하는 것으로 나타났다. 또한 절반 가까운 수가 부모 동의서나 고용 계약서를 작성하지 않은 채 일을 하고 있었으며, 최저임금 미만의 열악한 임금을 받거나 사고나 부당대우를 당하는 경우도 상당수인 것으로 조사되었다.

둘째, 노동경험이 없는 학교청소년들과 비교한 결과 노동경험 학교청소년들은 전반적으로 가계의 경제적 수준이 낮고 학교적응 수준 및 행동적응 수준이 떨어지는 것으로 나타났으며, 이러한 적응 수준의 차이는 인구학적 변수들을 통제한 뒤에도 유의미하였다. 이를 통해 노동경험 학교청소년에 대한 사회복지적 개입의 필요성이 높음을 알 수 있다.

셋째, 노동경험 학교청소년의 적응에 영향을 미치는 다양한 노동경험 요인들을 확인하였다. 우선 주당 노동시간이 길고, 노동학업 간 갈등이 높을수록 학교적응은 낮아지는 반면, 자율성이 보장되는 특성을 지닌 노동을 하거나, 노동에 대한 학교의 지지가 충분히 주어지는 경우 노동경험 청소년들의 학교적응 수준은 높아지는 것으로 나타났다. 그중에서도 학교의 지지 변수는 가장 큰 영향력을 미치고 있음을 확인할 수 있었다. 심리적응에 있어서는 노동을 하면서 부담을 많이 느낄수록,

부당한 대우를 경험하는 일이 많을수록, 노동과 학업 간 갈등을 많이 느낄수록 불안, 우울, 위축 같은 심리정서문제를 경험할 확률이 높은 반면, 노동자율성이 높고 고용주로부터의 지지 수준이 높을 경우 심리적응에 긍정적 영향을 미치는 것으로 나타났다. 이 중 영향력이 가장 큰 변수는 노동학업 간 갈등으로 나타났다. 또한 주당 노동시간이 길고, 노동을 하면서 사고나 부당대우를 받는 경험이 많을수록, 노동학업 간 갈등을 많이 느낄수록 문제행동을 일으킬 가능성이 높은 것으로 나타났다. 이 중 가장 큰 영향력을 미치는 변수는 노동학업 간 갈등임을 확인할 수 있었다.

넷째, 노동경험 학교청소년의 적응 수준에 대하여 노동경험 특성 변인들이 지니는 상대적인 설명력을 비교한 결과 노동 부담이나 노동자율성 같은 노동의 내적 특성 변인과 사고 및 부당대우 경험과 같은 노동환경 변인의 중요성을 확인할 수 있었다. 이는 지금까지 대부분의 선행연구에서 나타나는 바와 같이 노동시간과 같은 노동의 양적 특성에 주안점을 둔 분석방식은 적절치 않음을 의미하는 것으로 볼 수 있다. 즉 노동경험 청소년들의 적응 수준을 향상시키기 위해서는 노동의 질적 측면을 고려하는 한편, 노동환경을 개선하기 위한 노력이 시급하다고 할 수 있다.

연구결과 시간제노동 학교청소년들은 노동경험이 없는 청소년에 비해 적응에 어려움을 겪을 수 있는 집단이며, 이들의 적응 수준에는 노동의 다양한 특성들이 영향을 미치고 있음을 확인할 수 있었다. 그중에서도 노동학업 간 갈등 및 노동에 대한 학교의 지지 변수의 영향력이 큰 점을 감안할 때, 시간제노동 학교청소년들에게 개입하기 위해서는 무엇보다 학교를 기반으로 한 학교사회복지제도를 활용하는 것이 효과적일 것으로 보인다. 그 밖에도 노동경험이 보다 긍정적 의미를 지닐 수 있기 위해서는 소비와 연관한 전반적인 경제활동에 대한 이해가 필요하며, 이러한 측면에 대해 가정에서의 적절한 지도가 이루어질 필요가 있다. 또한 노동현장과 아울러 노동 청소년에 대한 사회전반의 인식전환과 함께 시간제노동 청소년들을 실질적으로 보호할 수 있도록 현행 법률의 개정 및 규제의 강화가 필요하며, 이들을 제도권 안으로 끌어들여 적극 지원함으로써 노동경험이 보다 긍정적으로 작용할 수 있도록 하기 위한 사회의 전반적인 노력이 뒷받침되어야 할 것이다.

청소년기의 노동경험은 건전한 사회경험 진로와 관련한 새로운 경험으로서 청소년들의 성장에 도움이 되는 하나의 방편으로 작용할 수 있다. 이를 위해 교육계, 사회의 고용주 및 일반 성인들 모두의 노력이 필요한 시점이다.

# ೫ 차 례

# 제1장 서 론

# 제1절 문제제기

근래 들어 학교 청소년들의 노동시장 참여가 눈에 띄게 증가하고 있다. 청소년 아르바이트에 관한 조사연구들을 살펴보면, 학교와 지역에 따라 차이는 있지만 적게는 약 20%부터 많게는 50%에 이르는 학교 청소년들이 노동시장에 참여한 경험을 지니고 있음을 확인할 수 있다(이철위, 박창남, 정혜영, 2000; 이혜진, 2000). 앞서 자본주의가 발달한 서구의 경우 80년대에 이미 고교생의 80% 이상이 졸업 전 취업을 경험하고 있으며(Loughlin & Barling, 1998) 우리나라의 경우도 '기회가 주어진다면 아르바이트를 하고 싶다'고 응답한 학생의 비율이 80%에 이르고 있음을 비추어 볼 때(서울 YMCA, 1997), 청소년의 노동참여는 앞으로 계속 증가할 현상임을 예측할 수 있다. 최근 청소년 시간제노동 환경의 열악함과 이들이 겪는 임금착취나 성희롱 같은 다양한 문제점들이 여론과 기관조사를 통해 지적되면서 청소년 노동참여 문제가 우리사회 일부 청소년에게만 국한된 것이 아니라는 인식의 변화는 어느 정도 이루어졌으나, 학생의 본분은 학교공부라는 기본적인 사회의 인식과 이들의 노동참여를 규제하려 하는 정책적 방향은 청소년 시간제노동에 대한 정확한 이해를 가로막는 한편, 청소년들의 노동참여를 보다 음성화하는 원인이 되고 있다.

과거의 청소년 노동이 생계유지라는 단일변수하에 이루어졌던 것과는 달리, 아르바이트라 불리는 현대 청소년 노동을 이해하기 위해선 다양한 사회적 변인을 고려해야 한다. 서비스 산업의 팽창으로 저임금

시간제노동 수요가 증가하고 있는 가운데 자본주의 및 물질문화의 확대와 함께 현대사회의 소비주체로 성장한 지금의 청소년들은 높아진 소비욕구를 충족시키기 위해 일자리를 찾고 있으며(한경혜, 2000; Carr, Wright, & Brody, 1996), 이처럼 청소년의 삶에 있어 '일'이란 요소의 비중이 점차 증가하고 있음을 볼 때 지금까지 청소년기 발달에 대한 논의가 주로 가족, 학교, 친구관계에 제한되어 이루어져 왔다면 이제는 노동도 하나의 중요한 요소로 간주하여 그것이 청소년 발달에 미치는 영향을 적극적으로 검토해야 할 때라 볼 수 있다(Greenberger, Steinberg, & Vaux, 1981; Young, 1983; Marsh, 1991; Singh, 1998). 청소년기는 발달단계상 성인에 비해 새로운 역할과 사회상황에 보다 민감하게 반응하는 시기(Glenn, 1980)로, 성인보다도 노동환경으로부터 영향을 받을 가능성이 크며 그것은 이후 이들의 발달과정에 많은 영향을 미치는 것으로 보고되고 있다(Lorence & Mortimer, 1985).

과거 빈곤으로 인해 노동을 할 수밖에 없었던 근로 청소년들의 경우 이들에게 보다 많은 교육적 혜택과 경제적 원조를 제공하려 하는 원조적 관점이 주를 이루었다면, 현대 사회에서 학교청소년의 노동경험을 바라보는 관점은 보호적 관점과 발달적 관점으로 나누어볼 수 있다(장원섭, 2001).

보호적 관점에서는 학생이 일을 하는 것의 문제점을 부각시키거나 그 부작용을 우려하여 소극적으로 보호하려는 입장을 취하고 있다. 이러한 입장에서는 노동이란 학생의 신분에 어긋나는 것으로 학업에 악영향을 미칠 수 있고, 이를 통해 유해환경에 노출될 경우 건강상 부정적 영향을 입는 동시에 비행이나 탈선의 가능성이 있으므로 엄격히 금지해야 한다고 주장한다. 청소년기는 자체로 고유한 발달적 위기와 변화를 겪는 시기로 열악한 노동환경 속에 방치될 경우 자칫 치명적인 상처를 입을 수 있으며, 소위 '자아정체감 형성기'라 불리는 발달단계적 특성상 노동에 과도하게 몰입될 경우 다양한 진로와 적성, 의미 있는 자아를 찾아가는 과정으로서의 중대한 탐색기회를 빼앗길 수 있다고 보는 것이다. 이는 자아정체감 확립 과정에서 그들만의 '유예기(moratorium)'적 특권을 상실하게 됨을 의미하는 것으로 결과적으로 발달상 손실을 가져올 수 있다고 본다(Greenberger & Steinberg, 1986; Worsnop, 1990).

실제 외국의 선행연구들을 살펴보면 열악한 환경에서의 노동경험을 통해 얻는 스트레스는 청소년들의 우울, 자기비하, 외적 통제소를 증가시키는 등 심리적응과 정신건강에 부정적 영향을 미치는 것으로 나타나며(Mortimer, Finch, Shanahan & Ryu, 1992; Steinberg, Fegley & Dornbusch, 1993), 노동경험으로 인해 학업이나 청소년기 중요한 다른 경험의 기회를 박탈당함으로써 학교중도탈락이나 문제행동의 가능성이 증가할 수 있음을 보고하고 있다. 특히 장시간의 노동은 학업, 정신건강에 부정적 영향을 미치고, 비행이나 약물남용 가능성을 높임으로써 이들의 적응에 부정적 영향을 미치는 것으로 보고되고 있다(Greenberger & Steinberg, 1986; Lillydahl, 1990; Steinberg & Dornbusch, 1991).

반면 발달적 관점에서는 청소년의 일할 권리를 보장하고 노동경험을 교육적으로 승화시키려는 적극적 입장을 취한다. 청소년들에게 있어 노동경험은 현재의 생활 및 장래의 진로를 계획하고, 건전한 소비자로서의 자세를 형성시켜 주며, 자립심과 책임감을 길러 주고 대인관계 능력을 발달시킬 수 있다는 점에서 긍정적으로 작용할 수 있다고 보는 것이다. 나아가 노동경험은 청소년들로 하여금 사회생활의 어려움을 경험하는 기회를 제공하는 동시에 이를 극복하는 방법을 배울 수 있게 해준다고 주장한다.

실제 외국의 선행연구들을 살펴보면 노동경험은 청소년들의 자기효
능감을 높이고 학교제도를 보완하는 교육적 측면을 지니고 있음을 확
인할 수 있다. 노동경험은 청소년들에게 학교에서 배운 기술을 '실제
세상'에 적용시킬 수 있는 기회를 제공함으로써 학업능력의 발달과 증
진에 기여할 수 있고, 성공적인 사회구성원이 되기 위해 정규교육이
필요함을 느끼게 해주며, 사회와 단절되어 학교생활만을 함으로 인해
느낄 수 있는 지루함을 달램으로써 학교생활에 도움이 될 수 있다고
본다(Schill, McCartin & Meyer, 1985; Stern & Nakata, 1989). 특히
학업에서 어려움을 겪는 학생의 경우 성공적인 노동경험을 통해 학업
성취에서의 실패로 저하되었던 자존감을 증진시킬 수 있고 노동경험
을 통해 얻은 실용적인 지식이 궁극적으로 학문적 지식의 증진에도
도움이 될 수 있는 것으로 나타난다(Larsen & Shertzer, 1987).

이처럼 상반되는 관점이 공존함을 볼 때 현재 우리나라 시간제노동
학교청소년의 노동경험은 어떠한 영향을 미치는지 파악해야 할 필요
성이 높음을 알 수 있다. 즉 실제 노동경험의 영향에 대해 파악할 때
그에 근거하여 보호적 또는 발달적 관점을 선택할 수 있으며, 나아가
부정적 영향으로부터 노동경험 청소년을 보호하는 동시에 발달적 장
점을 취할 수 있는 것이다.

그러나 1990년대에 비로소 시작된 국내 청소년 시간제노동에 대한
연구들은 대부분 실태파악 수준에 머무르고 있으며, 노동경험이 청소
년의 적응에 미치는 영향을 다룬 연구들은 극소수에 불과한 형편이다.
이들은 현재와 같은 열악한 환경에서 이루어지는 청소년 노동은 학교
중도탈락이나 문제행동 같은 부정적 결과를 가져올 가능성이 크다는
점을 지적하면서(한경혜, 2000; 문성호, 2003), 사회성이나 직업의식

등에서 긍정적 기제로의 가능성을 찾고자 탐색적 시도를 하고 있으나 (조혜정, 1996; 장원섭, 2001). 이러한 연구들도 주관적인 인상과 주변 관찰에 근거한 개인주장적 성격이 강하기 때문에 경험적 자료에 바탕을 두어 보다 체계적인 분석과정을 거친 연구의 필요성이 크다 하겠다.

근래에는 청소년 노동의 다양한 환경적 맥락과 더불어 노동환경의 질에 초점을 맞춘 연구의 필요성이 강조되고 있다(Mortimer, Finch, Dennehy, Lee & Beebe, 1994; Hansen & Jarvis, 2000). 한경혜(2000)는 노동경험 청소년들에 대한 질적 연구를 통해 동일한 종류의 아르바이트를 하였음에도 불구하고 청소년들 간 아르바이트 경험의 내용과 의미가 다양하게 나타남을 지적하면서 노동의 동기, 일터에서의 경험, 주위 환경으로부터 받는 지지 등에 의해 그러한 차이가 나타난다고 설명하고 있으며, Entwisle, Alexander, Olson과 Ross(1999)도 청소년기 노동은 일반적으로 인식되는 것보다 훨씬 다양하고 도전적인 변수들을 지니고 있는 만큼 이러한 변수들을 연결시켜 이해하는 총체적인 시각이 필요함을 제안하였다.

본 연구는 학교 청소년의 노동경험이 증가하고 있는 지금의 시점에서 이들의 노동경험 실태에 대해 구체적으로 이해하고, 그러한 노동경험이 이들의 적응에 어떠한 영향을 미치는지 실증적으로 밝히고자 한다. 청소년기 노동경험에 관련된 다양한 변수들, 즉 노동강도, 노동내용, 노동환경 등과 같은 특성들을 고려함으로써 청소년 노동경험의 다양한 특성들을 인정하는 동시에, 그러한 특성이 이들의 학교적응, 심리적응, 행동적응에 어떠한 영향을 미치는지 파악하는 것은 노동경험 학교청소년들을 이해하고, 유해한 환경으로부터 이들을 보호하며, 노동경험이 학교생활과 대립하기보다는 상호 보완할 수 있는 가능성을 찾기 위한 기반을 마련하는 데 있어 중요한 밑거름이 될 수 있을 것이다.

# 제2절 연구의 의의

지금까지의 논의와 관련해 볼 때, 본 연구를 실시하는 의의는 다음과 같다.

첫째, 시간제노동 학교청소년은 어떠한 특성을 지니고 있는지, 현재 우리나라 청소년 노동시장은 어떠한 특성을 지니는지, 시간제노동 학교청소년은 노동을 통해 어떠한 경험을 하는지 보다 실증적으로 파악하고자 하였다. 지금까지 국내 청소년 시간제노동에 관한 조사들은 노동경험에 대한 단편적 사실 위주로 이루어져 온 경향이 있다. 이에 본 연구는 시간제노동 학교청소년들의 특성과 노동경험에 대해 보다 포괄적으로 다룸으로써 이들에 대한 이해를 한층 깊이 할 수 있는 계기를 마련하고자 하였다.

둘째, 청소년 시간제노동의 특성들이 학교청소년의 적응 수준에 미치는 영향을 이해하기 위한 보다 총체적인 시각을 제시하였다. 서구 선행연구들의 경우 대부분 학교성적 같은 단일변수에 대해 단순히 노동경험 유무에 따른 집단차이를 다루고 있는 경우가 많기 때문에 실제 청소년들이 노동을 통해 무엇을 경험하고 있으며 그 결과는 어떠한지 충분히 다루지 못하는 한계를 지닌다(Stern, Stone, Hopkins & McMillon, 1990; Steinberg & Cauffman, 1995). 본 연구에서는 시간제노동의 다양한 특성들을 인정함과 동시에 이들이 학교청소년의 학교적응, 심리적응, 행동적응이라는 세 가지 측면에 미치는 영향력을 분석함으로써, 청소년들의 적응에 긍정적 또는 부정적 영향을 미치는 시간제노동의 요인들을 검토하였다.

셋째, 청소년 노동경험이 학교적응 수준에 미치는 영향을 설명할 수 있는 이론적 틀을 제시하고 이를 실증적으로 분석하였다. 지금까지의 청소년 시간제노동에 대한 국내연구는 실태조사 수준에 머물러 있으며 이에 대한 논리적 체계화나 실증적인 설명이 매우 부족한 상황이다.

넷째, 시간제노동 학교청소년에 대한 개입 방안을 제시하기 위한 기반을 마련하고자 하였다. 현재 시간제노동 청소년들은 열악한 환경에서 부당한 대우를 받으면서도 노동이 학생의 본분에 어긋난 행동이라는 인식으로 인해 학교나 사회로부터 제대로 보호받지 못하고 있는 실정이다. 이들을 보호하기 위해서는 학교, 가정, 사회의 공동된 노력이 필요하며, 이러한 관점에서 본 연구는 시간제노동 학교청소년들을 원조하는 데에 필요한 기반 자료와 실천을 위한 함의를 제공하고자 하였다.

# 제3절 연구문제

본 연구는 시간제노동 학교청소년과 그들의 노동경험이 지닌 다양한 특성들에 대해 이해하고, 노동경험이 이들의 적응 수준에 어떠한 영향을 미치는지 파악함으로써 시간제노동 학교청소년의 적응에 도움을 줄 수 있는 개입방안을 도출하고자 하는 목적을 지닌다. 이에 다음과 같은 연구문제들을 설정하였다.

[연구문제 1] 학교청소년 시간제노동의 양상 및 특성은 어떠한가?
'연구문제 1'은 현재 국내 학교청소년의 시간제노동 특성에 대한 구체적인 조사연구가 부족한 실태임을 감안하여 설정된 연구문제로, 학교청소년 시간제노동이라는 현상에 대해 구체적으로 파악함과 동시에 노동관련 특성이 이들의 적응에 미치는 영향을 검토하기 위한 기본 전제를 마련하고자 설정되었으며, 다음과 같은 하위 연구문제를

지닌다.

　[연구문제 1-1] 학교청소년의 시간제노동은 어떠한 양상으로 이루어지고 있는가?

　[연구문제 1-2] 시간제노동 학교청소년은 어떠한 특성을 지니는가? 노동경험을 지닌 학교청소년은 노동경험을 지니지 않은 학교청소년과 어떠한 차이를 지니는가?

　**[연구문제 2] 시간제노동 학교청소년의 노동경험은 이들의 적응 수준에 어떠한 영향을 미치는가?**

　[연구문제 2-1] 시간제노동 학교청소년의 노동경험은 이들의 학교 적응 수준에 어떠한 영향을 미치는가?

　[연구문제 2-2] 시간제노동 학교청소년의 노동경험은 이들의 심리 적응 수준에 어떠한 영향을 미치는가?

　[연구문제 2-3] 시간제노동 학교청소년의 노동경험은 이들의 행동 적응 수준에 어떠한 영향을 미치는가?

# 제2장 이론적 배경

# 제1절 학교청소년 시간제노동 경험과 적응

## 1. 청소년 시간제노동

### 1) 청소년 시간제노동의 개념적 정의

현재 청소년의 노동을 지칭하는 데 있어 '아르바이트(arbeit)'와 '시간제노동(part-time work)[1]'이라는 용어가 혼용되어 사용되고 있다. 이에 청소년의 노동에 대해 보다 명확한 개념정의를 내릴 필요가 있다.

청소년 노동에 있어 보다 통상적으로 사용되고 있는 용어인 '아르바이트'는 일, 노동, 근로 등의 뜻을 가진 독일어에서 어원을 찾을 수 있으며 '본래의 직업 외에 임시로 하는 일'이라는 사전적 의미를 지니고 있다. 이 경우 학교청소년이 돈을 벌기 위해 일하는 것은 학교공부라는 학생의 본업을 벗어난 것이며, 지속적으로 하기보다는 언제라도 그만둘 수 있다는 일의 임시적 특성이 강조된다고 볼 수 있다. 이에 비해 '시간제 취업'은 전일근무(full-time work)와 대비되는 개념으로, 국제

---

[1] 1997년 개정된 근로기준법에서는 '시간제근로'에서 '단시간근로'로 파트타임 노동을 일컫는 용어가 변경되었으나, 본 연구에서는 생소한 느낌을 없애고 대부분 고용계약 관계가 시간제로 되어 있거나 임금을 시간급으로 계산해서 받는 청소년 아르바이트의 특성을 살려 '시간제노동'이라는 용어를 사용하고자 한다.

노동기구 ILO는 '같은 사업장에서 같은 유형의 근로관계를 맺고 있으면서 동일 업무에 종사하는 통상근로자보다 소정 근로시간이 짧은 근로자'라고 정의하고 있으며 비전형근로(non-standard employment)로 분류되어 계절적 임시적 및 일시적 고용형태를 포함하는 개념으로 보고 있다. 이처럼 청소년 노동을 시간제 취업으로 파악할 경우 이들은 비록 근로시간이 짧기는 하지만 같은 일을 하는 성인 근로자와 유사한 법적 권리 및 대우를 받을 자격을 지닌 노동인력으로서의 개념을 획득하게 된다(오문완, 1997).

실질적으로 아르바이트와 시간제 취업의 개념을 명확히 구분하는 데에는 한계가 있지만, 사회의 부정적 인식과 불완전한 법적 보장으로 인해 여러 가지 문제점을 겪고 있는 청소년의 노동이 하나의 정상적 근로형태인 시간제 취업으로서 보호받을 수 있게 되어야 한다는 필요성하에 본 연구에서는 청소년의 노동참여를 가리키는 용어로 '아르바이트'보다는 '시간제노동'을 사용하고자 한다[2]. 이에 Steinberg와 Cauffman(1995), Mortimer 등(1994)의 연구에서 사용한 개념정의를 활용하여 본 연구에서 '학교청소년 시간제노동'이란 '학교청소년이 일정 기간 동안 정기적으로 노동력을 제공하고 그에 대한 임금을 받는 경우'라고 정의하고자 한다.

## 2) 청소년 노동에 대한 법적 규정

현재 우리 정부에서는 18세 미만 미성년자 노동에 대해 성인근로자

---

2) 그러나 청소년 사이에서는 '아르바이트' 또는 '알바'라는 용어가 일상적으로 사용되므로, 설문 시에는 응답자의 이해를 돕기 위해 '아르바이트'라는 용어를 사용하였다.

와 구별하는 몇 가지 법적 조항을 두고 있으며, 청소년 노동의 개념을 보다 명확히 하기 위해 이러한 법적규정에 대해 고찰해볼 필요가 있다.

첫째, 취업연령을 제한하고 미성년자 취업 시 증명서를 비치하도록 규정하고 있다. 근로기준법에서는 15세 미만인 자(중학교에 재학 중인 18세 미만 포함)의 근로를 원칙적으로 금지하고 있으며, 13세 이상 15세 미만의 청소년을 고용하는 경우 반드시 노동부장관이 발급한 취직인허증을 비치하도록 규정하고 있다. 또한 18세 미만의 청소년 고용 시에는 연령을 증명하는 호적증명서와 친권자의 동의서를 사업장에 비치하도록 규정하고 있다(근로기준법 62조, 64조).

둘째, 미성년자 스스로 근로계약을 체결하도록 하고 있다. 민법상 미성년자는 법정대리인의 동의를 얻어 법률행위를 하도록 되어 있으나, 근로계약은 인적 종속을 가져올 수 있다는 점에서 친권 남용의 가능성을 배제하기 위해 미성년자의 동의가 있는 경우에도 친권자 또는 후견인이 근로계약을 대신할 수 없도록 규정하고 있다. 또한 미성년자의 근로계약이 그에게 불리하다고 인정되는 경우에는 법정대리인 또는 노동부장관이 이를 해지할 수 있음을 명시하고 있다(근로기준법 65조).

셋째, 미성년자에게 독자적인 임금청구권을 부여하고 있다. 임금은 근로자의 생계보장을 위해 필수적인 사항이므로 민법상 행위능력이 없는 미성년자의 경우라도 법정대리인의 동의 없이 단독으로 임금을 청구할 수 있도록 규정하는 한편, 임금에 대한 대리적 수령을 금하여 미성년자가 직접 수령하도록 규정하고 있다(근로기준법 66조).

넷째, 근로시간을 제한하고 있다. 15세에서 18세 미만 청소년의 근로시간은 하루 7시간, 주당 40시간을 초과하지 못하며, 당사자와의 합의에 따라 하루 한 시간, 일주일에 6시간 내에서 연장할 수 있도록 되어 있다. 또한 당사자의 동의와 노동부장관의 인가[3]를 얻은 경우 외에는 밤

10시부터 아침 6시 사이 야업과 휴일 근로를 금하고 있다(근로기준법 67조, 68조).

다섯째, 도덕상 보건상 유해하거나 위험한 직종에의 취업을 금하고 있다. 위험한 사업장과 청소년보호법 등에 의해 청소년 출입·고용 금지업소[4], 청소년 고용 금지업소[5]로 규정된 사업장에의 취업을 금하고 있으며, 미성년자를 청소년유해업소에 직업소개하는 것도 법적으로 금지되어 있다(근로기준법 63조).

### 3) 청소년 시간제노동의 실태

국내에서는 2000년 이후 비로소 청소년 시간제노동에 대한 전국적 차원의 조사가 이루어지기 시작하였다. 지금까지 기관을 통해 규모 있게 이루어진 청소년 시간제노동에 대한 실태조사로는 서울 YMCA(이혜진, 2000), 한국청소년개발원(이철위 외, 2000), 노동부(2002), 참여연대(2002) 등의 조사를 들 수 있다.

이들의 조사방식과 각 조사결과 나타난 시간제노동 청소년의 비율은 〈표 2-1〉과 같으며, 조사 지역과 대상에 따라 차이가 있지만 약 30~40%의 청소년들이 노동경험을 지니고 있는 것을 확인할 수 있다.

---

3) 18세 미만자를 야간 또는 휴일근로에 종사시키고자 하는 사용자는 인가신 청서에 당해 근로자의 동의서 및 근로자 대표와의 합의결과 사본을 첨부하여 관할지방노동관서의 장에게 제출한 후 심사를 받아 인가서를 교부받도록 되어 있다(근로기준법시행교칙 14조).
4) 유흥주점·단란주점, 비디오방·노래방(청소년 출입허용시설 제외), 무도 학원업·무도장업, 사행행위영업 등
5) 숙박업·이용업·안마업, 유독물 취급업, 티켓다방, 주류판매 목적의 소주방 ·호프·카페, 게임장, 만화대여업 등

〈표 2-1〉 국내 청소년 시간제노동에 대한 조사연구

| 조사기관 | 조사년도 | 조사지역 | 조사대상 | 노동경험 청소년의 비율 |
|---|---|---|---|---|
| 서울 YMCA | 2000년 | 서울 및 10개 중소도시 | 14-21세 청소년 3,833명 | 30.4% |
| 한국청소년개발원 | 2000년 | 전국 45개 중고등학교 | 중고등학생 3,679명 | 29.2% |
| 노동부 | 2002년 | 전국 6개 도시 중고등학교 | 중고등학생 3,471명 | 41.3% |
| 참여연대 | 2002년 | 서울 경기지역 11개 중고등학교 | 중고등학생 1,106명 | 45.3% |

청소년의 시간제노동은 법적, 제도적, 사회적 여건 등으로 인해 성인의 노동과 다른 몇 가지 특성을 보인다.

첫째, 청소년 시간제노동은 선택할 수 있는 직종의 폭이 매우 제한되어 있다. 실제 조사결과를 살펴보면 '전단지 돌리기'가 70% 정도로 가장 많고, '음식점 서빙', '패스트푸드점', '음식점 오토바이 배달', 그밖에 'PC방, 대여점 매장 관리', '신문배달', '주유소', '건설현장 노동', '삐끼' 등의 직종도 약간 수준을 차지하는 것으로 나타난다. 특히 성별이나 학교급별 차이를 막론하고 가장 높은 비율을 차지하는 '전단지 돌리기'는 단발적으로 원하는 만큼 일할 수 있는 반면 보수가 적다는 특징을 지니는데, 중학생의 경우 90%가 '전단지 돌리기'를 경험한 것으로 나타나 고등학생에 비해 직종선택에서의 폭이 더욱 제한되어 있음을 보여준다(서울시정개발연구원, 2000: 이혜진, 2000: 참여연대, 2002). 외국의 경우에도 마찬가지로 청소년의 시간제노동은 음식 서비스, 노동, 판매, 사무보조 같은 낮은 수준의 기술을 요하는 직업에 제한되어 있는 것으로 나타난다(Greenberger, Steinberg & Ruggiero,

1982; Kablaui & Paulter, 1991).

　둘째, 청소년 시간제노동은 비전문적이고 단조로운 작업이 주를 이루고 있다. 이들의 업무는 전문성이나 경험을 필요로 하지 않는 경우가 대부분으로, 특별한 교육이나 훈련 없이 곧바로 현장에 투입되어 일을 시작할 수 있는 반면 직업으로서의 발전 가능성은 낮다고 볼 수 있다. Mortimer 등(1992a)은 청소년들은 특별한 기술을 요하지 않고 반복적인 단순 작업이 주를 이루며 동료와의 상호작용이 부족한 노동환경에 종사하게 된다고 주장하였다. Steinberg(1983)도 청소년 노동은 유형에 관계없이 지루하고 반복적이며 결정을 내리거나 기술을 배울 기회가 거의 없다고 지적하면서, 10대 노동을 직접 관찰한 결과 가장 많이 관찰할 수 있는 행동은 '청소하기', '나르기' 같은 저기술 노동임을 보고하고 있다.

　셋째, 청소년 시간제노동은 열악한 환경에서 이루어지는 경우가 많으며, 법적 보호장치가 부족한 상황이다. 참여연대(2002)의 조사에 따르면 많은 노동경험 청소년들이 '작업환경의 불결함과 위험성'을 문제점으로 지적하고 있으며, 특히 20% 정도가 업무와 관련하여 다친 경험을 지니고 있는 것으로 나타났다. 이들은 체계적인 교육 없이 먼저 일한 사람에게 주의 사항을 전달받는 정도가 교육의 전부였으며, 오토바이 배달의 경우 면허증이 없는 줄 알면서도 일을 하도록 하는 등 안전사고의 위험이 매우 큰 것으로 나타났다(인권운동사랑방, 2002).

　나아가 청소년 노동경험의 대표적인 문제점으로 임금 및 수당 미지급, 구타나 폭행 경험, 성희롱이나 성추행, 상해 및 상해에 대한 치료비 미지급, 고용과 급여에서의 차별 등 노동현장에서 경험하는 다양한 형태의 부당대우를 들 수 있다. 많은 청소년 노동자들이 최저임금 이하의 저임금을 받거나 그마저 제대로 받지 못하고 있으며, 열악한 환경에서 상해를 입으면서도 치료조차 받지 못하는 것으로 나타난다. YMCA(2000)의 조사에 의하면 노동경험자 중 약 46%의 절반 가까운 학생들이 일을 하면서 부당한 대우를 경험하며, 이철위 등(2000)의 조사에 의하면 약 10%의 노동경험 학생이 구타나 폭행을 경험한 것으로 보고하고 있는데, 이러한 현상은 여학생보다 남학생, 고등학생보다 중학생에게서 두드러지게 나타난다. 여학생의 경우 노동현장에서 성희롱과 성추행의 위험이 크고, 취업 시 일의 특성보다는 외모를 중심으로 모집조건을 제시하는 성차별적 과정을 공공연히 경험한다거나 임금에 있어서도 차별을 경험하는 것으로 나타났다(인권운동사랑방, 2002).

넷째, 시간제노동 청소년들은 대부분 그 사회의 평균을 하회하는 낮은 수준의 임금을 받는다. 이철위 등(2000)의 조사에 의하면 시급 '1,500~2,000원' 정도가 39%로 가장 높은 비율을 차지하며, 이 중 근로기준법상 최저임금액6)보다 적은 보수를 받는 학생도 20%에 달하는 것으로 나타났다. 참여연대(2002)의 조사에서도 18세 미만 연소근로자의 최저임금 미만으로 시급을 받는 경우가 11%에 달하는 것으로 나타난다. 청소년들은 똑같은 일터에서 똑같은 일을 하고도 어리다는 이유로 성인 노동자에 비해 적은 임금을 받거나 비정규적 특성으로 인해 차등임금을 적용받는 경우가 비일비재한데, 이는 근로 형태 및 나이에 따른 엄연한 차별임에도 불구하고 값싸고 쉽게 노동력을 제공

---

6) 2000년도부터 현재까지의 최저임금액 연도별 추이는 다음과 같다.

| 연　도 | 최저임금액(원) |
|---|---|
| 2000.9 ~ 2001.8 | 1,865 |
| 2001.9 ~ 2002.8 | 2,100 |
| 2002.9 ~ 2003.8 | 2,275 |
| 2003.9 ~ 2004.8 | 2,510 |
| 2004.9 ~ 2005.8 | 2,840 |
| 2005.9 ~ 2006.12 | 3,100 |

받으려는 고용주의 이해에 밀려 저임금의 악순환이 계속되는 것으로
볼 수 있다. 또한 근로계약을 제대로 체결하지 못하고 고용주가 정한
방식대로 임금을 계산하다 보니 불합리하게 임금이 삭감되거나 일을
하고도 임금을 받지 못하는 경우가 적지 않게 발생하는 것으로 나타
난다(인권운동사랑방, 2002).


## 2. 시간제노동 청소년의 적응

### 1) 적응의 개념

'적응'이란 개인과 환경과의 관계를 나타내는 개념으로 Germain
(1979)은 이를 개인이 일생동안 생존과 성장, 생산적 기능을 충족시키
기 위해 환경과의 적합성을 성취해가는 적극적 노력이라 설명하고 있
다. 이러한 적응은 환경에 자신을 맞추어가는 과정과 자신의 욕구나
갈등을 해결하기 위해 환경을 변화시키는 두 가지 과정으로 구성되며,
단순히 환경의 요구에 자신을 수동적으로 일치시키는 소극적 의미뿐
만 아니라 개체와 환경 간 역동적인 관계를 파악하여 현실적인 목표
를 세우고 이를 달성해 나가는 적극적인 과정으로 이해할 수 있다. 즉
'적응이란 개인과 환경 간 불균형이나 긴장이 야기됨 없이 조화로운 관
계를 유지하는 것을 의미하며, 환경 속에서 자신의 욕구나 갈등을 합리
적으로 해결해 나가는 능동적인 과정'으로 정의된다(Lazarus, 1963).
　현대사회에서 적응의 문제는 누구에게나 중요한 것이지만 특히 청
소년기는 아동에서 성인이 되어가는 발달과정 속에 나타나는 신체적
인 변화와 정서적인 불안정으로 인해 적응에 어려움을 겪을 수 있는

시기로 지적된다(Cole, 1989). 청소년기에는 급속한 신체적 변화와 인
지적 발달을 경험하는 동시에 자아정체감 확립과 더불어 성인생활
을 준비해야 하는 여러 가지 과제를 부여받게 되며(이인정, 최해경,
1995), 이 같은 과업들을 어떻게 성취해내느냐의 문제는 적응 정도를
결정하는 중요한 요인이 된다.

　Harvighurst(1972)는 청소년기 발달과업으로 자신의 신체 및 성 역
할의 수용, 동성 또는 이성친구와의 새로운 관계 형성, 부모와 다른 성
인들로부터의 정서적 독립, 경제적 독립의 필요성 인식, 직업 선택 및
준비, 유능한 시민으로서의 기본적인 지적 기능과 개념 획득, 사회적
책임에 맞는 행동, 결혼과 가정생활 준비, 과학적 세계관에 근거한 가
치체계 발달 등을 제시하고 있으며, 문민식(2001)은 학자들마다 제시하
고 있는 청소년기 발달과제들이 조금씩 다르긴 하지만 공통점을 요약
하면 '학습과 관련된 학업적 발달과업(지적 기능과 개념 획득, 과학적
세계관 등)', '자신과 관련된 심리적 발달과업(자아정체성 형성, 감정
조절 등)', '대인관계와 관련된 사회적 발달과업(타인에 대한 수용, 책
임 등)'의 세 가지 측면으로 정리할 수 있다고 설명하였다. 이렇게 볼
때 청소년기 적응은 성인기의 직업생활, 정서, 대인관계 등과 직접적으
로 연관되므로, 이 시기의 성공적인 적응은 전 생애적 발달을 결정지을
수 있는 중요한 의미를 지니는 것으로 볼 수 있다(오승환, 2001).

　청소년기 적응의 측면에 대해서는 학자마다 강조하는 바가 조금씩
다르긴 하지만 주요 발달과업과 연관지어 주로 정서적 측면, 행동적
측면, 학업적 측면의 세 가지 영역에서 다루어지고 있음을 확인할
수 있다. Achenbach (1991)는 청소년기 적응을 내재화 문제, 외현화 문제,
사회적 역량이라는 세 가지 차원에서 설명하면서, 내재화(internalizing) 문
제는 우울, 불안, 위축 등 사회적으로 내재화되고 과잉통제된 행동으로,

외현화(externalizing) 문제는 비행, 공격성 등 타인에게 해를 입히거나 싸움을 하는 등 외현화되고 과소통제된 행동으로, 사회적 역량(social competence)은 학업성취, 사회활동으로 개념화하였다. 또한 Dubois, Felner, Meares 와 Krier(1994)는 청소년기 적응을 정서적 적응, 행동 적응, 학업 적응으로 개념화하면서, 정서적 적응은 심리적 디스트레스의 정도로, 행동 적응은 약물사용 및 문제행동으로, 학업적응은 성적, 출석 정도, 정학 여부 등으로 측정하였으며, Shek(1997)도 청소년기 주요한 적응의 측면으로 심리적 안녕감, 학교적응, 문제행동이라는 세 가지 측면에 대해 다루고 있음을 확인할 수 있다.

이에 본 연구에서도 시간제노동 청소년의 학교적응, 심리적응, 행동적응이라는 세 가지 적응의 측면에 대해 노동경험과의 연관성을 다루고자 한다.

## 2) 시간제노동 학교청소년의 적응

Greenberger와 Steinberg(1981)는 청소년기 고유의 발달적 위기와 변화를 겪는 청소년들에게 있어 열악한 환경에서 스트레스가 많은 노동을 경험하는 것은 적응에 부정적인 영향을 미칠 수 있음을 경고하였다. 이들은 청소년기 노동에의 참여는 학교, 가족, 친구 영역에서의 발달에 필요한 시간과 에너지를 잠식하게 되므로 노동에 많은 시간을 할애할수록 타 영역의 적응력 향상에 소홀해질 수밖에 없고, 청소년이 종사하게 되는 직업은 열악한 환경에서 이루어지는 단순 반복적 업무가 대부분이기 때문에 이들에게 중요한 자율성, 자신감, 책임감, 목적의식 같은 적응 능력을 함양시키는데 별 도움이 되지 않는다고 주장한다. 이 밖에도 적절한 대처기술을 제대로 갖추지 못한 청소년들이 지나치게 일찍 성인의 책임을 짊어지는 것은 이들의 과도한 스트레스와 무력감을 증가시키는 원인이 되며(Finch, Shanahan, Mortimer & Ryu, 1991), 노동, 학교, 여가활동, 가정, 친구관계에서의 다양한 역할 간 조정의 어려움과 갈등을 야기할 수 있는 것으로 지적되고 있다(Mortimer, Finch, Ryu, Shanahan & Call, 1996).

그러나 이에 대한 국내의 실증적 연구가 부족한 지금, 청소년 시간 제노동 경험이 이들의 적응 수준에 부정적 영향을 미친다고 결론내리기는 이른 시점이라 할 수 있으며, 실제 시간제노동 경험이 미치는 영향에 대해 확인해야 할 필요성이 크다. 본 연구는 이러한 관점에서 청소년기 학교적응, 심리적응, 행동적응의 측면에 있어서 학교청소년의 시간제노동 경험이 미칠 수 있는 영향에 대해 다루고자 한다.

### (1) 학교 적응

시간제노동 청소년의 학교생활과 관련된 논의는 지금까지 청소년 노동참여에 관한 연구들에 의해 가장 중점적으로 다루어져 온 주제라 할 수 있다. 중고등학교 시기에 획득하는 학업성취나 미래에 대한 포부는 이후 진로를 결정하는 핵심적 요인이 되는 만큼 이 시기 노동경험이 학교적응 수준에 미치는 영향은 이후 전 생애를 걸쳐 사회경제적 성취에까지 영향을 미칠 수 있다는 점에서(Finch & Mortimer, 1985), 많은 연구들이 청소년기 발달맥락의 중심으로 간주되어 온 학교와 노동이라는 두 가지 영역 간의 상관관계를 다루고 있다(Green & Jacquees, 1987; Lillydahl, 1990).

시간제노동 학교청소년의 학업 관련 측면을 다룬 선행연구들을 살펴보면, 대부분 학교청소년들이 노동에 쏟는 시간과 에너지는 학교에 대한 정서적 몰입을 감소시킴으로 인해 노동시간이 증가할수록 학교

참여와 학업성취 수준이 낮아진다는 '제로섬(zero-sum) 관점'에 기반하고 있음을 확인할 수 있다(Steinberg, Greenberger, Garduque & McAuliffe, 1982; Steinberg & Dornbusch, 1991; Kablaoui & Paulter, 1991; Carr et al., 1996). 제로섬 모델은 시간이라는 물리적 측면임과 동시에, 학문적 자기개념과 학문적 열망, 학교에의 몰입, 학업에의 투자 등과 같은 사회심리적 구성체로 개념화할 수 있는 것으로, 시간제 취업이 과제수행에 사용하는 시간이나 학교몰입 정도를 떨어뜨림으로써 학문적 결과에 미치는 부정적인 영향을 설명하는 방법이라 할 수 있다.

Coleman(1961)은 청소년들은 또래로부터의 수용을 중시하는 반면 무책임하고 쾌락을 추구하며 학업성취나 지식획득에 무관심한 특성을 가지고 있다고 보면서 이들이 학업관련 목표를 벗어난 활동에 시간을 소비하는 경우 그만큼 학업목표에 사용하는 시간은 적어진다고 주장하였다. 이러한 관점에서 노동에 들이는 시간은 학업을 위한 시간을 잠식시킬 뿐만 아니라 노동에의 몰입을 계속적으로 촉진하게 된다. Marsh(1991)는 시간의 총량이 제한된 상태에서 노동에 할애되는 시간의 비율이 많아질 경우, 그것은 과제수행이나 학교활동에 소요되는 시간을 대체함으로써 궁극적으로 학업활동을 저해하게 된다고 설명하고 있다. 심리적 적응과 학교에의 몰입 등 여러 가지 바람직한 교육적 결과를 증진시킬 수 있는 학교 활동들이 노동참여에 의해 저지되는 것이다(Warren, Lepore & Mare, 2000).

이처럼 직접적으로 공부시간을 감소시키는 것 외에 노동참여는 금전적 자원을 제공함으로써 학업보다 여가를 즐기게 만드는 간접적 요인이 될 수 있으며, 노동으로부터 오는 피로감은 학업에의 집중을 방해하는 요인이 된다(Oettinger, 1999). 시간제노동에 대한 학교청소년

스스로의 인식에 대해 질문한 조사연구에서도 다수의 학생들이 노동경험이 학교출석에 부정적 영향을 미치며, 피로로 인해 학업에 지장을 느낀다고 응답한 것으로 나타난다(McKechnie, Lindsay, Hobbs & Lavalette, 1996).

반면 학교의 가치와 노동현장의 가치가 일치하는 환경적 조건이 갖추어질 경우 노동경험은 학교적응에 긍정적 영향을 미칠 수 있다는 의견도 존재한다. 일터에서 가치 있게 보상받는 특성이 학교 교사로부터 보상받는 것과 유사할 경우, 취업과 학교생활은 서로를 강화하면서 노동경험을 통해 학업성취에 필요한 인성의 발달이 가능하며(Bowles & Gintis, 1976), 노동경험은 학업에 대한 동기의식이나 미래에 대한 의식을 고취시킴으로서 학문에의 노력을 질적으로 뒷받침할 수 있다고 보는 것이다(Ruscoe, Morgan & Peebles, 1996). 또한 낮은 강도의 노동은 학교생활의 지루함을 달램으로써 학교 중도탈락률을 낮출 수 있고 (Schill et al., 1985; Stern & Nakata, 1989), 노동 영역에서의 성취를 통해 적절한 보상을 받는 경험은 학업성취 영역에서의 실패로 저하되었던 자기효능감을 증진시키는 기제가 될 수 있는 것으로 보고되고 있다(Larsen & Shertzer, 1987). 노동과 학교가 상호보완적인 특성을 지닐 경우 노동-학업 간 갈등으로 인해 야기되는 스트레스는 감소하고 나아가 학업에 대한 노동의 긍정적인 영향을 기대할 수 있는 것이다.

실제 노동이 학업에 지장을 주지 않도록 노동시간을 조정하여 학업과 노동 간 균형을 유지하는 방법을 습득하게 될 경우 이것은 학업수행에 긍정적 영향을 미칠 수 있다는 연구결과를 찾아볼 수 있으며 (Committee on the health and safety implications of child labor, 1998), 장시간 노동과 학업을 조화롭게 수행해가고 있는 학교청소년의 경우 두 가지 영역에서의 성취가 서로를 강화한 결과 전혀 일하지 않는 학생에 비해 오히려 중도탈락 위험성이 낮은 것으로 나타난다 (Entwisle et al., 1999). 또한 학업과의 갈등이 적은 방학동안의 노동경험은 학기 중 노동경험에 비해 부정적 경험이 상대적으로 적은 것을 확인할 수 있으며(Oettinger, 1999), 노동의 내용이 학교에서 배운 지식을 활용하고 강화하는 등 일과 학교의 관계에 대해 긍정적이고 상호보완적으로 느낄 경우 두 가지 맥락 간 융합을 통해 학교청소년들의 적응 수준에 긍정적인 영향이 나타나는 것으로 보고되고 있다(Mortimer & Yamoor, 1987; Mortimer, Shanahan & Ryu, 1994).

이처럼 학교적응에 대한 청소년 시간제노동의 부정적 영향과 아울러 긍정적인 영향이 함께 존재할 수 있음을 볼 때 실제 우리사회 시간제노동 청소년의 학교적응 수준과 시간제노동의 다양한 특성들이 학교적응 수준에 미치는 영향에 대하여 확인해야 할 필요성이 매우 큼을 알 수 있다.

## (2) 심리 적응

앞에서도 지적했듯이 청소년기는 발달상 스트레스가 매우 높은 시기로 여기에 가중되는 장시간의 노동은 불안, 우울, 피로, 자존감 저하, 신체화 증상 같은 심리사회적 문제를 야기하는 요소가 될 수 있다. Shanahan, Finch, Mortimer와 Ryu(1991)는 1/4에서 절반가량의 청소년들이 이 시기에 어떠한 형태로든 우울을 경험한다는 연구결과를 제시하면서 청소년기 노동경험이 심리정서문제와 관련하여 중요한 의미를 지닐 수 있음을 지적하였다. 인간은 새로운 역할을 획득할 때 그것에 매우 민감하게 반응한다는 점을 감안한다면, 인생 최초로 경험하게 되는 노동은 청소년들에게 상당한 영향을 미칠 수 있으며, 특히 열악한 노동환경 속에서 얻게 되는 부적절한 경험은 청소년들의 스트레스를 가중시키는 중대한 원인이 될 수 있다. 무엇보다 장시간의 강도 높은 노동은 심리적 스트레스를 증가시키는 원인으로 지적되며, 발달적 스트레스를 완화시키는 주요 기제인 가족 및 또래와의 친밀감 형성을 가로막음으로써 간접적으로 스트레스를 증가시키는 원인이 될 수 있을 것으로 보인다(Steinberg & Dornbusch, 1991). 직업 스트레스를 다룬 다양한 연구들도 노동의 내용, 환경적 특성 등이 노동자의 육체적 건강과 심리적 안녕에 직접적인 영향을 미치는 것으로 설명하고 있으며, 그중에서도 우울, 불안과 같은 정서적 측면은 신체적 측면보다도 노동 스트레스원의 영향에 더욱 취약한 것으로 보고되고 있다(Spector, Chen & O'Connell, 2000).

이처럼 노동 특성에 따른 직접적인 영향 외에도 학교청소년들은 학업과 일을 이중적으로 부담함으로 인해 육체적 심리적으로 손상을 입을 수 있다. 아침부터 학업을 수행하면서 방과 후 밤늦게까지 일하는 생활은 이들에게 성인보다 많은 정신적 육체적 소진을 일으킬 수 있으며(Steinberg & Greenberger, 1980), 우울 불안 등의 심리사회적 적응수준의 하락을 야기할 수 있다. Mortimer 등(1992a)은 청소년기 일을 통해 경험하는 과부담, 어려움 같은 스트레스원들이 무능력감을 야기시키고 이것은 긴장, 우울, 자기비하 등으로 연결될 수 있음을 지적하였다. 또한 학생으로서 노동을 한다는 것은 학업과 노동이라는 두 가지 정체성 영역 간 갈등을 일으킴으로써 심리적 어려움을 가중시킬 수 있는 것으로 나타난다.

하지만 이와는 달리 청소년기의 노동경험이 이들의 정신건강에 직접적으로 큰 영향을 미치지 못한다고 보는 시각도 존재한다(Shanahan et al., 1991). 이들은 청소년들의 경우 경제적으로 부모에게 의존하고 있기 때문에 성인만큼 일에 대해 절대적인 의미를 부여하지 않으며, 한시적이라는 시간제 직업의 특성상 심리적으로 손상을 입을 만큼 노동환경에 심하게 노출되지 않는다고 설명한다. 청소년들에게 있어 보다 중심된 생활 영역은 '노동'보다는 '학교'이며, 현재의 시간제노동보다는 미래의 직업, 그리고 이와 관련하여 현재의 학업을 더 중요하게 생각하기 때문에 노동경험은 이들의 정신건강에 직접적인 영향을 미치지 못하며, 오히려 학업을 통해 간접적인 영향을 미칠 수 있음을 주장하는 것이다.

나아가 노동경험이 지닌 일부 긍정적 영향도 지적되고 있다. 이 경우 새로운 것을 배우고 기술을 활용하는 등 긍정적인 노동환경에서 이루어지는 시간제노동은 청소년들의 자존감, 자기효능감, 내적 통제소 등을 향상시키는 긍정적 작용을 할 수 있다는 점이 강조된다(Mortimer & Lorence, 1979 ; Mortimer, Finch, Shanahan & Ryu, 1992b). 무엇보다 인내를 요구하며 우수한 일부에게만 보상이 주어지는 학교체계와 달리 모두에게 즉각적인 보상이 주어지는 노동경험은 학업에서 실패를 경험한 학생들의 저하된 자존감을 만회시켜 주는 중대한 기제로서 작용할 수 있을 것으로 보인다(Entwisle et al., 1999).

Steinberg 등(1993)은 노동 여부보다도 노동의 특성이 어떠하냐에 따라 그것이 청소년의 심리적 발달에 미치는 영향이 달라질 수 있다고 주장한 바 있다. 이처럼 노동경험이 심리적응에 미치는 영향을 다룬 다양한 연구결과들을 볼 때 노동의 내적 특성을 고려하는 시각이 필요함을 알 수 있다.

## (3) 행동 적응

Hoffman과 Cerbone(1999)은 청소년기 문제행동이 증가하게 되는 원인으로 다음과 같은 몇 가지를 지적하였다. 첫째, 청소년기는 아동기에 비해 사회경험이 확대되고 상대적으로 책임이 늘어나는 시기이기 때문에 타인으로부터 나쁜 대우를 받거나 스트레스적 상황을 경험하게 될 가능성이 커진다. 둘째, 청소년기에는 인지능력이 발달하면서 내부지향적이고 비판적으로 사고하려는 경향이 높아짐으로써 환경이나 사건에 대해 보다 부정적으로 인식할 가능성이 커진다. 셋째, 어려운 상황에 부딪쳤을 때 효과적으로 대처할 능력이나 힘이 부족하기 때문에 분노와 절망감이 상승하게 되고 이것이 비행으로 표출될 가능성이 크다. 이렇게 볼 때 시간제노동 청소년들은 노동이라는 새로운 경험을 하면서 스트레스적 상황에 부딪칠 가능성이 커지고, 이에 대한 부정적 인식과 낮은 대처기제로 말미암아 분노감, 공격성, 비행이 증가할 가능성이 높아질 것으로 보인다.

실제 강도 높은 노동경험은 학교청소년들의 문제행동과 비행의 가능성을 높이고, 흡연이나 음주, 마리화나 같은 약물남용 수준을 증가시키는 것으로 지적되고 있다(Steinberg et al., 1982; Steinberg & Dornbusch, 1991; Mortimer et al., 1992a; Mortimer et al., 1992b; Steinberg et al., 1993).

Steinberg와 Greenberger(1980)는 청소년의 시간제노동이 문제행동 증가의 요인이 되는 이유로 첫째, 노동공간 자체가 문제행동을 일으킬 수 있는 장소가 되며, 둘째, 금전적 보상은 술이나 약물을 살 수 있는 경제적 수단이 되고, 셋째, 청소년들의 물질적 욕구를 증대시켜 문제행동을 동기화시키며, 넷째, 연장자와 어울리는 시간이 늘어남으로써 불법적인 성인문화와의 접촉이 증대됨을 들고 있다. Ruggiero, Greenberger와 Steinberg(1982)도 성인들의 적절한 감독 없이 낮은 임금을 받으며 스트레스적 환경에서 장시간 동안 이루어지는 단순반복적인 노동경험은 청소년들의 반사회적 행동을 증가시킬 수 있는 것으로 설명하고 있다.

그 밖에도 노동경험 청소년들은 노동 스트레스를 다루는 수단으로써 약물을 사용할 수 있으며, 나아가 노동에의 참여는 부모와의 상호작용을 감소시키고 부모의 통제력 및 부모와의 정서적 유대를 약화시킴으로써 잠재적으로 비행에의 관여를 높이는 요인인 것으로 조사되고 있다(Wright, Cullen & Williams, 1997). Bachman과 Schulenberg (1993)는 문제행동의 주된 원인을 청소년들이 성인의 책임감이나 관점을 지니기 이전에 어른의 흉내를 내는 '거짓성숙'이라고 명명하였는데, 이처럼 이른 사회생활로 얻은 미성숙한 자율성이 만족지연 능력의 부족으로 나타나 문제행동으로 연결될 수 있다고 설명한다(Sayfer, Leahy & Colan, 1995).

청소년의 노동과 비행의 관계에 대해 노동이 청소년들로 하여금 비행에 노출될 시간적 여유를 줄이고, 사회에의 애착감을 높이며, 합법적인 물질 획득 수단인 금전적 자원을 제공함으로써 비행을 감소시킬 수 있다는 일부 초기주장도 있었으나(Cloward & Ohlin, 1960 ; Hirschi, 1969), 근래의 연구들은 노동 청소년이 노동을 하지 않는 청소년에 비해, 또한 노동강도가 높아질수록 비행을 저지를 가능성이 높아짐을 보여주고 있다(Marsh, 1991). Mihalic과 Eliott(1997)는 청소년의 노동경험이 동성 및 이성친구와 보내는 시간을 증대시키며, 특히 비행친구들과의 접촉을 증가시킨다고 보고하고 있다. Bachman과 Schulenberg (1993)도 청소년 노동과 폭력의 관계를 다룬 조사연구를 통해 장시간 노동은 학생들을 예민하고 공격적으로 만들어 폭력의 가해 가능성을 높인다는 결과를 보여주었다.

국내에서 학교청소년의 노동시장 참여와 비행의 관계를 다룬 문성호의 연구(2003)에서도 노동시장 참여경험 유무에 따라 음주, 흡연, 문제행동, 폭력 변수 모두 통계적으로 유의미한 차이가 발견되어 노동경험 집단의 문제행동 가능성이 높다는 결과를 보여주며, 노동강도가 높을수록, 부모의 지지와 감독이 낮을수록, 학업수행 능력이 낮을수록 이러한 문제행동 수준은 높아지는 것으로 나타나고 있다.

## 제2절 학교청소년 시간제노동과 적응에 대한 이론적 고찰

지금까지 수행되어 온 선행연구들은 대부분 학교성적 같은 단일변수에 대해 단순히 노동경험 유무에 따른 집단차이를 다루고 있는 경우가 많기 때문에 실제 청소년들이 노동을 통해 무엇을 경험하고 있으며 그 결과는 어떠한지 충분히 다루지 못하는 한계를 지닌다(Stern et al., 1990; Steinberg & Cauffman, 1995). 또한 노동의 양적 특성이라는 한 가지 요인에 기반하여 노동참여의 영향을 분석하고 있기 때문에, 관련된 다양한 요인들의 영향을 파악할 수 없다는 한계를 지니고 있다. 노동시간이 증가할수록 학업이나 그 밖의 발달 영역에 쏟을 수 있는 시간과 에너지가 줄어든다는 단순한 제로섬 관점은 강도 높은 노동의 부정적 영향을 설명하기 위한 하나의 개념틀을 제공해 주기는 하지만, 노동과 그 외 활동에 부여하는 시간 및 관심을 단순히 이분법적인 차원에서 바라본 결과 노동환경과 맥락을 고려하지 못하는 한계를 지니는 것이다. 이를 극복하기 위해서는 어떠한 노동환경 속에서 어떠한 특성의 일을 하고 있는지, 일에 대한 주변 사람들의 지지는 어떠한지와 같은 노동경험의 질적인 측면을 포함하는 포괄적 시각이 필요하다(Barling, Rogers & Kelloway, 1995; Markel & Frone, 1998; Loughlin & Barling, 1998).

본 연구에서는 이러한 문제의식에 기반하여 다양한 노동경험 특성이 청소년들의 적응 수준에 미치는 영향에 대해 설명할 수 있는 이론들을 제시하고자 한다.

## 1. 스트레스 적응(stress-coping) 모델

아동에서 성인으로의 이행을 준비하는 다양한 발달과업을 지닌 청소년기는 스트레스적 생활사건을 경험할 수 있는 주요한 단계인 반면, 이에 대한 적절한 통제력을 갖추지 못함으로 인해 적응에 어려움을 겪을 가능성이 큰 시기로 인식된다(Coddington, 1972). 청소년기의 스트레스 경험은 여러 유형의 적응에 직접적인 영향을 미치는 것으로 나타나며 이 시기의 적응 여부는 이후 장기간의 적응 양상을 예언하는 지표가 될 수 있는 것으로 지적된다(Newcomb, Huba & Bentler, 1981).

일반적으로 스트레스는 생리적, 심리적, 사회적 차원에서 다양하게 접근되고 있으며, 자극으로서의 스트레스, 반응으로서의 스트레스, 역동적 상호작용으로서의 스트레스라는 세 가지 개념으로 설명된다(김정희 역, 1991). '자극'으로서의 스트레스는 환경 내의 자극 특성을 스트레스로 간주하여 긴장감을 일으키는 강하면서도 불유쾌한 정서적 힘 또는 압력, 적응과정을 위협하는 어떤 조건이나 상태라 정의할 수 있으며, 이에 대해 '반응'으로서의 스트레스는 이전의 평형상태로부터의 변화, 즉 적응을 요구하는 모든 자극에 대한 반응을 가리킨다. 나아가 '역동적 상호작용'으로서의 스트레스는 환경 내의 자극특성과 이에 대한 반응 간의 매개체로서 인간의 특성을 강조하여 스트레스를 이해하려는 입장으로, 자극으로서의 스트레스 개념과 반응으로서의 스트레스 개념을 포함하는 보다 포괄적인 개념틀을 제공해주며 현재 널리 받아들여지고 있는 관점이라 볼 수 있다. 대표적 학자인 Lazarus와 Folkman(1991)은 스트레스를 '개인이 가지고 있는 자원의 한계를 초과하여 자신의 안녕이 위협당한다고 평가되는 개인과 환경 간의 특정한 관계'로 정의하였으며, 이렇게 볼 경우 환경의 특성과 개인의 적응,

그리고 그것을 매개하는 요인들을 포괄적으로 파악할 수 있다는 장점을 지닌다.

Aneshensel과 Gore(1991)는 청소년기의 독특한 특성과 스트레스 이론을 결합하는 과정에서 청소년기의 스트레스는 스트레스원, 대처자원, 적응적 결과라는 세 가지 차원에서 성인과 다른 모습을 나타낼 수 있기 때문에 성인의 스트레스 이론을 일반화시켜 적용하기에는 어려운 구별되는 특성을 지님을 지적하였다. 청소년기에는 새로운 역할을 획득함으로써 성인기와는 다른 문제 상황에 봉착하게 되고, 청소년기의 발달적 변화는 대처기술이 미숙한 청소년들의 내외적인 대처자원을 약화시킬 가능성이 있으며, 스트레스 결과인 적응의 유형도 성인과는 다른 모습을 나타낼 수 있다고 설명하는 것이다.

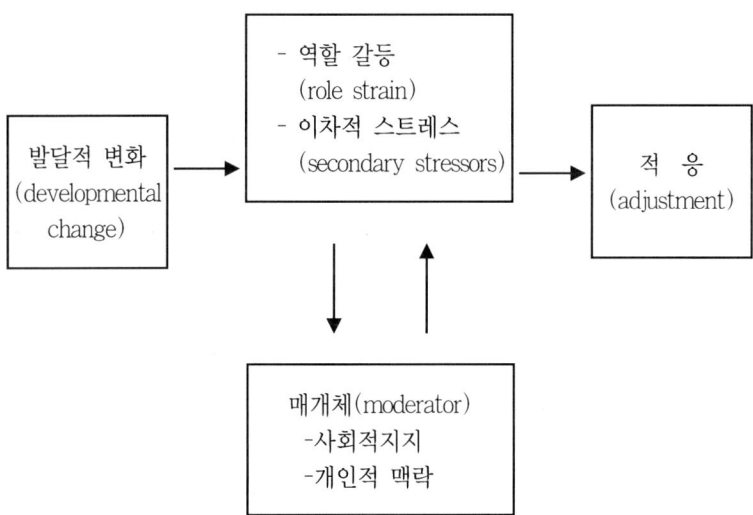

〈그림 2-1〉 청소년기 스트레스 적응 모형(Aneshensel & Gore, 1991)

그는 청소년기의 정상적인 발달적 변화는 그 자체로 스트레스인 동시에 역할갈등(role strain)과 이차적인 스트레스(secondary stressor)를 야기시키고 이것은 사회적 지지(social support)와 같은 매개요인(moderator)과 영향을 주고받으면서 적응에 영향을 미친다고 설명하였다. 이러한 과정은 〈그림 2-1〉과 같이 나타낼 수 있다.

청소년기의 발달적 변화는 이들에게 이전의 역할과는 다른 새로운 사회적 역할[7]을 부여하게 되며, 그것은 기존의 역할들과 마찰을 일으킴으로써 적응에 부정적인 영향을 미칠 수 있다. 청소년들은 새로운 역할을 습득하는데서 느끼는 어려움뿐만 아니라 예전의 법칙을 따르고 있는 기존의 성원들 가운데 존재하면서 역할 재구성에 따른 기대, 의무, 규범의 변화에 적응해야 하기 때문에 역할갈등(role strain)의 어려움을 경험하게 된다. 이 시기에는 예전의 역할도 여전히 유지되지만 이에 대한 기대나 의무는 질적으로 달라지기 때문에 적응의 문제를 야기하게 되는 것이다. 발달적 변화는 그것이 기존의 사회관계를 무너뜨리고 역할갈등을 야기함과 동시에 새로운 스트레스를 만들어낸다는 점에서 청소년기 스트레스의 시작점이라 할 수 있다.

발달적 변화를 일차적 스트레스라고 간주할 때, 일반적 스트레스 이론에서 말하는 상황의 변화, 혼돈과 자극 등은 이차적(secondary) 스트레스라 부를 수 있다. Lazarus와 Cohen(1977)은 스트레스를 지속 기간에 따라 천재지변처럼 통제할 수 없으며 다수에게 영향을 미치는 중대한 변화, 소수에게 영향을 미치는 중대한 변화인 생애 사건(life event), 일상에서의 혼돈이나 문제거리를 의미하는 일상적 스트레스(daily hassles)로 구분하였는데, 근래에는 이 중 일상적 스트레스와 적응의 높은 관련성이 강조되고 있다. 일상 속에서 겪게 되는 부정적

---

7) Aneshensel과 Gore(1991)는 청소년기 겪게 되는 새로운 역할의 대표적인 예로 '노동경험'과 '이성교제' 등을 들고 있다.

사건, 불쾌한 경험 등과 같은 일상적 스트레스는 여러 개가 동시 발생적으로 나타나 복합적으로 작용할 수 있기 때문에 단순히 하나의 생애사건보다 더욱 위협적일 수 있는 것으로 보고된다(Lazarus & Folkman, 1991). 특히 청소년기에는 생애사건에 대한 경험률이 상대적으로 적은 반면 일상적 스트레스는 청소년 모두에게 공통적으로 경험되며 개인별 변량이 크기 때문에 그 영향력이 더욱 강조되고 있으며, 여러 선행연구를 통해서도 청소년기 적응과 일상적 스트레스 수준의 관련성이 높다는 결과를 확인할 수 있다(Rowlison & Felner, 1988; Dubois et al., 1994; Seiffge-Krenke, 2000).

한편 스트레스와 적응의 관계에 있어 매개적 역할을 수행하는 사회적 지지(social support)는 '사람들로부터 사랑과 존중을 받으며, 사회관계망의 가치 있는 구성원이라는 믿음을 갖도록 하는 정보'라 정의되며, 생활 속에서 직면하는 위기와 변화의 영향을 조절함으로써 인간이 평형을 유지하고 신체적 정신적으로 적응할 수 있도록 원조하는 요인으로 설명된다(Cobb, 1976). 일반적으로 넓은 사회관계망을 지닌 개인일수록 부정적 경험을 피하고 긍정적 경험을 할 수 있는 기회가 많아지며, 주변의 사회적 지지는 개인의 자존감을 증진시키는 동시에 스트레스에 대한 통제감을 높여주고, 스트레스에 대한 이해를 증진시켜 보다 효과적으로 대처하도록 도와주는 등 스트레스 완충 효과를 지닌 것으로 보고된다(Dubow & Tisak, 1989). Aneshensel과 Gore(1991)는 스트레스에 대한 사회적 지지의 완충작용과 함께 청소년기 스트레스 중 다수는 '관계의 변화'에서 기인한 것이기 때문에 부모나 친구의 지지 자원을 감소시킬 수 있다고 설명하였으며, 이러한 의미에서 〈그림 2-1〉의 사회적 지지 매개체와 스트레스의 관계는 양방향 화살표로 설정되어 있다. 사회적 지지는 지금까지 많은 선행연구에 의해 스트레스에 대한 완충자로서 주된 관심을 받아왔으며, 청소년의 적응에 대해서도 긍정적 영향을 미치는 것으로 나타난다(Printz, Shermis & Webb, 1999).

노동경험 청소년의 적응에도 이러한 스트레스 적응 이론을 대입시켜 볼 수 있다. 청소년기의 노동경험은 이들에게 새로운 역할을 부여하는 동시에 과거 역할과 갈등을 일으키는 주요한 스트레스원이 될 수 있다. 발달적 변화를 겪고 있는 청소년들에게 노동자로서의 역할은 기존의 학생 역할과 갈등을 일으키는 동시에 이중적 부담을 야기하는 요인이 되며, 열악한 노동환경에서 경험하게 되는 부정적 사건들은 부가적인 스트레스로서 적응에 영향을 미칠 수 있다. 반면 노동현장에서 고용주로부터 부여받는 지지, 노동경험과 관련한 부모의 지지 및 학교의 지지는 노동경험 청소년들의 적응에 긍정적 영향을 미치며 노동 스트레스를 완화시키는 역할을 기대할 수 있다. 즉 노동과 학업 간 역할 갈등으로 인한 스트레스, 부담이 크고 자율성이 주어지지 않는 노동 특성상의 스트레스, 부정적 경험을 야기시키는 노동환경상의 스트레스는 청소년들의 적응에 부정적 영향을 미치게 되며, 고용주, 부모, 학교로부터의 사회적 지지는 스트레스를 완화시킴으로써 적응에 긍정적 영향을 미치게 될 것임을 예상할 수 있다.


## 2. 정체성 갈등(identity conflict) 이론

자아정체성(identity)은 그 사람이 누구인지 정의하는 일련의 사회 역할이나 상황을 의미하는 것으로, 정지된 상태가 아닌 환경이나 사회 상황으로부터 받는 자극을 자신의 기준과 끊임없이 비교해 가는 역동적 과정이라 볼 수 있다(Burke, 1991). 정체성은 사회적 관계를 통해 사회 속에 자신을 위치시킴으로써 형성되는 사회적 산물로, 위계적으로 조직화된 자기의미(self-meaning)의 집합이며 어떠한 행동을 하게 되는 근원적 동기가 된다(Burke & Reitzes, 1981). 정체성 이론에 의하면 사람들은 자신이 원하는 정체성을 형성하고 유지하기 위해 끊임없이 노력하고 있으며, 환경으로부터 자신의 정체성과 불일치하는 피드백을 받거나 정체성 유지활동을 저지당할 경우 위협을 느끼게 된다고 본다. Burke(1991)는 한 개인이 단순히 여러 개의 정체성을 가지게 되는 것은 문제가 되지 않으며 이들의 관계가 상호보완적일 경우 오히려 적응에 긍정적으로 작용할 수 있다고 설명하였다. 그러나 서로 상반되는 두 개 이상의 정체성이 상호침해적인 조건을 지닐 경우 심각한 디스트레스가 야기될 수 있으며, 이때 침해당한 정체성이 개인에게 중요한 것일수록, 침해의 정도가 높을수록 디스트레스 수준은 높아지게 된다(Frone, 2000).

Greenhaus와 Beutell(1985)은 성인을 대상으로 노동과 가정에서의 역할 갈등을 분석함으로써 개인이 소속되어 있는 체계들 간 역할 및 정체성 갈등이 발생할 경우 각 체계에서의 적응 수준이 떨어지게 되는 현상을 설명하였으며, 이러한 갈등모델은 노동과 가정의 관계뿐만 아니라 노동과 학업 등 다양한 영역 간의 갈등을 설명하는 데 있어 그 이론의 유용성이 입증되고 있다(Chartrand, 1990; Hammer, Grigsby & Woods, 1998). 노동경험 청소년의 경우 노동자와 학생이라는 두 가지 주된 정체성 영역에서 갈등을 경험할 수 있으며, 이러한 관점은 청소년기가 정체성 혼란을 겪으며 정체성 확립을 가장 중요한 발달과제로 하고 있는 시기인 만큼 상당한 설득력을 갖는다.

Frone, Yardley와 Markel(1997)은 정체성 갈등이 발생하는 상황에 대해 시간(time), 긴장(strain), 역할부담(role overload), 사회적 지지

(social support)라는 네 가지 요인을 들어 설명하고 있다.

우선 시간기반(time-based) 요인은 시간이 제한된 자원이라는 전제 하에 한 역할에 시간을 많이 쏟을수록 다른 역할의 요구와 책임을 충족시키기 어려워진다고 보는 관점으로 선행연구들이 기반하고 있는 제로섬(zero-sum) 관점과 유사한 개념이라 할 수 있다. 시간제노동 학교청소년의 경우 과도한 노동시간과 노동스케줄은 물리적으로 학교에서의 역할 수행을 불가능하게 만들 뿐 아니라 심리적인 몰입을 막는 요인이 될 수 있다.

두 번째 역할긴장 기반(role strain-based) 요인은 한 영역에서 야기되는 긴장과 스트레스로 인해 다른 영역에서 요구되는 역할들을 충족시키기 위한 개인의 능력이 약화됨을 설명하고 있다. 시간제노동 학교청소년의 경우 단조롭고 지루한 노동특성, 자율성이 제한된 환경, 부당대우나 상처를 입는 스트레스적 사건은 불안, 우울, 긴장, 소진 등 심리정서적 문제를 야기시키는 스트레스원이 될 수 있으며, 이러한 노동 영역의 스트레스는 학교 영역에서의 역할수행 의지와 능력을 약화시킴으로써 학교적응 수준의 저하를 가져올 수 있다.

셋째, 역할부담 기반(role overload-based) 요인은 시간갈등 및 역할긴장 갈등을 가중시키는 요인으로, 한 역할에서의 과도한 부담이 다른 역할에 필요한 시간을 감소시키고 심리적 디스트레스를 야기한다고 보는 관점이다. 즉 과도한 노동부담으로 인해 노동경험 학교청소년들이 심리적인 압박을 받을 경우 심적 육체적 피로를 가중시켜 다른 영역의 역할수행에 지장을 초래하게 되는 현상에 대해 설명하고 있다.

넷째, 사회적지지(social support) 요인은 개인의 책임이나 욕구를 충족시킬 수 있도록 도와주는 원조와 조언 등을 지칭하는 것으로 영역 간의 갈등을 완화시키는 작용을 수행하는 것으로 나타난다. 시간제노동 학교청소년의 경우 노동현장에서 부여받는 고용주의 지지는 두 영역 간의 역할갈등 수준을 낮춰주고 나아가 학교에서의 역할수행을 원조하는 데에도 기여할 수 있다. 고용주뿐만 아니라 학교 교사와 부모로부터 노동에 대한 지지를 받을 경우에도 이와 유사한 효과를 기대할 수 있다.

Koeske와 Koeske(1989)의 연구에 의하면 학업과 시간제취업을 병행하고 있는 학생의 경우 우울과 불안, 신체화 증상, 대인관계 문제 등의 어려움이 상대적으로 높으며, 이러한 영향은 일의 부담이 크고 사회적 지지가 낮을 경우 두드러지는 것으로 나타났다. Hardesty와 Hirsch(1992)는 노동을 하는 학생의 경우 노동과 학업 간 균형을 맞추는 데 어려움을 겪으며, 그 결과 학교생활에의 만족도가 떨어지고 과제수행 시간과 학교활동에의 참여도가 감소한다고 보면서 노동역할이 학교나 다른 사회역할에서 형성된 관계 및 사회적 정체성과 통합되어야 함을 강조하였다. 방학 중 노동경험과 학기 중 노동경험이 학교적응 수준에 미치는 영향의 차이를 비교한 이들의 연구에서 학기 중 노동경험은 노동-학업 간 정체성 갈등으로 인해 방학 중 노동경험에 비해 부정적 영향이 큰 것으로 나타난다. Hammer 등(1998)은 노동 영역에서의 경험은 비노동 영역으로 영향을 미친다는 과잉적(spillover) 가설에 기반하여 양립할 수 없는 두 영역의 요구를 동시에 충족하려 할 경우 높은 수준의 디스트레스가 발생할 수 있음을 보여주었으며, Steinberg(1983)도 학교청소년의 노동경험이 학교 및 가족에서의 경험과 잘 연결되어 그 갈등이 최소화될 때 긍정적인 심리적 발달이 가능함을 지적하였다. 또한 노동을 하는 학교청소년들을 대상으로 한 Chartrand(1990)의 연구에서도 학생으로서의 자기평가가 높고 학생역할에의 몰입 수준이 높은 학생일수록 학교적응 수준은 높은 반면 심리적 디스트레스 수준은 낮은 것으로 나타나고 있다.

나아가 Burke(1991)는 자기정체성에 대한 인식이 개인의 행동에 영향을 미치는 통제체계(control system)로서의 역할을 수행하게 된다고 설명하고 있다. 이는 스스로 자신의 정체성을 어떻게 인식하는지, 그리고 그러한 인식이 얼마만큼 강한지에 따라 행동이 달라질 수 있다는 것으로(Large & Marcussen, 2000), 학교청소년이 시간제노동을 하면서 문제행동 가능성이 높아지는 현상을 설명하는 데 도움이 된다. 즉 '학생'이라는 정체성을 지니고 있는 청소년의 경우 그러한 정체성이 침해당하는 행동을 스스로 규제할 수 있는 반면, 노동경험에 몰입되면서 '학생'이라는 정체성이 약화될 경우 스스로를 규제할 수 있는 통제력도 약화된다고 볼 수 있는 것이다.

Kanter(1972)는 개인이 한 가지 정체성에 몰입(commitment)한다는 것은 해당 공동체에 에너지와 신뢰를 부여하려는 의지를 지녔음을 의미하는 것이라 보면서, 공동체에 속해 있음으로써 물질적 혜택을 얻게 되는 도구적(instrumental) 측면, 긍정적 소속감 또는 만족감에 해당하는 정서적(affective) 측면, 공동체에 대한 신뢰와 자신감이라 할 수 있는 도덕적(moral) 측면에서의 몰입이 이루어질 수 있음을 설명하였다(Burke & Reitzes, 1991). 이렇게 볼 때 시간제노동 학교청소년들은 노동을 통해 물질적 자원을 획득하고, 또래로부터 정서적 안정을 얻는다는 점에서 학교를 벗어나 노동에 몰입할 가능성이 높다. 이들은 정체성 갈등으로 인한 심리적 혼란을 다스리기 위해서라도 노동현장에서 만나는 또래집단에 몰입될 가능성이 크며, 비행성향을 띤 또래집단에 동조하게 될 경우 문제행동으로 연결될 가능성이 증가할 수 있을 것으로 보인다. 전통적 통제이론에서는 외부로부터의 통제가 사라지게 될 때 청소년 비행이 증가함을 설명하는 반면(Hirschi,

1969), 정체성이론은 청소년 자신의 내적 의지를 통한 통제를 강조한다는 점에서 의의가 있다. 노동과 여타 영역 간 정체성의 갈등을 겪고 있는 시간제노동 학교청소년에게 있어 부모나 교사와 같은 외부로부터의 통제 및 지지마저 약화되는 것은 이들의 정체성 유지를 어렵게 만드는 요인이 될 것으로 보인다.

## 3. 요구-통제(demand-control) 모델

노동의 특성이 노동자의 정신건강에 미치는 영향을 설명하기 위해 심리사회적 노동 특성에 대한 상세한 분석을 시도한 Karasek(1979)의 요구-통제(demand-control) 모델은 간결함과 포괄성을 지니는 동시에, 다양한 실증적 연구들을 통해 노동경험의 영향을 분석하는데 있어 그 유용성이 입증되어 온 대표적인 모델이다. 이 모델은 현대사회의 노동이 지닌 특성상 신체적 부담보다 심리적 부담이 가중되어가는 상황에서 심리적 노동부담이 미치는 영향력을 이론적으로 설명해내었다는 점으로 인해 그 의의를 인정받고 있다(De jonge & Kompier, 1997).

직업스트레스의 원천이 개인적 특성이 아닌 노동특성의 구조적 조직적 측면에 있다는 기본전제하에 이 모델은 노동 조건을 크게 두 가지 측면으로 나누어 설명하고 있다(Dollard, Winefield, Winefield & de Jonge, 2000). 첫 번째 측면인 '노동 요구(job demands)'는 일의 양, 시간적 압력, 집중이 요구되는 정도, 갈등 및 어려움을 포괄하는 개념으로, 개인의 능력을 초과하여 가중되는 노동 부담은 신체적 심리적 스트레스를 야기하는 요인이 되는 것으로 나타난다(Karasek, 1979; Muntaner & O'Campo, 1993). 두 번째 '노동 통제정도(job control)'는 '결정 정도(decision latitude)'라고도 불리는 측면으로 여기에는 새로움, 창조성, 과업의 다양성을 의미하는 '기술다양성(skill discretion)'과 과업에 대해 스스로 결정할 수 있는 능력 또는 일터에 영향력을 미칠 수 있는 정도를 의미하는 '결정권(decision athority)'이라는 두 가지 요소가 포함된다. 통제력(control)을 지닌 개인은 그가 가장 잘 대처할 수 있는 시기에 가장 적절한 방식을 활용하여 노동의 요구(demand)에 대면할 수 있기 때문에 노동 스트레스원의 영향력을 감소시킬 수 있으나(Wall, Jackson, Mullarkey & Parket, 1996), 반대로 이러한 '결정권'과 '기술다양성'이 부족할 경우 노동으로 인한 스트레스는 증가하게 된다. 통제감 또는 자율성이 심리적 안녕에 있어 중요한 요인임은 학자들에 의해 이전부터 강조되어 온 것으로, Super (1957)는 '독립성'이 개인의 통합과 안녕에 영향을 미칠 수 있는 노동의 중대한 측면임을 밝힌 적이 있으며, Mortimer와 Lorence (1979)도 노동 결정과정을 통제할 수 있을 때 청소년들의 자신감과 자존감이 높아진다는 연구결과를 보여준 바 있다.

 Karasek과 Theorell(1990)은 노동특성의 단일적 측면이 아닌 노동상황의 요구(demand)와 그 요구를 충족시킬 수 있는 노동자의 통제가능성(control) 범위라는 두 가지 요소가 함께 작용하여 노동자의 적응수준에 영향을 미치게 되는 과정을 설명하기 위해 노동 요구와 통제가능성 정도에 따라 다음과 같은 네 가지 노동의 유형을 제시하였다(Soderfeldt, Soderfeldt, Muntaner, O'Campo, Warg & Ohlson, 1996; Van der doef & Maes, 1999). 첫 번째, 노동 요구와 부담이 큰 반면 노동자의 과업에 대한 결정력이 낮은 고긴장(high strain) 유형은 가장 열악한 노동조건으로 피로, 우울, 불안, 육체적 상해와 같은 심리적 긴장과 적응에 대한 부정적 영향이 가장 큰 경우이다. 두 번째 유형은 직업의 요구와 부담은

크면서 동시에 과업에 대한 결정력 또한 많이 주어지기 때문에 긴장과
상해의 위험이 적은 적극적(active) 유형으로, 전문직이나 높은 수준의
성취를 요하는 직업이 이에 해당한다. 높은 통제가능성과 합치된 높은
요구는 배움과 기술개발의 동기를 증대시킬 수 있으므로 이러한 직업
유형의 종사자들은 과업이 어려운 만큼 성취감과 만족감 또한 크고 직
업 이외의 영역에서도 활동 수준이 높은 것으로 나타난다. 세 번째 저
긴장(low strain) 유형은 심리적 부담이 적고 통제수준은 높은 유형으
로 긴장과 위험 수준이 가장 낮은 경우인데, 현실적으로 이러한 직업의
예는 그리 많지 않은 편이다. 네 번째 직업부담과 결정수준이 모두 낮
은 수동적(passive) 유형의 경우 종사자들은 기술이나 능력을 활용할
기회가 없음으로 인해 장기적으로 노동동기를 상실할 수 있는 것으로
나타난다. 이러한 역동성은 그림을 통해 보다 잘 이해될 수 있다.

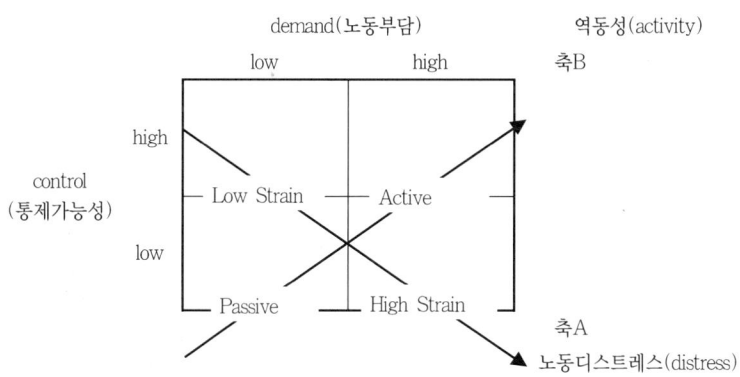

〈그림 2-2〉 Demand-Control 모델 (Karasek, 1979)

〈그림 2-2〉의 축A는 일의 요구와 자율성의 상호작용에 의해 심리적
긴장이 야기되는 상황을 설명해준다. 노동요구가 통제범위보다 큰 고

긴장 상황(high strain)에서는 불안, 우울, 소진과 같은 심리적 스트레스가 발생하게 되며, 그 반대는 노동요구가 적으면서 통제범위가 큰 저긴장 상황(low strain)에 해당된다. 축B는 노동요구와 개인의 통제력 수준이 유사한 경우를 의미하는데, 두 가지 수준이 모두 높은 적극적 유형(active)에서는 높은 노동동기가 발생하지만, 반대로 두 가지 수준이 모두가 낮은 수동적 상황(passive)의 경우 낮은 노동요구가 노동동기를 약화시키고 문제해결 능력마저 상실할 수 있는 '학습된 무기력 상태(learned helpless)'가 나타날 수 있다(De Jonge & Compier, 1997; Landbergis, Schnall, Deitz, Friedman, & Pickering, 1992). 이러한 노동조건에의 노출 정도가 증가할수록 능동적 노동특성은 노동자의 통제감을 증가시키지만, 수동적 노동특성은 우울, 불안과 같은 심리사회적 부적응을 일으키는 것으로 설명되고 있다(Dollard & Winefield, 1998).

근래 들어 요구-통제 모델은 노동요구와 통제범위 요인에 사회적 지지라는 요인을 포함시켜 '요구-통제-지지(demand-control-support) 모델'로 확장되는 경향이 있다(Landbergis et al., 1992). 노동세팅에 관련하여 주어지는 사회적 지지는 개인의 적응 수준에 긍정적 영향을 미칠 뿐 아니라 스트레스원이 육체적 심리적 디스트레스를 야기시키는 과정에 있어 완충적 작용을 한다는 연구결과가 입증되고 있는 것이다(Van der doef & Maes, 1999). Brown과 Cowen(1989)은 사회적 지지는 스트레스적 사건이 적응을 약화시키는 상황에 대한 이해를 증진시키고 그것을 경험하는 사람들에게 적절한 적응기술을 제공하는 한편 예방개입에 대한 정보를 제공함으로써 완충역할을 수행할 수 있다고 설명하였다. 이 모델에 의할 때 노동특성상 요구수준, 즉 노동부담이 높고, 통제수준 즉 노동에서의 자율성이 낮으며, 사회적 지지가 적을 경우 노동 스트레스 수준이 가장 높을 것을 예측할 수 있다(Johnson & Hall, 1988). 청소년들은 종사하는 노동유형의 특성상 대부분 과업에 대한 결정력이 주어지지 않음으로 인해 '고긴장' 유형이나 '수동적' 유형의 노동을 경험하게 될 가능성이 크며, 사회적 지지 수준마저 낮을 경우 적응과 발달에 입는 부정적 영향이 클 것임을 예측할 수 있다.

## 제3절 시간제노동 학교청소년의 적응에 영향을 미치는 요인

앞에서 제시한 스트레스 적응 이론, 정체성 갈등 이론, 요구-통제 모델에 기반하여 시간제노동 학교청소년의 적응에 영향을 미칠 수 있는 노동경험 요인들을 제시해볼 수 있다. 노동의 양적 특성, 노동의 내적 특성, 노동환경적 특성, 역할갈등, 노동관련 사회적 지지 측면으로 나누어 제시하면 다음과 같다.

### 1. 노동의 양적 특성

#### 1) 주당 노동시간

노동시간은 선행연구를 통해 학교청소년의 적응 수준에 영향을 미치는 노동특성 중 가장 주요하게 다루어져 온 요인으로 이는 앞에서 본 시간 기반(time-based) 정체성 갈등, 즉 제로섬(zero-sum) 관점을 통해 잘 나타나 있다(Steinberg et al., 1982; Finch & Mortimer, 1985; Steinberg & Dornbusch, 1991; Kablaoui & Paulter, 1991; Carr et al.,

1996). 장시간의 노동은 학업에의 참여기회를 낮춤으로써 노동과 학업 간 갈등을 심화시키는 동시에 노동스트레스를 증가시키는 주된 원인으로 지적되고 있다. 학생들 자신도 주당 노동시간이 증가할수록 학업에의 방해를 크게 느끼는 것으로 보고하고 있으며(Wirtz, Rohrbeck, Charner & Fraser, 1988), 장시간 노동은 학교참여와 학업성취를 떨어뜨리고 비행과 약물남용을 높이는 주요한 원인으로 지적된다(Kohn & Schooler, 1978; Steinberg et al., 1982; Steinberg & Dornbusch, 1993; Bachman & Schulenberg, 1993). 그 외에도 노동시간의 증가는 노동 부담을 높임으로써 극심한 피로를 야기하는 동시에 노동 중 사고를 경험할 위험을 높이는 요인이 된다(Savery & Wooden, 1994; Frone, 1998). 이 같은 노동강도를 측정하기 위해 많은 연구들은 한 주에 얼마만큼의 시간을 노동에 투자하였는가를 나타내는 주당 노동시간을 단위로 사용하고 있다(Mortimer et al., 1992b).

## 2) 노동 기간

청소년의 노동특성을 다룬 선행연구들을 보면 대부분 노동의 양적 특성을 측정하는 데에 '주당 노동시간'만을 변수로 사용하고 있음을 확인할 수 있다. 이에 대해 Oettinger(1999)는 그렇게 될 경우 어느 한 시점에서 단기간 이루어진 노동의 경험시간을 마치 장기간 지속적으로 실행한 것으로 해석하게 될 오류가 있음을 지적하면서, 노동 기간을 함께 고려해야 함을 주장하였다.

Frone(1998)은 노동경험 기간이 긴 청소년일수록 위험한 일을 맡게 되며 노동으로 인해 상해를 입을 가능성이 크다는 부정적 영향을 보고하고 있는 반면, Mortimer 등(1992b)의 연구에서 노동 기간은 주당 노동시간과 부적 관계를 지니며 적응에 미치는 영향이 상대적으로 그리 크지 않은 것으로 나타나고 있다.

## 2. 노동의 내적 특성

### 1) 노동부담

노동부담이란 많은 양의 업무를 갈등적 상황 안에서 빠른 시간 안에 달성해야만 하는 경우를 의미한다. 이 같은 과도한 노동부담은 노동-학업 간 갈등을 유발하는 요인인 동시에 요구-통제(Demand-Control) 모델의 '요구(Demand)' 측면으로서 심리적 디스트레스 및 부적응을 야기하는 주된 요인으로 지적되고 있다. 능력 이상의 업무량이나 시간적 압력은 육체적 심리적 피로와 스트레스를 야기하고 나아가 주요한 사고 발생 원인이 되며(Savery & Wooden, 1994; Frone et al., 1997), 아울러 총체적인 적응 수준을 떨어뜨리는 요인이 될 수 있을 것으로 보인다. 반면, Kohn, Schooler, Miller, Miller, Schoenbach과 Schoenberg (1983)는 적절한 수준의 시간압력은 업무수행 과정에서의 지적 융통성과 자기효율성을 높일 수 있고, 어느 정도 어려운 일을 하는 것이 자존감을 높이는 요인이 될 수 있음을 지적하였다.

### 2) 노동자율성

노동자율성이란 업무수행 방식과 수행 속도를 조절하는 등 업무에 관련된 의사결정에 참여할 수 있는 정도(Harrell, 1990)와, 아울러 업무의 다양성, 도전적 특성, 기술과 능력을 활용할 수 있는 노동내용을 의미한다. 즉 요구-통제(demand-control) 모델의 '직업통제(job control)' 측면으로 과업에 대해 스스로 결정할 수 있는 능력 및 집단과 일터에 영향력을 미칠 수 있는 정도, 그리고 새롭고, 창조적이며, 다양한 과업을 다루는 노동 특성에 해당한다. 이는 노동 스트레스를 완화시킬 수 있는 요인이자 개인의 능력발달에 기여하는 요인으로 인식된다(Spector et al., 2000; O'Brien & Feather, 1990).

Seeman(1967)은 누구나 맡은 일에 대한 결정기회가 주어지지 않을 때 외부에 대한 통제감을 상실하게 되고 사회관계에 있어서도 무력감을 느끼게 될 수 있다고 설명하고 있으며, 단조롭고 지루한 일은 심리적 디스트레스에 유의미한 영향을 미치며 노동으로부터의 소외를 야기시키는 요인으로 지적된다(Hamilton & Crouter, 1980; Barnett & Brennan, 1995; Barling et al., 1995). 특히 자율성과 책임성에 민감한 청소년들에게 있어 감독자로부터 심한 통제를 받거나 자신의 의사가 전혀 반영되지 않는 자율성이 부족한 노동환경은 반동효과를 형성할 수 있으며(Seeman, 1967; Ruggiero et al., 1982), 반면 외부통제로부터 자유로움을 느끼는 노동 상황은 청소년의 흥미와 도전욕구를 자극함으로써 자기효능감 상승의 근원이 되고, 스스로의 노력이 성과를 맺는 과정을 목격하는 경험은 청소년들의 유능감과 효율성을 높이는 데 유의미한 영향을 미치는 것으로 나타난다(Mortimer & Lorence, 1979; Mortimer, Lorence & Kumka, 1986; Mortimer & Yamoor, 1987).

Barling 등(1995)은 노동의 내적 특성, 즉 자율성, 기술 다양성과 같은 노동의 질(quality)이 보장될 경우 그러한 노동은 시간제노동 청소년의 자존감 증진에 긍정적인 영향을 미친다는 연구결과를 통해 노동의 '질'적 측면이 노동 강도와 같은 '양'적 측면보다 더 큰 영향력을 지닌다고 설명하고 있다.

## 3. 노동환경적 특성 (노동현장에서의 스트레스적 경험)

노동 과정에서 사고를 경험하거나 임금 및 수당 미지급, 부당해고, 신체적 학대, 성희롱, 상해 또는 상해에 대한 치료비 미지급, 고용 및 급여에서의 차별, 계약 불이행 같은 부당행위를 경험하는 것은 청소년들에게 하나의 스트레스적 사건으로 작용하게 되며, 그것은 환경적 요구와 그것을 다루는 개인의 자원 간 균형을 깨뜨림으로써 발달기 청소년들의 육체적 심리적 적응 수준에 부정적 영향을 미치게 된다(Brown & Cowen., 1989; Holmes, Yu & Frentz, 1999). 스트레스 이론에 의하면, 스트레스적 사건은 개인의 적응자원에 혼란을 초래하며, 부정적인 심리특성을 가중시키거나 성격을 부정적으로 변화시킴으로써 발달에 부적응을 야기시키고 행동문제와 심리적 증상을 유발하는 것으로 설명된다(Bru, Murberg & Stephens, 2001).

Jex와 Beehr(1991)는 부당해고 및 작업환경에서 겪는 부정적 경험은 청소년들로 하여금 사회에 대한 불신과 무기력감을 느끼게 하고, 우울, 자존감 저하 같은 결과를 가져오는 것으로 보고하였다. 그밖에 위험하거나 열악한 노동환경은 상해위험성을 높이는 주요한 요인이며(Frone, 1998; Harrell, 1990), 더러운 노동환경도 노동자의 직업불만족과 불안 수준을 높이고 자존감을 떨어뜨리는 것으로 나타난다(Kohn et al., 1983). 청소년기는 노동상해의 위험률이 가장 높은 시기인 것으로 보고되고 있는데, 이는 발달적으로 미성숙한 상태의 청소년들이 열악한 노동환경에 노출될 때 노동상해의 위험률이 높은 수준으로 상승하기 때

문인 것으로 보인다(Frone, 1998). 특히 많은 청소년들이 적절한 기술
훈련이나 안전교육을 받지 못한 채 일하고 있는 현재와 같은 상황에서
위험에의 노출 가능성과 이로 인한 적응수준에의 부정적 영향은 더욱
커지리라 예측할 수 있다(Loughlin & Barling, 1999). 나아가 적절치
못한 금전적 보상은 청소년들로 하여금 이에 대한 반동으로 노동에 관
련된 비행을 저지르게 하는 원인이 될 수 있으며(Ruggiero et al.,
1982), 장시간 적절한 보상이 주어지지 않은 채 일을 하는 것은 절망감
과 불만이 쌓이도록 만드는 요인인 것으로 나타난다(Seeman, 1967).

## 4. 역할갈등 (노동－학업 간 갈등)

정체성 이론에 의하면 노동경험 학교청소년에게 있어 '일'과 '학업'
은 두 가지 주요한 삶의 영역으로, 이들 간 갈등은 학생의 적응 수준
에 부정적 영향을 미치는 것으로 나타난다. Markel과 Frone(1998)의
연구에서 노동－학업 간 갈등은 학교청소년의 학교에 대한 준비정도
를 떨어뜨리고, 이는 다시 학업성취도와 학교만족도를 떨어뜨리는 것
으로 나타났다. 청소년기 일과 학업을 병행하는 것은 상당한 스트레스
를 야기하며, 그것은 일 자체에서 느끼는 부담보다 더 큰 것으로 보고
되고 있다(Worley, 1995; Mortimer et al., 1994). Stern 등(1990)의
연구에서 노동－학업 간 갈등은 다양한 노동관련 변수들 중 일에 대
한 부정적 태도를 형성하는 데에 가장 큰 영향력을 지니는 것으로 나
타나 노동과 학업에 대한 전념이 양립하기 어려움을 보여주며,
Barling 등(1995)의 연구에서도 역할 간 갈등은 일 수행과 정신건강에
부정적인 영향을 미치는 것으로 보고되고 있다. 특히 교육적 열망이

낮은 학생들에게 있어 노동-학업 간 갈등은 내적 통제소를 위협하는 요인으로 지적되고 있다(Finch, Shanahan, Mortimer & Ryu, 1991).

Hurrelman(1990)은 노동과 학교의 연결 영역은 생태체계이론에서 말하는 '중간체계(meso-system)'의 의미를 지니고 있으며, 청소년기 노동과 학교의 관계는 이들에게 있어 우울을 야기할 수 있는 중대한 근원이 될 수 있다고 주장하였다.


## 5. 노동관련 지지

### 1) 고용주의 지지

감독자와의 관계는 직간접적으로 노동자의 직업 스트레스에 영향을 미치는 요인이 된다(Barnett & Brennan, 1995). Iverson과 Erwin의 연구(1997)에 의하면 고용주와 동료로부터 주어지는 지지가 사고를 줄이고 직업스트레스를 완충시켜주는 것으로 보고하고 있는 반면, 일터에서의 대인관계 갈등은 노동상해와 정적 관계를 지니는 것으로 나타난다(Frone, 1998). 특히 경력이 없이 노동시장에 진입한 학교청소년의 경우 감독자와 동료의 역할은 적응 여부에 영향을 미치는 매우 중요한 요인이 될 수 있다(Mortimer, 1988).

Bowles 와 Gintis(1976)는 고용주로부터 받는 보상의 특성이 교사로부터 받는 그것과 유사할 경우 취업과 학교생활은 서로를 강화하게 됨으로써 노동경험이 인성 발달에 기여할 수 있음을 강조하였다. 그 외에도 노동을 통해 가정이나 학교 이외 성인과 접촉하는 기회는 청소년들의 사회화에 긍정적 영향을 미치는 기제로 작용할 수 있다. 고용주의 지지가 어떠하냐에 따라 그것은 노동과 학업 영역 간의 갈등을 완화시켜 주는 동시에 노동의 요구특성이 야기하는 디스트레스를 감소시키고 자기효능감을 증진시키는 주요한 요인이 될 수 있다.

## 2) 노동에 대한 부모의 태도

Hansen 과 Jarvis(2000)는 문제해결 기술이나 대인관계 기술 등 스트레스 대처기제가 성인에 비해 완전히 발달되지 않은 청소년들의 경우 노동경험 시 다른 맥락과 통합되어 지지와 모델을 제공받아야 할 필요성이 큼을 지적하면서, 그중에서도 부모의 지지는 노동 스트레스에 대한 매우 효과적인 대처기제임을 강조하였다. 부모의 관여는 그 자체로 학생들의 학교적응 수준을 증진시켜줄 수 있는 주요한 요인이며(Dubois, Eitel & Felner, 1994; Reynolds & Gill, 1994), 가족기능은 청소년의 심리적 안녕, 학교적응, 문제행동 감소에 유의미한 영향을 미치는 것으로 나타난다(Shek, 1997).

Worley(1995)는 학생이 노동에 관련된 결정을 내리는 데 있어 가장 큰 영향력을 지니는 것은 부모임을 강조했으며, Phillips와 Sandstrom (1990)도 청소년의 취업에 대한 부모의 반응이 이들의 학교적응 및 일반적 적응 수준에 영향을 미친다고 보고하고 있다. Manning(1990)은 부모의 역할에 따라 자녀의 노동참여 유무, 시기, 해석이 달라진다고 설명하였으며, 한경혜(2000)의 연구에 의하면 노동경험에 대해 부모가 긍정적 태도를 지니고 적극적으로 관여한 경우 청소년들은 일하는 과정을 매우 보람 있는 경험으로 인식하는 것으로 나타난다.

### 3) 노동에 대한 학교의 태도

학교 또는 교사로부터의 지지 또한 노동과 학업 간 균형을 맞추게 해줌으로써 심리적 발달에 도움을 주는 주요한 기제이다(Steinberg, 1983; Worley, 1995). 교사의 기대와 이에 따른 행동은 학생의 학업수행 및 사회화에 많은 영향을 미침을 감안할 때, 교사들이 노동학생들에 대해 낮은 기대수준을 가지고 이들을 대하는 경우 부정적 결과를 기대할 수 있다(Bills, Helms & Ozcan, 1995). Helms, Bills와 Ozcan(1994)은 학생취업에 대한 교사의 인식이 학교행정 및 수업에 반영될 수 있다는 인식하에 이를 조사한 결과, 많은 교사들이 노동경험 학생을 수동적이고 공부에 무관심하다고 여겨 기대수준을 낮추는 등 학생의 취업에 부정적인 시각을 가지고 있으며 여기에는 교사의 개인적 경험이 상당수준 작용하는 것으로 나타났다.

Stern 등(1990)은 학생의 노동경험과 학교의 갈등을 낮출 수 있는 방법으로 학교가 학생들의 취업을 감독하고 교육과정의 일부로 일터의 감독자와 공동관리하는 시스템의 장점에 대해 설명하였다. 외국의 경우 노동경험을 뒷받침하는 학교 프로그램은 청소년들의 일과 관련된 지식 및 만족도를 높이는 등 노동시장에서의 성공적 수행을 준비하는 데에 도움이 되는 동시에 학교 중도탈락률을 낮추는 데에도 효과적인 것으로 나타난다(Steinberg, 1983; Stone, Stern, Hopkins & McMillion, 1990). 학교-직장 이행 프로그램은 학업과 일에 기반한 배움을 연계시킴으로써 학업 수행에 미치는 노동의 부정적 영향을 극복하는데 도움이 되는 것으로 보고되고 있다(Committee on the health and safety implications of child labor, 1998).

## 6. 기 타

### 1) 성 별

조사에 의하면 남학생들의 취업률과 주당 노동시간이 여학생에 비해 상대적으로 높은 것으로 나타나나 근래 들어 이러한 차이는 줄어들고 있는 추세이다(Steinberg & Cauffman, 1995). 하지만 성별에 따라 다른 직업군에 종사할 가능성으로 인해 노동경험이 미치는 영향도 성별에 따라 달라질 수 있을 것으로 보인다.

Finch 등(1991)의 연구에서는 취업경험이 남학생보다도 여학생들의 자기신뢰감을 높이는 것으로 나타나는데, 이는 여학생들에게 있어 취업은 전통적인 기대로부터 벗어나는 행동임과 동시에 그 자체로 자기주장적 성격을 지니기 때문으로 설명하고 있다. Mortimer, Finch, Owens와 Shanahan(1990)의 연구에 의하면 남자청소년의 경우 노동경험에 대해 기술활용성이 낮고 스트레스가 많다고 인식하는 반면 여자청소년들은 보다 유익한 경험이었다고 평가하는 것으로 나타났다. 이는 성인 노동시장의 경우 남성의 직업 다양성이 상대적으로 높다는 기존의 인식과 어긋나는 것으로 청소년 노동시장의 독특성을 말해줌과 동시에 여자청소년의 경우 남자청소년에 비해 스스로의 일에 대해 긍정적으로 평가하는 경향을 반영하는 것일 수 있다. 이 같은 성별 차이에 대해 Shanahan 등(1991)은 남학생의 경우 규칙과 경쟁을 통한 성취를 중요시하는 반면, 여학생은 보살핌과 내적 관계성을 중시하는 사회화 패턴의 차이에서 원인을 찾고 있다.

성별에 따른 노동경험의 영향 차이를 다룬 Yamoor와 Mortimer(1990)의 연구에서는 여자 청소년들에게 있어 노동경험은 생애만족도를 떨어뜨리는 것으로 나타나며, 그 원인에 대해 여자 청소년들이 환경적 어려움에 보다 취약하기 때문인 것으로 분석하고 있다. 또한 여학생의 경우 남학생에 비해 학업에 보다 높은 가치를 부여하기 때문에 노동과 학업 간 갈등에 의한 부정적 영향이 상대적으로 높은 것으로 나타난다(Mortimer et al., 1992a).

## 2) 연 령

연령이 높은 학교청소년일수록 노동시장 참여 가능성과 주당 노동시간은 증가하는 것으로 나타난다. 우리사회의 경우 학년이 올라갈수록 학업부담으로 인해 노동과 학업 간 갈등이 증가하고 이로 인해 노동의 부정적 영향도 증가할 것임을 예측할 수 있다.

그러나 Finch와 Mortimer(1985)의 연구에서 강도 높은 노동은 고등학교 1, 2학년에게는 뚜렷한 부정적 영향을 미치나 고등학교 3학년에게는 그렇지 않은 것으로 나타나 장시간 노동이 낮은 연령의 학생들에게 부정적 영향을 보다 강하게 미치는 것으로 설명하고 있다. Barone(1993)의 연구에서도 이와 유사한 결과가 나타나며, 이에 대해 학년이 올라갈수록 두 가지 역할을 동시에 수행할 수 있는 조절 능력이 높아진다는 점을 원인으로 제시하고 있다. 한편 노동경험이 사회적 자기개념에 미치는 영향을 제시한 Marsh(1991)의 연구에서는 고등학교 1학년의 사회적 자기개념이 노동경험과 가장 높은 정적 연관성을 나타내나, 학년이 높아질수록 이러한 영향은 사라지는 것으로 보고하고 있다. 이러한 연구결과들은 연령이 낮은 학생일수록 그것이 긍정적이든 부정적이든 노동경험으로 인한 영향이 보다 강하게 작용할 수 있음을 나타내는 것으로 볼 수 있다.

노동청소년의 연령 차이는 취업하는 직종, 임금 등에 있어 차이를 일으키기 때문에(Mortimer et al., 1990; Loughlin & Barling, 1998; Committee on the health and safety implications of child labor, 1998) 노동경험으로 인한 적응 수준에 있어서도 차이가 나타날 것으로 보인다.

### 3) 사회경제적 수준

낮은 사회경제적 수준은 부모의 낮은 교육수준, 직업의 불안정성, 낮은 수입으로 인해 학교, 심리, 행동 영역에서 전반적인 적응수준을 떨어뜨리는 주요한 요인으로 지적된다(Garmezy, Masten & Tellegen, 1984).

사회경제적 수준이 낮은 가정의 청소년일수록 취업률이 높을 것이라는 일반적 예상과는 달리 학교청소년의 노동경험 유무 및 주당 노동시간은 사회경제적 수준과는 큰 연관성이 없는 것으로 나타난다(장원섭, 1999; Tymms & Fitz-Gibbon, 1992; Singh, 1998). 청소년 취업을 긍정적으로 인식하고 있는 서구 가정의 경우, 오히려 가계수입이 높을수록 자녀의 노동가능성이 높아지는데 이는 사회경제적 수준이 높을수록 구직에 필요한 사회관계망이 넓어지기 때문인 것으로 해석되고 있다(Keithly & Deseran, 1995).

한편 Oettiger(1999)는 고등학생의 노동경험이 학업성적에 미치는 영향을 다룬 연구에서 상대적으로 사회경제적 수준이 낮은 소수민족의 경우 백인계층에 비해 노동강도에 따른 성적하락이 더 크다는 결과를 보여주고 있는데, 이는 사회경제적 수준이 낮을수록 지지체계가 부족한 것에서 원인을 찾을 수 있다. 즉 사회경제적 수준이 낮은 경우 노동경험에 의한 부정적인 영향이 클 수 있음을 예측할 수 있다.

## 4) 학교계열

우리나라의 경우 학생의 적성이나 능력보다는 중학교 때의 내신성
적에 의해 진학 여부가 결정되기 때문에 상대적으로 학업성취도가 낮
은 학생들이 실업계 고등학교로 진학하는 경향이 있다. 이들은 실업계
학교로 진학한 이후에도 적성에 맞지 않는 학교생활로 인해 학교적응
에 어려움이 큰 것으로 나타난다. 또한 실업계에 진학하게 된 배경적
특성상 가계의 경제적 수준이 낮은 데서 오는 적응의 어려움도 아울
러 지니는 것으로 지적된다(김정관, 2004).

인문계 고등학교와 실업계 고등학교 간에는 교육목적과 그에 따른
교육과정이 상이하기 때문에 노동경험과 그로 인한 영향에는 차이가
존재할 것을 예상할 수 있다(장원섭, 2001). 또한 실업계 학생의 경우
인문계 학생에 비해 교과과정 중 실습 등 일을 경험할 기회가 비교적
많으며, 경제적 어려움으로 노동에 대한 욕구가 상대적으로 높고, 인
문계 학교에 비해 하교시간이 빨라 노동을 할 수 있는 여유시간이 많
은 등 노동경험의 가능성이 높은 것으로 나타난다.

## 5) 노동동기

Hannah와 Baum(2001)은 지금까지의 연구들이 청소년의 노동동기
를 고려하지 않고 있음을 비판하면서 노동경험이 교육에 어떠한 영향
을 미칠지 여부는 학생의 노동동기가 무엇이냐에 달려 있다고 주장하
였다. 즉 대학 진학이나 인격향상을 위해 일을 하는 학생의 경우 교육
적 지향점을 잃지 않겠지만 단지 소비를 위한 노동은 이들을 부정적
결과로 이끌게 된다는 것이다. 많은 연구들이 과거 대공황기 행해졌던

청소년 노동의 경우 가족의 생계를 위한 것이었던 만큼 타인을 돕고 가족을 돌본다는 동기로 인해 긍정적 결과를 가져올 수 있었던 것과는 달리 현재의 청소년 노동은 소비를 위한 성격을 띠고 있기 때문에 부정적 결과로 이어질 수밖에 없음을 지적하고 있다(Mortimer et al., 1994; Skorvikov & Vondracek, 1997). Marsh의 연구(1991)에 의하면 '대학 진학을 위해 돈을 모으는 수단'으로서의 노동은 매우 강한 긍정적 영향을 나타낸 반면, 오직 돈을 벌기 위한 수단으로 노동을 하는 학생들의 경우 술이나 약물을 구입할 경향이 높게 나타난다(Bachman & Schulenberg, 1993).

국내 연구에서도 전효관(2002)은 노동시장에의 참여 동기에 따라 같은 노동경험이라도 서로 다른 의미와 영향을 지닐 수 있음을 지적하였으며, 김광웅(2001)도 일의 욕구가 돈을 벌기 위한 수단이라는 '외적 동기'와 그 자체로 목적 가치를 지니는 '내적 동기' 중 어느 것이냐에 따라 일 경험의 질적인 차이가 결정된다고 하면서 외적 보상에의 지나친 의존을 경고한 바 있다. 청소년의 노동참여 동기에 대해 '경험을 쌓기 위해', '누군가를 도와주려고', '진로에 도움을 받고 싶어서' 등의 응답을 '성장동기'로, '용돈마련', '유흥비마련', '사고싶은 것을 사려고' 등의 응답을 '물질동기'로 구분하여 동기에 따른 집단 간 차이를 분석한 김예성의 연구(2004)에서도 '성장동기' 집단은 자율성 및 가족과의 친밀도가 높고, 수업태도가 긍정적이며, 음주 흡연 등의 문제행동 정도가 낮게 나타나는 결과를 확인할 수 있다.

# 제3장 연구방법

# 제1절 연구모형 및 가설

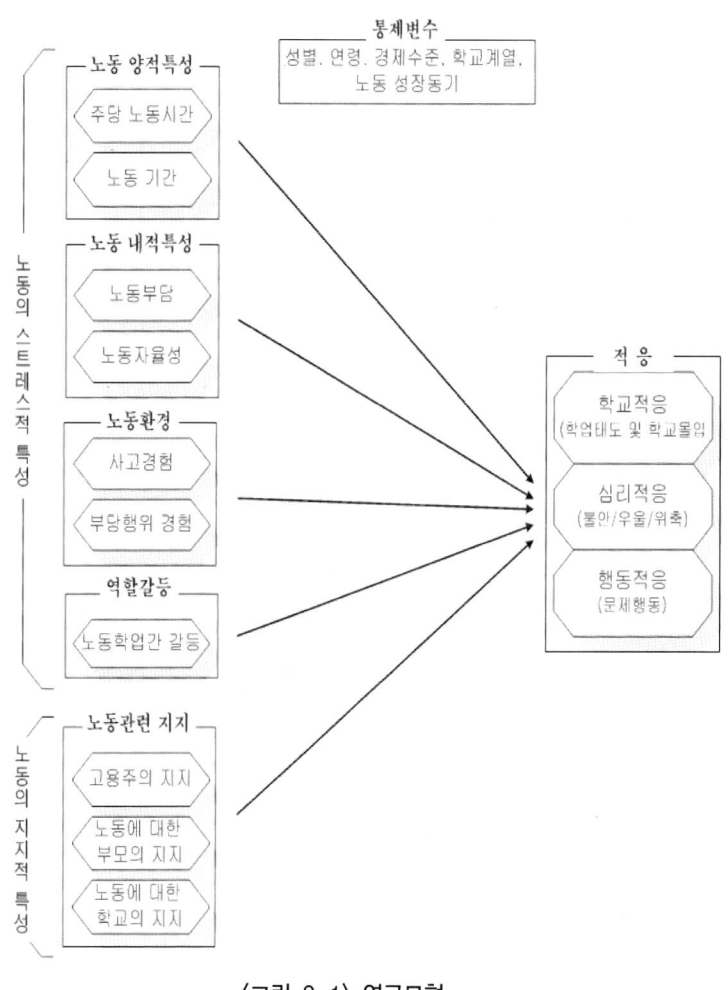

〈그림 3-1〉 연구모형

　본 연구는 학교청소년의 노동경험 특성이 이들의 적응 수준에 미치는 영향에 대해 실증적으로 고찰하고자 하는 목적을 지니고 있다. 즉 학교청소년의 노동참여 경험유무나 노동시간이라는 단일변수를 통해 노동경험의 영향을 파악하고자 했던 선행연구들과 달리 청소년 노동경험의 다양한 특성들을 이해하고 이러한 특성들이 학교적응, 심리적응, 행동적응이라는 영역에 대하여 포괄적으로 미치는 영향을 확인하고자 하였다. 이는 학교청소년의 적응에 영향을 미치는 시간제노동 경험의 특성은 무엇이며, 그 영향력은 어떠한지 확인함으로써, 노동경험의 부정적 영향을 최소화시키고 노동경험의 긍정적인 측면을 개발할 수 있는 원조방향을 설정하는 한편 이를 실천에 옮기기 위한 구체적 개입방안을 제시하는 데 있어 유용한 기반자료가 될 것으로 보인다.

　이에 본 연구에서 가정하고 있는 연구모형은 〈그림 3-1〉과 같다.

　스트레스 적응 이론에 기반하여 청소년들의 적응수준에 영향을 미치는 시간제노동 경험은 스트레스적 측면과 지지적 측면으로 구분하였으며, 정체성 갈등이론과 요구-통제 이론에 의거하여 각 측면에 해당하는 노동경험 특성 변인들을 설정하였다. 우선 노동의 스트레스적 측면으로 노동의 양적 특성, 내적 특성, 환경특성, 역할갈등의 변인을 구분하였으며, 각 변인에 대해 노동의 양적 특성에는 주당 노동시간과 노동 기간, 노동의 내적 특성에는 노동 부담과 노동자율성, 노동 환경적 특성에는 사고경험, 부당행위 경험, 역할갈등에는 노동-학업 간 갈등을 변수로 설정하였다. 또한 스트레스의 완화 기제인 사회적 지지 측면으로 고용주의 지지, 노동에 대한 부모의 지지, 노동에 대한 학교의 지지라는 변수를 설정하였으며, 이 같은 시간제노동 경험 특성들 중 청소년들의 학교, 심리, 행동 영역의 적응 수준에 영향을 미치는 변수는 무엇이며, 그 영향력은 어떠한지를 검토하였다.

이러한 연구모형을 바탕으로 하여 설정한 연구문제와 이에 대해 설정한 연구가설들은 다음과 같다.

### [연구문제 1] 학교청소년 시간제노동의 양상 및 특성은 어떠한가?

'연구문제 1'은 국내 학교청소년 시간제노동의 양상에 대해 구체적으로 파악하기 위해 설정된 연구문제로, 노동관련 특성이 시간제노동 청소년의 적응 수준에 미치는 영향을 검토하기 위한 기본적 전제가 될 뿐만 아니라 지금까지 연구된 바가 부족한 청소년 시간제노동 분야에 대한 이해를 높인다는 의미를 지닌다. 즉 시간제노동 청소년들은 노동을 통해 어떠한 경험을 하게 되는지, 노동경험 청소년은 어떠한 특성을 지니며, 노동경험 청소년과 비노동경험 청소년은 어떠한 특성 차이를 지니는지에 대해 파악하였다. 이에 따라 '연구문제 1'은 특정 방향성을 설정하지 않은 채 학교청소년 시간제노동의 구체적인 실태를 파악하기 위한 질문들로 구성되었다.

### [연구문제 1-1] 학교청소년의 시간제노동은 어떠한 양상으로 이루어지는가?

'연구문제 1-1'은 지금까지 청소년의 시간제노동 실태를 조사한 국내연구의 수가 많지 않음을 감안하여 청소년 시간제노동에 대한 보다 풍부한 정보를 얻고자 설정되었다. 학교청소년들이 종사하는 노동의 종류, 시작 시기, 노동시간, 부모 동의서 및 고용계약서 작성 여부, 노동동기, 임금, 사고나 부당행위 경험 등에 대하여 질문하고 이를 성별, 학교유형 등에 따라 비교 분석하였다.

[연구문제 1-2] 시간제노동 학교청소년은 어떠한 특성을 지니는가? 노동경험을 지닌 학교청소년은 노동경험을 지니지 않은 학교청소년과 어떠한 차이를 지니는가?

'연구문제 1-2'는 시간제노동을 하고 있는 학교청소년의 특성을 보다 명확히 하기 위한 것으로, 노동경험을 지닌 학교청소년들과 지니지 않은 학교청소년이 인구학적 특성 및 학교적응, 심리적응, 행동적응 수준에 있어 어떠한 차이를 지니는지 검토하였다.

[연구문제 2] 시간제노동 학교청소년의 노동경험은 이들의 적응 수준에 어떠한 영향을 미치는가?

앞서 설명하였듯이 본 연구는 스트레스 적응(stress-coping) 이론, 정체성 갈등(identity conflict) 이론, 요구-통제(demand-control) 모델에 근거하여 시간제노동 학교청소년의 노동경험 특성들이 이들의 적응 수준에 영향을 미치는 현상에 대해 연구모형을 설정하였다. 이에 따라 각 노동관련 변수들이 노동경험 학교청소년의 학교적응, 심리적응, 행동적응 수준에 미치는 영향에 대하여 다음과 같은 연구가설들을 설정하였다.

청소년 시간제노동을 다룬 다수의 선행연구들은 제로섬관점에 기반하여 학교청소년들이 노동에 시간과 에너지를 투자하는 만큼 학업에의 관심과 학교몰입 수준이 떨어지게 되며 발달과제 수행에 있어서도 피해를 입을 수 있음을 이야기하고 있다. 장시간의 노동은 그 자체로 심리정서문제를 일으키는 스트레스원이 될 수 있으며, 학교청소년들을 학교로부터 멀어지게 하는 만큼 문제행동의 가능성 또한 높아질 수 있는 것으로 나타난다(Marsh, 1991; Steinberg et al., 1993). 이러한 관점에 기반하여 〈연구가설 1〉과 〈연구가설 2〉가 설정되었다.

〈연구가설 1〉 시간제노동 학교청소년의 주당 노동시간은 이들의 적응수준에 영향을 미칠 것이다.
　〈가설 1-1〉 주당 노동시간이 길수록 학교적응 수준은 낮아질 것이다.
　〈가설 1-2〉 주당 노동시간이 길수록 심리정서문제는 증가할 것이다.
　〈가설 1-3〉 주당 노동시간이 길수록 행동문제는 증가할 것이다.

〈연구가설 2〉 시간제노동 학교청소년의 노동 기간은 이들의 적응수준에 영향을 미칠 것이다.
　〈가설 2-1〉 노동 기간이 길수록 학교적응 수준은 낮아질 것이다.
　〈가설 2-2〉 노동 기간이 길수록 심리정서문제는 증가할 것이다.
　〈가설 2-3〉 노동 기간이 길수록 행동문제는 증가할 것이다.

노동의 내적 특성이 노동자의 적응에 영향을 미치는 현상에 대해 설명하고 있는 요구-통제(demand-control) 모델에 의하면 과도한 노동부담은 심리적 육체적 적응 수준을 떨어뜨리고 자존감을 하락시키는 주된 요인으로 지적되고 있으며(Savery & Wooden, 1994), 이러한 노동 스트레스를 완화시키기 위해 약물남용이나 비행의 위험이 증가하는 것으로 보고되고 있다(Barnett & Barennan, 1995). 또한 일에 대한 자율성과 기술활용성은 스트레스 수준을 낮추고 자존감을 상승시키는 요인으로 설명된다(Mortimer & Yammor, 1987; Mortimer et al., 1992b; Dollard et al., 2000). 정체성 이론의 관점에서도 역할 부담을 가중시키는 과도한 노동부담은 노동 영역과 학교 영역에서의 적응 수준에까지도 부정적 영향을 미치는 것으로 설명되며, 반면 자율적이고 학교에서 배운 기술을 활용할 수 있는 노동경험은 노동과 학교 영역 간 일치수준을 높여줌으로써 적응에 긍정적 영향을 줄 수 있는 것으로 보고하고 있다(Mortimer & Yamoor, 1987; Mortimer et al., 1994). 이러한 논의에 기반하여 〈연구가설 3〉과 〈연구가설 4〉를 설정하였다.

**〈연구가설 3〉 시간제노동 학교청소년의 노동부담은 이들의 적응 수준에 영향을 미칠 것이다.**
〈가설 3-1〉 노동부담이 클수록 학교적응 수준은 낮아질 것이다.
〈가설 3-2〉 노동부담이 클수록 심리정서문제는 증가할 것이다.
〈가설 3-3〉 노동부담이 클수록 행동문제는 증가할 것이다.

**〈연구가설 4〉 시간제노동 학교청소년의 노동자율성은 이들의 적응 수준에 영향을 미칠 것이다.**
〈가설 4-1〉 노동자율성이 높을수록 학교적응 수준은 높아질 것이다.
〈가설 4-2〉 노동자율성이 높을수록 심리정서문제는 감소할 것이다.
〈가설 4-3〉 노동자율성이 높을수록 행동문제는 감소할 것이다.

노동환경이 청소년들의 적응에 미치는 영향을 다룬 연구들을 살펴보면 위험환경에 노출되거나 사고, 부당한 대우 같은 스트레스적 사건을 경험하는 것은 이들의 적응 능력에 부정적 영향을 미치는 것으로 나타난다(Rowlison & Felner, 1988; Frone, 1998). 또한 노력한 것에 대해 제대로 보상받지 못하거나 부당한 대우를 당하고도 적절한 대처를 하지 못하는 경험은 청소년들에게 절망감과 불만을 야기시키고 문제행동이나 공격성을 증가시키는 요인으로 지적되고 있다(Siegrist, 1996). 이러한 선행연구에 근거하여 〈연구가설 5〉, 〈연구가설 6〉을 설정하였다.

〈연구가설 5〉 시간제노동 학교청소년의 사고경험은 이들의 적응 수준에 영향을 미칠 것이다.
　〈가설 5-1〉 사고경험이 많을수록 학교적응 수준은 낮아질 것이다.
　〈가설 5-2〉 사고경험이 많을수록 심리정서문제는 증가할 것이다.
　〈가설 5-3〉 사고경험이 많을수록 행동문제는 증가할 것이다.

〈연구가설 6〉 시간제노동 학교청소년의 부당대우 경험은 이들의 적응 수준에 영향을 미칠 것이다.
　〈가설 6-1〉 부당대우 경험이 많을수록 학교적응 수준은 낮아질 것이다.
　〈가설 6-2〉 부당대우 경험이 많을수록 심리정서문제는 증가할 것이다.
　〈가설 6-3〉 부당대우 경험이 많을수록 행동문제는 증가할 것이다.

정체성 갈등 이론에서는 한 영역에서 유발된 역할갈등이 상대편 영역에서의 적응 수준에 부정적 영향을 미치는 과정에 대해 설명하고 있다. 즉 노동특성으로 인해 노동－학업 간 갈등이 높아질 경우 이는 학교 영역에서의 적응 수준을 낮추는 결과를 가져오게 된다. 실제 Markel 등(1998)은 노동경험 학교청소년을 대상으로 한 연구에서 노동－학업 간 갈등은 학교에 대한 준비와 학업수행 정도를 떨어뜨리고 이는 학교불만족 수준을 높인다는 연구결과를 보여주었으며, 노동－학업 간 갈등 정도가 클수록 학업에의 참여가 떨어지고 심리적 부적응이 야기될 수 있으며, 이러한 긴장을 완화시키기 위한 기제로써 약물

사용의 가능성이 높아질 수 있다는 결과를 확인할 수 있다(Frone, Russell & Cooper, 1993; Barliing et al., 1995) 이 같은 논의에 기반하여 〈연구가설 7〉을 다음과 같이 설정하였다.

**〈연구가설 7〉 시간제노동 학교청소년의 노동－학업 간 갈등은 이들의 적응 수준에 영향을 미칠 것이다.**
〈가설 7-1〉 노동－학업 간 갈등이 높을수록 학교적응 수준은 낮아
    질 것이다.
〈가설 7-2〉 노동－학업 간 갈등이 높을수록 심리정서문제는 증가할
    것이다.
〈가설 7-3〉 노동－학업 간 갈등이 높을수록 행동문제는 증가할 것이다.

〈연구가설 1〉에서 〈연구가설 7〉까지의 부분은 노동경험의 스트레스적 측면을 다루고 있다면 〈연구가설 8〉, 〈연구가설 9〉, 〈연구가설 10〉에서는 사회적 지지 측면에 대한 가설들을 설정하였다. 고용주 및 부모와 교사로부터 주어지는 사회적 지지는 청소년의 학교적응 수준에 직접적 완충적 영향을 미치는 주된 요인으로 확인된 바 있으며 (Dubois et al., 1994; Bills et al., 1995; Frone et al., 1997), 노동의 특성이 미치는 영향을 다룬 연구에서도 가정, 학교, 직장으로부터 부여받는 노동관련 사회적 지지는 심리정서적 문제를 완화시키고 자존감을 상승시키는 동시에 문제행동을 막는 요인으로 나타나고 있다 (Johnson & Hall, 1988; Iverson & Erwin, 1997; Bru et al., 2001). 이에 근거하여 다음과 같은 가설들을 도출하였다.

〈연구가설 8〉 시간제노동 학교청소년에 대한 고용주의 지지는 이들의 적응 수준에 영향을 미칠 것이다.

　〈가설 8-1〉 고용주의 지지가 높을수록 학교적응 수준은 높아질 것이다.

　〈가설 8-2〉 고용주의 지지가 높을수록 심리정서문제는 감소할 것이다.

　〈가설 8-3〉 고용주의 지지가 높을수록 행동문제는 감소할 것이다.


〈연구가설 9〉 시간제노동 학교청소년에 대한 노동관련 부모의 지지는 이들의 적응 수준에 영향을 미칠 것이다.

　〈가설 9-1〉 노동관련 부모의 지지가 높을수록 학교적응 수준은 높아질 것이다.

　〈가설 9-2〉 노동관련 부모의 지지가 높을수록 심리정서문제는 감소할 것이다.

　〈가설 9-3〉 노동관련 부모의 지지가 높을수록 행동문제는 감소할 것이다.


〈연구가설 10〉 시간제노동 학교청소년에 대한 노동관련 학교의 지지는 이들의 적응 수준에 영향을 미칠 것이다.

　〈가설 10-1〉 노동관련 학교의 지지가 높을수록 학교적응 수준은 높아질 것이다.

　〈가설 10-2〉 노동관련 학교의 지지가 높을수록 심리정서문제는 감소할 것이다.

　〈가설 10-3〉 노동관련 학교의 지지가 높을수록 행동문제는 감소할 것이다.

## 제2절 표본선정 및 자료수집

본 연구의 주요 분석 대상인 '시간제노동 학교청소년'은 '조사 시기를 기준으로 과거 1년의 기간 중 지속적으로 최소 한 달 이상 임금을 받고 노동력을 제공한 경험을 가진 학교청소년'으로 개념을 정의하였다[8].

서구의 경우 주로 1년 단위의 패널 데이터 수집 시 과거 1년간 노동경험을 가진 집단을 대상으로 노동경험을 상기하여 응답하도록 하고 있으며[9], 생애사건(life events)에 대한 연구에 의하면 회상 기간을 1년으로 제한할 경우 응답자의 회상 기간에 의해 나타날 수 있는 오류가 최소화될 수 있는 것으로 보고(Williams & Uchiyama, 1989)하고 있는 것에 근거하여 본 연구는 연구대상자의 노동경험 기간을 '과거 1년'으로 제한하였다.

또한 노동과 학업을 병행하는 집단으로서의 의미를 부여할 수 있

---

8) 청소년 노동경험을 다룬 선행연구들이 노동경험 집단에 대해 개념화한 예를 살펴보면, '한 주에 한 번 이상 집 밖에서 돈을 벌기 위해 일하는 경우'(Bachman & Schulenberg, 1993), '현재 주당 3시간 이상 유급으로 정기적으로 일하고 있는 경우'(Steinberg et al., 1982), '학기 중 노동경험을 지니는 경우'(Singh, 1998) 등 연구자의 연구목적에 따라 설정되거나 사용한 패널 데이터의 특성에 의존하고 있음을 확인할 수 있다.

9) 또는 조사시점 현재 노동을 하고 있는 학생들만을 대상으로 조사를 실시하는 경우도 있는데, 이에 대해 Gottfredson(1985)은 십대의 노동은 노동시장 진입 여부가 매우 유동적이기 때문에 특정 조사시점을 기준으로 노동을 하고 있는 집단만을 조사대상으로 하는 경우 많은 정보를 놓칠 우려가 있으며, 1년간 어느 시점에서든 노동경험을 지닌 집단을 대상으로 하는 것이 보다 적절하다고 설명한 바 있다.

도록 '지속적으로 한 달 이상' 노동경험을 지닌 집단을 분석 대상으로 설정하였는데, 이렇게 할 경우 단기적인 일회성 노동경험 집단과 구별되므로 보다 실질적인 노동경험의 영향을 파악할 수 있고, 학기 중 노동집단에 초점을 두어 노동경험의 영향을 다룰 수 있다는 장점이 있다[10].

본 연구는 이 같은 집단을 대상으로 노동경험이 학교청소년들의 적응 수준에 미치는 영향에 대해 분석하기 위해 자기보고식 서베이 방법을 활용하였다.

본 연구에서의 모집단은 서울시에 재학 중인 고등학교 학생이다. 중학생들의 경우에도 실제 상당수가 시간제노동 경험을 지니고 있는 것으로 나타나며 실태파악을 주목적으로 하는 선행연구들에서는 이들을 연구대상에 포함시키고 있지만, 근로기준법상 노동이 금지되어 있는 15세 이하의 노동은 불법적이라고 볼 수 있으므로[11] 노동경험의

---

10) 한 달 미만은 노동경험으로 인해 어떤 변화가 나타나기에는 너무 짧은 기간으로 이러한 단기적 노동 집단을 포함시켜 노동경험의 영향에 대해 파악하고자 할 경우 그것이 노동경험의 결과인지 집단이 원래부터 가지고 있는 특성인지 모호해지는 문제가 발생할 수 있다. 한국청소년개발원(2000)의 연구에 의하면 청소년 시간제노동의 절반 이상이 한 달 이내에 끝나는 단기적인 특성을 가지고 있는 것으로 나타나는데 이러한 단기노동경험 집단을 모두 포함시켰던 선행연구들과 달리 본 연구에서는 이들을 제외시킴으로써 선행연구의 한계를 극복하고자 하였다. 또한 본 연구는 '학업'과 '노동'이라는 이중적 역할수행을 중요한 변수로 다루고 있기 때문에 학기 중 노동 경험이 보다 중요한 의미를 지님을 감안하여 한 달 이상 지속적으로 노동을 경험한 집단으로 대상을 제한함으로써 순수하게 방학 동안 이루어진 노동경험을 어느 정도 제외시키고자 하였다.

11) 노동부장관으로부터 취직인허증을 교부받은 경우에는 15세 미만 청소년도 취업이 가능하나, 실제 취직인허증의 발급현황은 매우 저조한 것으로 나타나며 대부분의 중학생 취업은 이러한 절차 없이 이루어졌다는 점에서 불법이라 할 수 있다.

84

다양한 특성과 그 영향을 분석하고자 하는 본 연구의 대상으로는 적절치 않다고 판단되어 연구대상에서 제외하였다.

2004년 서울교육통계연보에 의하면 서울시 고등학교 재학 중인 학생의 수는 약 34만 명이며, 고등학교는 295개교로 이 중 실업계 고등학교는 80개교이다(서울교육통계연보, 2004). 이러한 수치에 기반하여, 우선 층화집락표집방법(stratified cluster sampling method)에 의해 학교를 단위로 표본을 추출한 뒤 성별 및 학교급별 학생수에 대한 모집단의 구성비를 고려하여 조사대상자를 선정하였다. 서울시내 고등학생들 가운데 입시부담이 큰 고등학교 3학년을 조사대상에서 제외한 결과 조사대상 모집단 학생의 수는 약 22만 명이었으며, 이 중 0.5%에 해당하는 1,100 사례를 본 연구의 표본으로 설정하였다.

조사 대상 학교를 선정하기 위해 우선 현재 고등학교 학급당 학생수를 감안하여 학급 수와 학교 수를 추정하였으며, 서울의 지역적 특성을 감안하여 서울시내 11개 교육청 단위로 학교들이 가능한 골고루 포함될 수 있도록 하는 가운데 인문계고등학교 12개교, 실업계고등학교 3개교를 무작위로 선택하고, 각 학년 당 한 학급씩 조사를 실시하였다. 결과 총 15개교 30학급, 1,200명을 대상으로 설문조사가 이루어졌다.12) 조사대상이 된 학교들의 서울시교육청 및 구별 분포를 제시하면 다음 〈표 3-1〉과 같다.

12) 조사시 교육청 관계자와 청소년 관련 연구기관의 도움을 받았기 때문에 대부분의 학교에서는 설문에 기꺼이 협조해 주었으나 조사대상으로 선정되었던 학교들 중 일부 학교에서는 설문의 내용상 청소년 아르바이트에 관련한 것은 학생들에게 소위 '바람을 넣을 수 있다'는 이유에서 조사를 거부하였다. 이는 학교현장에서 지니고 있는 시간제노동에 대한 부정적 시각을 엿볼 수 있게 해주는 부분이다.

〈표 3-1〉 조사대상 학교 분포

| 교육청 및 서울시 구 | 조사대상 학교 수 |
|---|---|
| 북부, 동부<br>(도봉, 노원, 중랑, 동대문) | 3개 (인문고 3) |
| 성북, 중부, 서부<br>(강북, 성북, 종로, 중, 용산, 은평, 마포, 서대문) | 5개 (인문고 4 / 실업고 1) |
| 강서, 남부, 동작<br>(강서, 양천, 영등포, 구로, 금천, 동작, 관악) | 4개 (인문고 3 / 실업고 1) |
| 강남, 강동, 성동<br>(서초, 강남, 강동, 송파, 성동, 광진) | 3개 (인문고 2 / 실업고 1) |

자료수집은 2005년 6월 15일부터 7월 10일 사이에 이루어졌다. 앞에서 설명한 방식에 따라 선정된 학교에 연락을 하여 본 연구의 내용에 대해 설명하고 조사를 요청하였으며, 조사에 협조하기로 한 경우 설문지는 우편으로 우송하거나 직접 전달하였다. 전달하는 설문지에는 조사의 목적과 내용, 유의사항에 대한 안내문을 동봉하였으며, 이러한 유의사항에 대해 인지한 교사나 연구자에 의해 조사가 진행되었다. 이러한 과정을 거쳐 모두 1,103개의 설문지가 회수되었으며, 그중 무성의한 응답을 제외한 1,059개의 설문지가 분석에 사용되었다.

## 제3절 분석방법

수집된 자료는 SPSS 12.0 통계 프로그램을 사용하여 분석하였으며, 사용된 통계방법은 다음과 같다.

첫째, 조사대상자의 특성과 학교청소년 노동경험의 특성을 분석하기 위해 기술통계를 활용하였다. 구체적으로 빈도분석, 교차분석, t 검

증 등을 통해 노동경험 학교청소년들의 특성과 이들의 노동경험 특성
에 대해 파악하였다.

둘째, 노동경험 학교청소년과 노동경험을 지니지 않은 일반 학교청
소년과의 차이를 분석하기 위해 t 검증, 일원변량분석(ANOVA), 다
중회귀분석을 활용하였다.

셋째, 노동경험 특성이 노동경험 학교청소년의 적응 수준에 미치는
영향을 파악하기 위해 다중회귀분석을 활용하였다.

넷째, 노동특성 변인군의 상대적인 영향력을 파악하기 위해 위계적
회귀분석(hierarchical regression)을 실행하였다. 위계적 회귀분석은 독
립변수들을 차례로 투입함에 따라 나타나는 설명력의 변화를 살핌으
로써 설명력이 큰 요인과 모델을 밝히는 방식으로, 청소년의 적응에
영향을 미치는 다양한 관련변수들의 상대적 영향력을 살피는 데 적절
한 통계방법이라 할 수 있다.

# 제4절 변수의 정의 및 측정

## 1. 종속변수

### 1) 학교적응

학교적응의 개념과 이를 측정하는 방법은 연구의 목적에 따라 다양
하게 이루어져왔음을 확인할 수 있다. 일반적으로 학교적응 수준을 다
룬 외국 선행연구들의 경우 성적, 결석이나 지각, 학교에 대한 흥미,
징계처분 여부 등을 다루고 있으며(Chartrand, 1990; Dubois et al.,

1994), 국내 연구에서는 학습태도, 수업참여도, 학교생활만족도, 학업
성취도, 문제행동, 교사 및 교우와의 관계 등의 하위척도가 사용된 바
있음을 확인할 수 있다(김지혜, 1998; 박현선, 1998; 문민식, 2001).

청소년 노동경험과 관련된 외국의 선행연구에서는 대부분 성적(GPA)
이라는 단일변수를 가장 많이 사용하고 있으며, 그 외에 학교 몰입
(commitment), 학교흥미, 학교만족도, 문제행동 등의 변수가 활용된 바 있
다(Yamoor & Mortimer, 1990; Bachman & Schulenberg, 1993; Markel
& Frone, 1998).

본 연구에서는 학업성취에 대한 태도, 학교생활에 대한 애착 또는
몰입에 관한 문항을 통해 학교적응 수준을 측정하였다. 이는 대부분
선행연구에서 사용한 성적(GPA)의 경우 자기보고식 설문을 통해서
는 정확한 응답을 얻기 힘들고 본 연구에서는 학업 관련 변수와 아울
러 학교라는 대상에 대해 학생들이 느끼는 애착, 노동을 경험하면서
학생으로서의 정체성을 지속시키는 학교에 대한 몰입수준에 대해 다
루고자 하였기 때문이다. Oettinger(1999)는 성적(GPA)만으로는 학
생의 학업적 측면을 충분히 반영하기 어려움을 지적한 바 있으며,
Steinberg와 Dornbusch(1991)는 노동경험이 미치는 영향을 파악하는
데에는 학업적 성취뿐 아니라 학생이 교육에 대해 지니는 정서적 태
도적 측면을 측정하는 것이 보다 적절함을 주장한 바 있다[13][14].

---

13) Steinberg와 Cauffman(1995)은 학업에 미치는 노동경험의 영향을 다룬
연구결과들이 일관되게 나타나지 않는 이유로 선행연구들이 '노동 여부'
나 '노동시간'만을 독립변수로 다루었다는 점, 그리고 종속변수인 학교관
련 측면에 대해 측정한 변수가 일관되지 않았다는 점을 들고 있다.

14) Greenberger와 Steinberg(1986)의 연구에 의하면 노동 청소년의 경우 노동
경험으로 인해 성적은 떨어지지 않았으나 수업참여, 과제수행, 학교에 대한
태도에 있어서는 부정적 영향을 입은 것으로 나타났다. 그들은 이러한 현상
에 대해 노동경험 학생들은 쉬운 과목, 쉬운 수업을 선택하고 부정행위 등

학교적응 척도를 구성하기 위해 박현선(1998)의 학교적응유연성 척도와 문민식(2001)의 학교생활 적응행동 검사 척도를 기반으로 문항들을 연구목적에 맞게 재구성하였다. 학업성취에 대한 태도는 성적, 공부에 대한 취미, 수업참여 태도, 학습에 노력을 기울이는 정도를 측정하였으며, 학교에 대한 가치관, 학교생활에 대한 애착, 학교활동에 대한 만족도 등을 통해 학교몰입 수준을 측정하였다.

전체 문항 수는 18문항으로 각 문항에 대해 '전혀 그렇지 않다'에서 '매우 그렇다'까지 5점 척도로 응답하도록 하였으며, 부정적 진술 문항을 역점수로 환산하여 전체점수가 높을수록 학교적응 수준이 높음을 의미한다.

### 2) 심리적응

노동의 영향에 의한 심리적 스트레스를 다룬 많은 연구들이 우울, 불안 정도와 같은 심리정서문제를 통해 심리적 적응 정도를 측정하고 있다[15](Steinberg & Greenberger, 1980; Mortimer et al., 1992a). 본 연구에서는 한국판 청소년 자기행동평가척도(K-YSR) 중 우울, 불안, 위축 문항을 사용하였다. K-YSR은 청소년들의 심리정서적 상태를 평가하는 표준화된 척도인 미국의 아동청소년 행동평가척도(CBCL: Child Behavior Check List)를 토대로 우리나라 청소년에 적합하도록

---

을 통해 점수를 유지하는 경향이 있기 때문이라 설명하면서 성적만으로 학업에 미치는 노동의 영향을 평가하는 것은 적절치 않음을 주장하였다.

15) 적응에 대한 근래의 연구경향은 적응과 부적응을 이분법적이 아닌 연속선상에 존재하는 것으로 이해하고 있다(Achenbach, 1991). 즉 우울, 불안과 같은 심리정서문제가 없을수록 심리적응 수준이 높은 것으로 설명할 수 있다.

수정한 척도이며, 본 연구에서는 청소년들의 조사저항을 최소화하기 위해 중복되는 문항을 수정한 정선욱(2002)의 척도를 사용하였다. 이 척도는 최근 6개월간 자신의 생각이나 행동에 대해 응답하도록 하고 있으며, '그렇지 않다', '가끔 그렇다', '자주 그렇다'의 3점 척도를 합산하여 점수가 높을수록 심리정서문제가 많은 것으로 해석할 수 있다.

### 3) 행동적응

학교청소년들의 문제행동 수준을 통해 행동적응 정도를 측정하였다. 이를 위해 Cullen, Larson과 Mathers(1985)의 연구에서 청소년의 문제행동에 대해 지위(status)비행, 재산침해(property), 폭력(violent), 약물관련(alcohol/drug)비행의 네 가지 하위척도에 대해 과거 경험의 정도를 질문한 것을 참고하여, 흡연, 음주, 약물, 가출, 유흥업소 출입, 절도, 폭력, 성관계 경험에 대해 질문하였다. 지난 6개월간 이러한 행동을 얼마나 했는지 질문하였으며, 이에 대해 '없음'에서 '1-2회', '3-4회', '5-6회', '7회 이상'까지 경험의 횟수에 대해 응답하도록 하였다. 모두 8문항으로 5점 척도를 합산한 점수가 높을수록 행동문제가 많은 것으로 해석할 수 있다.

## 2. 독립변수

### 1) 주당 노동시간

한 주당 몇 시간 동안 노동을 하였는지 파악하기 위해 하루 노동시간과 주당 노동일수를 직접 기입하도록 하여 이를 곱한 값을 사용하

였다. 만약 지난 1년간 여러 가지 노동을 하였으며 이들의 주당 노동
시간이 서로 다른 경우, Marsh(1991)의 연구 방식을 따라 가장 최근
에 이루어진 시간제노동의 주당 노동시간을 사용하였다.

### 2) 노동 기간

조사시점으로부터 과거 1년 동안 노동을 경험한 총 기간을 측정하
였다. 경험한 시간제노동 각각에 대해 며칠 동안 지속하였는지 노동
기간 일수를 적도록 하였으며, 여러 가지 노동을 경험한 경우 각 노동
기간을 합산하였다.

### 3) 노동부담

노동부담이란 과다한 노동업무의 양이나 시간적 제한으로 인해
과잉부담(overload)을 느끼는 상태를 의미한다. 이를 측정하기 위해
Barnett과 Brennan(1995)의 노동부담(job demands) 척도를 사용하였
다. 내용을 살펴보면 '힘에 부칠 정도로 일이 많다', '항상 시간에 쫓겨
쉴 틈이 없다', '일을 할 때 바싹 긴장을 해야 한다', '일이 끝날 때면
녹초가 되는 느낌이다'의 4문항으로 이루어져 있으며, 이에 대해 5점
척도로 응답하도록 하였다.

### 4) 노동자율성

노동자율성이란 업무수행 방식이나 수행 속도를 조절하고 업무에 관
련된 의사결정에 참여할 수 있는 정도인 '자기지향성(self-direction)',

업무의 특성이 지닌 '도전성 또는 창의성(innovativity)', 업무를 통해 새로운 것을 배우고, 기술이나 능력을 활용할 수 있는 정도인 '기술 활용성(skill utilization)'을 포함하는 개념으로 정의할 수 있다. 이를 측정하기 위해 Karasek과 Theorell(1990)이 사용한 '노동자율성(labour autonomy) 척도'와 '기술활용성(skill discretion) 척도', Kohn과 Schooler (1982)의 '자기지향성(self-direction) 척도'를 대상에 맞게 수정하여 사용하였다.

'자기지향성'은 '원하는 방식으로 일을 할 수 있다', '일의 속도를 조절할 수 있다'는 내용으로 구성되며, 업무의 '창의성'에는 '도전하고자 하는 의욕을 불러일으킨다', '흥미롭고 즐겁다', '창의력을 발휘하는 느낌이 든다', '기술활용성'에는 '새롭고 유용한 것을 배운다', '내가 가진 기술이나 능력을 사용할 수 있다' 같은 문항이 포함된다. 모두 8문항으로 응답은 5점 척도로 이루어지며, 전체점수가 높을수록 노동자율성이 높다고 해석할 수 있다.

## 5) 사고 경험

이는 청소년들이 노동 경험 중 사고를 당하거나 상해를 입는 경우를 의미한다. 사고경험 정도를 측정하기 위해 한국청소년개발원(2000), 서울YMCA(1997), 서울시정개발연구원(2000), 참여연대(2002) 등의 연구에서 사용한 사고 경험 목록에 토대를 두어 문항을 작성하였다. 구체적으로 제시하면 일을 하는 중 뜨거운 것에 데거나, 날카로운 것에 베인 경험, 뼈가 부러지거나 삔 경험, 교통사고를 당한 경험, 넘어지거나 떨어져 다친 경험의 횟수에 대해 질문하였다. 이를 경험한 정도에 대해 '없음'에서 '네 번 이상'까지 5점 척도를 사용하여 응답하도록 하였다.

## 6) 부당대우 경험

이는 청소년들이 노동경험 중 부당한 대우를 당하는 경우로 외국의 선행연구에서는 찾아보기 어려운 우리나라 노동환경의 독특한 특성이라고도 할 수 있다. 이러한 부당대우 경험 정도를 측정하기 위해 한국청소년개발원(2000), 서울YMCA(1997), 서울시정개발연구원(2000), 참여연대(2002) 등의 연구에서 사용한 부당대우 경험 목록에 토대를 두어 문항을 작성하였다. 임금 및 수당을 제때에 지급받지 못하거나, 정해진 임금보다 적게 받은 경우, 초과업무를 강요당한 경험, 일방적인 해고, 욕설이나 구타, 성희롱이나 성폭력 경험, 상해에 대한 치료비 미지급 등의 내용이 이에 포함된다. 모두 10개 문항으로 구성되며, 지난 1년간 노동을 하면서 이러한 경험을 몇 번이나 하였는지 '없음'에서 '네 번 이상'까지 5점 척도를 사용하여 응답하도록 하였다.

## 7) 노동-학업 간의 갈등

노동-학업 간의 갈등이란 노동과 학업이라는 양립되는 두 가지 역할을 동시에 수행함으로써 느끼는 어려움 또는 서로 다른 특성을 지닌 두 가지 정체성을 동시에 지님으로써 느끼는 갈등을 의미한다. 이를 측정하기 위해 '노동참여로 인한 학업수행의 어려움', '노동과 학업 간 상호보완성', '학업과 노동이라는 두 가지 역할을 동시에 수행함으로 인해 느끼는 부담감', '학생의 신분으로서 노동을 한다는 것에 대한 주변의 부정적 인식으로 인해 느끼는 어려움'이라는 네 가지 요인을 포함하는 척도를 구성하였다. 노동참여로 인한 학업수행의 어려움, 노동과 학업 간 상호보완성은 Stern 등(1990)의 학업과 노동 갈등 척도 및 Markel과 Frone(1998)의 노동 - 학업 갈등 척도를 토대로, 일반적 갈등과 주변인식으로 인한 갈등 문항은 노동과 가정에서의 역할갈등을 다룬 김양호(1997), 정현실(2001)의 척도를 수정하여 활용하였다. 총 16개 문항으로, 각 문항에 대해 5점 척도로 응답하도록 하였으며, 역문항을 처리한 뒤 총합 점수가 높을수록 노동 - 학업 간 갈등이 높은 것으로 해석할 수 있다.

## 8) 고용주의 지지

고용주의 지지 정도를 측정하기 위해 본 연구에서는 박지원(1985)이 개발하고 청소년 집단에 알맞게 수정 보완한 황윤경(1996) 척도를 사용하였다. 이 척도는 존경, 애정, 신뢰, 관심, 경험의 행위를 포함하는 지지를 의미하는 '정서적 지지', 자신의 행위를 인정해 주거나 부정하는 자기평가와 관련된 '평가적 지지', 문제에 대처하는 데 이용할 수 있는 정보를 제공하는 '정보적 지지', 일을 대신해주거나 돈, 물건을 제공하는 등 필요 시 직접적으로 돕는 행위인 '물질적 지지'의 네 개 하위 영역으로 구성되어 있다. 각 문항에 있어 고용주에 대해 어떻게 느끼는지 '전혀 그렇지 않다'에서 '매우 그렇다'까지의 5점 척도로 응답하도록 하며, 합산점수가 높을수록 고용주의 지지를 크게 인식하는 것으로 해석할 수 있다.

## 9) 노동에 대한 부모의 지지

청소년 자녀의 노동에 대해 부모가 어떠한 태도를 지니며 이에 대해 청소년들은 어떻게 생각하는지 노동에 대한 부모의 지지 정도를 측정하기 위해 본 연구자가 문항을 작성하였다. 구체적인 내용을 살펴보면 '부모님은 나에게 아르바이트를 해볼 것을 권장하셨다.', '아르바이트 자리를 구하는데 있어 부모님의 도움을 받았다', '아르바이트 일에 대해 부모님과 많은 대화를 나눈다', '아르바이트에 대해 부모님은 여러 가지 격려와 충고를 해주신다', '아르바이트로 인해 어려운 일이 생길 경우 부모님에게 알려 도움을 받을 것이다'의 5문항으로 되어있으며, 이에 대해 5점 척도로 응답하도록 하였다. 총점이 높을수록 청소년의 노동에 대한 부모의 지지가 높은 것을 의미한다고 볼 수 있다.

## 10) 노동에 대한 학교의 지지

학생의 노동참여에 대한 학교의 태도, 교사의 지지 정도를 측정하기 위해 연구자가 문항을 작성하였다. 구체적인 내용을 살펴보면, '우리 학교는 학생이 아르바이트를 구하거나 아르바이트를 잘 할 수 있도록 배려해준다', '우리 학교 선생님은 아르바이트 하는 학생에 대해 이해해 주는 편이다', '학교 선생님이 아르바이트 생활에 대해 조언이나 격려를 해준 적이 있다', '아르바이트로 인해 어려운 일이 생길 경우 학교선생님에게 알려 도움을 받을 것이다'의 4문항으로 구성되며, 이에 대해 5점 척도로 응답하도록 하였다. 역문항을 환산하여 전체 점수가 높을수록 청소년의 노동에 대한 학교의 지지가 높은 것으로 해석할 수 있다.

## 3. 통제변수

### 1) 인구학적 변수

조사대상자의 성별, 학년, 학교계열에 대해 확인하였다.

### 2) 사회경제적 수준

청소년 가족의 경제적 수준을 알아보기 위해 자신의 가족이 속한다고 생각되는 사회계층을 '가장 잘 사는 층'에서 '가장 못사는 층'까지 7단계로 나누어 주관적으로 평가하도록 하였다[16].

### 3) 노동 성장동기[17]

Shapiro(1977)는 Maslow의 욕구위계이론을 적용하여 노동에 대한

---

[16] 청소년의 적응을 다룬 선행연구들을 살펴보면 가족의 경제적 수준을 평가하는 데 있어 월 평균 소득보다는 계층에 대한 주관적인 평가가 유용한 것으로 나타난다. 오승환(2001)은 자신의 연구와 선행연구들의 결과를 통해 가족의 월소득 자체는 청소년의 적응에 대한 결정요인이 되지 못하는 것으로 보이며, 단순히 가족의 월소득이 청소년의 적응에 직접적인 영향을 미칠 것이라고 보는 것은 한계가 있다고 설명하였다.

[17] 성인의 경우 노동동기는 보수, 안정성, 사회적 지위, 승진 가능성 등 다른 무언가를 획득하기 위한 도구로서 노동을 인식하는 '외적 동기'와 성취감, 능력활용 등 노동 자체의 의미를 중시하는 '내적 동기'로 구분하여 설명된다. 그러나 청소년 시간제노동의 경우 성인의 직업과는 성질이 다르며, 청소년 자신도 시간제노동을 미래에 가지게 될 정식 직업과 구분하여 인식하고 대부분 도구적 수단 이상으로 가치부여를 하고 있지 않다는 점에서(이광호, 2001) 외적·내적 동기 개념을 적용하는 것은 적절치 않은 것으로 보인다.

96

동기를 설명한 바 있다. 청소년 시간제노동 동기에 욕구위계이론을 적용할 경우 자신의 미래를 생각하거나 타인을 돕기 위한 동기에서 행해진 시간제노동 경험은 상위단계의 욕구인 자아실현적 욕구와 상통하는 것으로 볼 수 있으며, 본 연구에서는 이를 '성장동기'라 명명하였다.

조사에서는 노동에 참여하게 된 주된 동기가 무엇인지 순서대로 두 가지를 고르도록 하였으며, '사회생활을 경험하고 싶어서', '진로결정에 도움을 받고 싶어서', '가족이나 친구를 돕기 위해서'가 첫 번째 동기일 경우에는 2점, 두 번째 동기일 경우에는 1점을 부여하였다. 결과적으로 성장동기는 0점에서 3점까지의 값을 지니게 되며 그 값이 클수록 성장동기가 높은 것으로 해석할 수 있다.

이상의 종속변수, 독립변수, 통제변수를 측정하기 위한 도구들을 정리하면 〈표 3-2〉와 같다.


## 4. 기 타

본 연구는 학교청소년 시간제노동의 특성에 대한 심도 있는 탐색을 연구문제로 상정하고 있으므로, 이에 청소년 시간제노동이 지닌 다양한 측면들에 대해 질문을 하였다.

노동경험을 지닌 학생의 경우 지난 1년간 경험했던 시간제노동의 종류는 무엇이며, 노동을 시작한 시기, 하루 노동시간 및 주당 노동일수에 대해 응답하도록 하였다. 또한 노동을 처음 경험한 시기, 부모님의 동의 여부와 동의서 및 계약서 작성 여부, 시간제노동을 하게 된 동기, 임금 액수와 그에 대한 평가에 대해서도 질문하였다.

노동경험이 없는 청소년의 경우에는 시간제노동을 하지 않은 이유와 시간제노동 및 시간제노동을 하고 있는 학생들에 대해 어떻게 생각하는지 질문하였다.

<표 3-2> 변수명 및 측정도구

| 구분 | | 변수명 | 도 구 | 문항번호 |
|---|---|---|---|---|
| 종속<br>변수 | | 학교적응 | 학교적응유연성 척도(박현선, 1998), 학교생활적응 행동검사 척도(문민식, 2001) 재구성 | I-1<br>(1~18) |
| | | 심리정서문제 | CBCL (정선욱(2002)의 척도) | I-2 |
| | | 행동문제 | 연구자 제작<br>(Larson과 Mathers(1985)의 문제행동 척도 참고) | I-1<br>(20~27) |
| 독립<br>변수 | 노동<br>양적<br>특성 | 주당노동시간 | 하루 노동시간과 주당 노동일수 곱한 값 | II-3 |
| | | 총 노동 기간 | 1년 동안의 노동경험 일수 총합 | II-3 |
| | 노동<br>내적<br>특성 | 노동부담 | Barnett 등(1995)의 노동부담(job demand) 척도 | II-8 |
| | | 노동자율성 | 노동자율성 및 기술활용성 척도(Karasek et al., 1990), 자기지향성 척도(Kohn & Schooler, 1983) 재구성 | II-9 |
| | 노동<br>환경<br>특성 | 사고경험 | 한국청소년개발원(2000), 서울YMCA(1997), 참여연대(2002) 등의 사고경험 목록 참고 | II-11 |
| | | 부당대우 경험 | 한국청소년개발원(2000), 서울YMCA(1997), 참여연대(2002) 등의 부당대우경험 목록 참고 | II-12 |
| | 역할<br>갈등 | 노동-학업 간 갈등 | 학업과 노동갈등 척도(Stern et al., 1990), 노동-학업 갈등 척도(Markel et al., 1998), 일반적 역할갈등 척도(김양호, 1997), 주변인식으로 인한 역할갈등 척도(정현실, 2001) 재구성 | II-7 |
| | 사회<br>적<br>지지 | 고용주의 지지 | 사회적 지지 척도<br>(박지원(1985) 제작, 황윤경(1996) 수정 척도) | II-17 |
| | | 노동관련 부모지지 | 연구자 제작 | II-15 |
| | | 노동관련 학교지지 | 연구자 제작 | II-16 |
| 통제<br>변수 | | 성별 | 남 / 여 | III-1 1) |
| | | 학년 | 고등학교 학년 1학년 / 2학년 | III-1 2) |
| | | 학교계열 | 실업계 / 인문계 | III-1 2) |
| | | 경제수준 | 주관적 경제계층인식(상-중-하 : 7점 척도) | III-3 5) |
| | | 노동 성장동기 | 연구자 제작 | II-6 |

# 제5절 척도의 타당도와 신뢰도

2004년 11월 5일부터 13일까지 서울 및 경기지역 3개 고등학교[18] 학생 232명을 대상으로 하는 사전조사와 사회복지학 및 청소년 관련 학과 교수, 박사과정 수료 이상의 청소년 전문가, 청소년 관련 실무자 10인을 대상으로 하는 안면 타당도 조사를 실시하였다. 이러한 조사를 통해 작성된 척도들의 신뢰도와 타당도를 검증하고, 청소년들이 이해하기 어려운 표현이나 문구, 설문지 구성에서의 문제점 등을 수정하여 본 조사에서 사용할 척도를 재구성하였다. 신뢰도를 검증하기 위해서는 문항 간 내적 일치도를 보는 Cronbach's $\alpha$ 를 검토하였으며, 타당도의 경우 본 연구에서 사용하는 척도들 중 상당수가 기존의 척도를 수정 보완하거나 연구자에 의해 개발된 척도이기 때문에 전문가를 통한 안면 타당도 검사 이외에 사전조사 결과에 대해 요인분석을 실시하여 부적절한 문항을 조정하였다.

이러한 과정을 거쳐 선정된 최종문항을 사용하여 본조사를 실시하였으며, 본 조사 결과에 대한 신뢰도를 검증하기 위한 Cronbach's $\alpha$ 값은 〈표 3-3〉에 제시되어 있다.

각 척도의 Cronbach's $\alpha$ 값은 사고경험이 .684로 나타난 것 이외에는 대부분 .70 이상으로 나타나 신뢰도에는 큰 문제가 없는 것으로 판단된다[19].

---

18) 인문계 남자고등학교 1개, 인문계 여자고등학교 1개, 실업계 남녀공학고 등학교 1개

19) 일반적으로 Cronbach's $\alpha$ 값이 .60 이상이면 신뢰도에 문제가 없는 것으로 판단한다(정충영, 최이규, 1999).

〈표 3-3〉 척도의 타당도 및 신뢰도

| 척 도 | 문항수 | 신뢰도 (Cronbach's $\alpha$ ) | |
|---|---|---|---|
| | | 사전조사 | 본조사 |
| 학교적응 | 18 | .852 | .883 |
| 심리정서문제 | 20 | .900 | .888 |
| 행동문제 | 8 | .711 | .719 |
| 노동부담 | 4 | .808 | .876 |
| 노동통제 가능성 | 8 | .846 | .893 |
| 사고경험 | 5 | .712 | .684 |
| 부당행위 경험 | 10 | .725 | .709 |
| 고용주의 지지 | 10 | .869 | .927 |
| 노동관련 부모의 지지 | 5 | .810 | .812 |
| 노동관련 학교의 지지 | 4 | .549 | .767 |
| 노동-학업 간 갈등 | 16 | .772 | .890 |

# 제4장 결과 분석

# 제1절 조사대상자의 일반적 특성

본 연구의 대상이 된 서울시내 고등학교 학생 1,059명의 일반적 특성은 다음 〈표 4-1〉에 제시되어 있다.

우선 성별을 살펴보면 남학생이 533명으로 전체의 50.3%, 여학생은 515명으로 48.6%을 차지해 남학생이 약간 높은 비율을 보이고 있으며, 조사대상자의 연령분포는 만 15세 18.1%, 16세 41.9%, 17세 이상 38.3% 이며 평균 연령은 16.3세로 나타났다. 학년별 인원을 살펴보면 고등학교 1학년이 493명(46.6%), 고등학교 2학년은 554명(52.3%)으로 고등학교 2학년이 조금 높은 비율을 차지하고 있는데 이는 고등학교 1학년의 설문지 중 응답 부실로 제외된 비율이 상대적으로 많기 때문인데서 원인을 찾을 수 있겠다. 인문계 고등학생과 실업계 고등학생 수의 비율은 79:21로 서울시내 인문계 대 실업계 비율(80:20)과 거의 유사한 분포를 나타내고 있다.

다음 조사대상자들의 가족구조를 살펴보면 친부모와의 동거 가정이 전체의 89.5%를 차지하고 그 외 형태의 가정이 8.0%로 나타났다. 가정의 경제적 수준을 파악하기 위해 한 달 평균 수입과 주관적인 경제계층 인식에 대해 질문한 결과 평균 수입의 경우 월소득 '400만 원 이상'이라는 응답이 전체 16.4%로 가장 많고 다음으로는 '200만 원 이상 250만 원 미만'(11.9%), '150만 원 이상 200만 원 미만'(11.5%), '300만 원 이상 350만 원 미만'(11.0%) 순으로 나타나고 있으며 이러한 결과를 통해 조사대상자 전체의 가계 평균 월수입을 약 270만 원 정도로 추산할 수 있었다. 주

104

관적인 경제계층 인식을 살펴보면 중간층이 57.5%로 절반 이상을 차지하며, 다음은 약간 못사는 층(18.2%), 약간 잘사는 층(12.3%) 순으로, 중간층을 4점으로 볼 때 평균값은 이보다 조금 낮은 3.89로 나타났다.

아버지의 교육 수준을 살펴보면 고졸이 46.5%로 가장 많고, 대졸(30.5%), 대학원졸 이상(9.7%) 순이며, 어머니의 교육 수준은 고졸이 59.2%, 다음은 대졸(20.4%), 중졸(9.7%) 순이었다. 고졸 학력을 4점으로 보았을 때, 아버지의 학력평균은 4.41로 어머니의 학력평균 4.09보다 높았다. 부모의 직업유무를 질문한 결과 아버지의 3.6%가 현재 직업이 없는 상태로 나타났으며, 어머니의 경우 직업이 있는 경우가 55.7%로 직업이 없는 경우(38.3%)보다 높아 맞벌이 가정이 증가하고 있는 사회적 추세를 보여준다.

〈표 4-1〉 조사대상자 전체의 일반적 특성

| 구 분 | | 조사대상자 전체 (n=1,059) | |
|---|---|---|---|
| | | 빈도(명) | 비율(%) |
| 성별 | 남자 | 533 | 50.3 |
| | 여자 | 515 | 48.6 |
| | 무응답 | 11 | 1.0 |
| 연령 | 만 15세 | 191 | 18.1 |
| | 만 16세 | 444 | 41.9 |
| | 만 17세 이상 | 406 | 38.3 |
| | 무응답 | 18 | 1.7 |
| 학교계열 | 인문계고 | 831 | 78.5 |
| | 실업계고 | 228 | 21.5 |

| 구 분 | | 조사대상자 전체 (n=1,059) | |
|---|---|---|---|
| | | 빈도(명) | 비율(%) |
| 가족구조 | 양친부모 가정 | 948 | 89.5 |
| | 편부 가정 | 19 | 1.8 |
| | 편모 가정 | 44 | 4.2 |
| | 친부계모 가정 | 6 | 0.6 |
| | 친모계부 가정 | 4 | 0.4 |
| | 양친 모두 안계심 | 9 | 0.8 |
| | 무응답 | 29 | 2.7 |
| 가계 월소득 | 50만 원 미만 | 15 | 1.4 |
| | 50만 원-100만 원 | 52 | 4.9 |
| | 100만 원-150만 원 | 78 | 7.4 |
| | 150만 원-200만 원 | 122 | 11.5 |
| | 200만 원-250만 원 | 126 | 11.9 |
| | 250만 원-300만 원 | 112 | 10.6 |
| | 300만원-350만 원 | 117 | 11.0 |
| | 350만원-400만 원 | 111 | 10.5 |
| | 400만 원 이상 | 174 | 16.4 |
| | 무응답 | 152 | 14.4 |
| 주관적인 경제계층 | 매우 못사는 층 | 5 | 0.5 |
| | 못사는 층 | 51 | 4.8 |
| | 약간 못사는 층 | 193 | 18.2 |
| | 중간층 | 609 | 57.5 |
| | 약간 잘사는 층 | 130 | 12.3 |
| | 잘사는 층 | 17 | 1.6 |
| | 매우 잘사는 층 | 13 | 1.2 |
| | 무응답 | 41 | 3.9 |

| 구 분 | | 조사대상자 전체 (n=1,059) | |
|---|---|---|---|
| | | 빈도(명) | 비율(%) |
| 부의 교육수준 | 무학 | 3 | 0.3 |
| | 국졸 | 24 | 2.3 |
| | 중졸 | 60 | 5.7 |
| | 고졸 | 492 | 46.5 |
| | 대졸 | 323 | 30.5 |
| | 대학원졸 이상 | 103 | 9.7 |
| | 해당없음/무응답 | 54 | 5.1 |
| 모의 교육수준 | 무학 | 4 | 0.4 |
| | 국졸 | 35 | 3.3 |
| | 중졸 | 103 | 9.7 |
| | 고졸 | 627 | 59.2 |
| | 대졸 | 216 | 20.4 |
| | 대학원졸 이상 | 32 | 3.0 |
| | 해당없음/무응답 | 42 | 4.0 |
| 부의 직업유무 | 직업 없음 | 38 | 3.6 |
| | 직업 있음 | 948 | 89.5 |
| | 해당없음/무응답 | 73 | 6.9 |
| 모의 직업유무 | 직업 없음 | 406 | 38.3 |
| | 직업 있음 | 590 | 55.7 |
| | 해당없음/무응답 | 63 | 5.9 |

# 제2절 학교청소년 시간제노동 경험의 양상

[연구문제 1-1] '학교청소년의 시간제노동은 어떠한 양상으로 이루어지고 있는가?'를 다루기 위해 우선 시간제노동 경험을 지닌 학교청소년 집단을 추출하였으며, 시간제노동 전반에 관련된 여러 가지 사항들에 대한 이들의 응답을 정리하였다.

## 1. 시간제노동 경험 비율

조사대상자들에게 시간제노동 경험 여부를 질문한 결과 전체 조사
대상자 1,059명의 19.0%에 해당하는 201명이 최근 1년 사이에 지속
적으로 한 달 이상 보수를 받으면서 노동력을 제공한 경험을 가지고
있는 것으로 나타났다. 학교계열로 나누어 보면 인문계 고등학생의
12.6%, 실업계 고등학생의 42.1%에 해당하는 수치이다[20].

지금까지 이루어진 국내 조사연구들을 살펴보면, 2000년 서울
YMCA가 실시한 조사에서는 전체 30.4%의 청소년들이 노동경험을
지닌 것으로 나타나며, 한국청소년개발원(2000)의 조사에서는 전체의
29.2%, 인문계 고등학생의 29.7%, 실업계 고등학생의 46.1%가 노동경
험을 지닌 것으로 보고하고 있다. 또한 참여연대(2002)의 조사에 따르
면 노동경험을 지닌 청소년은 조사대상 전체의 45.3%로 나타났는데,
인문계 고등학생의 경우 47.2%, 실업계고등학생의 경우 66.8%가 노동
경험을 지닌 것으로 나타났다.

수치상으로만 볼 때 본 연구의 조사결과 나타난 노동경험 학교청소년
의 비율은 기존 연구들에 비해 낮은 편이라고도 할 수 있다. 그러나 기존

---

20) 노동경험 비율을 보다 구체적으로 제시하면 다음의 표와 같다.

**〈표〉 청소년 노동경험 비율**

| 구분 | 전체(n=1059) | | 인문계(n=831) | | 실업계(n=228) | |
|---|---|---|---|---|---|---|
| | 명 | (%) | 명 | (%) | 명 | (%) |
| 한 달 이상 노동경험 학생 | 201 | 19.0 | 105 | 12.6 | 96 | 42.1 |
| 한 달 미만 노동경험 학생 | 114 | 10.8 | 88 | 10.6 | 26 | 11.4 |
| 현재 시간제노동 중인 학생 | 52 | 4.9 | 14 | 1.7 | 38 | 16.7 |

이 중 한 달 이상 노동경험 학생 201명을 본 연구의 분석 대상으로 한
이유에 대해서는 '표본선정 및 자료수집' 부분에 상술하였다.

의 연구들이 조사대상을 표집하는 데 있어 중학교와 고등학교 또는 인문
계와 실업계 학생의 비율이 일정치 않고 노동경험 질문 시 기간을 정하
지 않은 채 지금까지 한 번이라도 노동경험을 지닌 경우 응답하도록 한
반면, 본 연구에서는 실제 서울시 고등학생 비율에 따라 표본집단을 구
성하고 '최근 1년 사이 최소 한 달 이상'이라는 비교적 엄격한 기준을 두
었다는 점을 감안할 때 그 수치는 결코 적지 않다고 할 수 있을 것이다.


## 2. 시간제노동의 종류

학교청소년들에게 지난 1년간 경험해 보았던 모든 시간제노동에 대
해 응답하도록 하였고 그 결과를 노동 종류에 따라 총 빈도 및 학교
계열별, 성별 빈도를 구하였다.

〈표 4-2〉를 보면 가장 높은 빈도를 나타낸 시간제노동은 '패스트푸
드점 시간제노동'으로 42.8%에 해당하는 86명의 청소년이 패스트푸드
점에서 서빙이나 카운터, 배달을 한 경험을 가지고 있는 것으로 나타
났다. 패스트푸드점의 경우 청소년들이 가장 선호하는 시간제노동 직
종으로 실업계 고등학생의 경험 비율이 약간 높으며 남녀 간에는 차
이가 거의 없음을 확인할 수 있다.

두 번째로 높은 경험비율을 보이는 업종은 '전단지 돌리기'로 31.8%
의 학생이 경험을 지니고 있는 것으로 나타났다. 대부분의 선행연구들
에서는 청소년 시간제노동 업종 중 '전단지 돌리기'가 가장 높은 빈도
를 차지하고 있는 것으로 나타나며, 이에 대해 '전단지 돌리기'가 비교
적 일자리를 쉽게 구할 수 있고 시간에 구애받지 않으면서 원하는 만
큼의 일을 할 수 있기 때문으로 설명하고 있으나, 본 연구에서는 한 달

### 〈표 4-2〉 시간제노동의 종류에 따른 비율

| 시간제노동 종류 | 전체집단 (n=201) | | 인문계고 (n=105) | | 실업계고 (n=96) | | 남 (n=104) | | 녀 (n=97) | |
|---|---|---|---|---|---|---|---|---|---|---|
| | 명 | (%) | 명 | (%) | 명 | (%) | 명 | (%) | 명 | (%) |
| 패스트푸드 서빙/카운터/배달 | 86 | 42.8 | 38 | 36.2 | 48 | 50.0 | 42 | 40.0 | 44 | 45.4 |
| 전단지 돌리기 | 64 | 31.8 | 40 | 38.1 | 24 | 25.0 | 33 | 31.7 | 31 | 32.0 |
| 분식집, 중국집 서빙/카운터/배달 | 53 | 26.4 | 27 | 25.7 | 26 | 27.1 | 33 | 31.7 | 19 | 19.6 |
| PC방, 당구장, 만화방 카운터/서빙 | 19 | 9.5 | 11 | 10.5 | 8 | 8.3 | 11 | 10.6 | 8 | 8.2 |
| 주유소 주유원 | 18 | 9.0 | 5 | 4.8 | 13 | 13.5 | 14 | 13.5 | 4 | 4.1 |
| 신문 및 우유배달 | 11 | 5.5 | 9 | 8.6 | 2 | 2.1 | 9 | 8.7 | 2 | 2.1 |
| 카페(커피숍) 서빙 | 8 | 4.0 | 5 | 4.8 | 3 | 3.1 | 3 | 2.9 | 5 | 5.2 |
| 편의점 점원 | 7 | 3.5 | 4 | 3.8 | 3 | 3.1 | 2 | 1.9 | 5 | 5.2 |
| 일반 상점 판매원 | 7 | 3.5 | 2 | 1.9 | 5 | 5.2 | 1 | 1.0 | 6 | 6.2 |
| 이벤트 행사장 도우미 | 7 | 3.5 | 4 | 3.8 | 3 | 3.1 | 2 | 1.9 | 5 | 5.2 |
| 건설노동 | 4 | 2.0 | 3 | 2.9 | 1 | 1.0 | 4 | 3.8 | 0 | 0 |
| 주차관리 | 4 | 2.0 | 2 | 1.9 | 2 | 2.1 | 2 | 1.9 | 2 | 2.1 |
| 비디오방, 노래방 카운터/서빙 | 3 | 1.5 | 0 | 0 | 3 | 3.1 | 3 | 2.9 | 0 | 0 |
| 공장노동 | 2 | 1.0 | 1 | 1.0 | 1 | 1.0 | 0 | 10 | 2 | 2.1 |
| 아기, 노인 돌보기 | 2 | 1.0 | 1 | 1.0 | 1 | 1.0 | 0 | 0 | 2 | 2.1 |
| 아버지일을 도움 | 2 | 1.0 | 2 | 1.9 | 0 | 0 | 1 | 1.0 | 1 | 1.0 |
| 이삿짐 운반 또는 물건포장 | 1 | 0.5 | 1 | 1.0 | 0 | 0 | 0 | 0 | 1 | 1.0 |
| 제빵 | 1 | 0.5 | 0 | 0 | 1 | 1.0 | 0 | 0 | 1 | 1.0 |
| 비디오대여점 카운터 | 1 | 0.5 | 0 | 0 | 1 | 1.0 | 0 | 0 | 1 | 1.0 |
| 사무보조 (설문조사 포함) | 1 | 0.5 | 1 | 1.0 | 0 | 0 | 0 | 0 | 1 | 1.0 |
| 미용실 | 1 | 0.5 | 1 | 1.0 | 0 | 0 | 0 | 0 | 1 | 1.0 |
| 카센터 | 1 | 0.5 | 0 | 0 | 1 | 1.0 | 1 | 1.0 | 0 | 0 |

※ 중복 응답
※ 전체 명수에 대한 비율

이상 지속된 노동경험자만을 대상으로 하고 있기 때문에 일회적이고 단기적 특성을 지니는 '전단지 돌리기'의 경험률이 상대적으로 낮게 나타난 것으로 보인다. '전단지 돌리기'의 경우 위와 같은 특성으로 인해 인문계 고등학생의 비율이 상대적으로 높은 것을 확인할 수 있다.

다음으로는 '분식집, 중국집 서빙/카운터/배달'을 경험한 학생이 전체의 26.4%를 차지하고 있으며, 이 경우 학교계열별 차이는 없지만 남학생의 비율이 높게 나타났다. 이는 주로 남학생들이 음식점에서 오토바이 배달을 하기 때문인 것으로 보인다. 다음으로 'PC방, 당구장, 만화방 카운터/서빙'과 '주유소 주유원' 시간제노동이 10% 정도를 차지하며, 그 밖에 '신문 및 우유배달'(5.5%), '카페(커피숍) 서빙'(4.0%), '편의점 점원'(3.5%), '일반상점 판매원'(3.5%), '이벤트 행사장 도우미'(3.5%), '건설노동'(2.0%), '주차관리(2.0%)', '비디오방 및 노래방 카운터/서빙'(1.5%), '공장노동'(1.0%), '아기나 노인 돌보기'(1.0%) 순으로 나타났고, '이삿짐 운반 또는 물건 포장', '제빵', '비디오 대여', '사무보조', '미용실', '카센터' 등에서 일하는 경우도 약간의 비율을 차지했다.

학교계열별 빈도차이를 나타내는 업종을 살펴보면, '주유소 주유원'과 '비디오방 및 노래방 카운터/서빙'은 실업계 고등학생의 비율이 높은 반면, '우유 및 신문배달'은 인문계 학생의 비율이 높게 나타나며, 성별에 있어서는 '주유소 주유원', '신문 및 우유배달', '건설노동', '비디오방 및 노래방 카운터/서빙'은 남학생의 비율이 높은 반면, '상점 판매원', '이벤트 행사장 도우미', '아기 노인 돌보기'에서는 여학생의 비율이 상대적으로 높게 나타나는 것을 확인할 수 있다.


## 3. 최초 노동경험 시기

시간제노동을 처음 시작한 시기에 대해 질문한 결과 가장 많은 학생들이 중3 때 처음 노동경험을 지니게 되는 것으로 응답하였다. 중학교 3학년 때 노동을 처음 경험한 비율은 25.9%, 두 번째는 고등학교 1학년으로 20.9%, 세 번째는 중학교 2학년 18.4% 순으로 나타났다.

한편 학교계열별 성별 분포 차이를 살펴보면, 인문계 고등학생의 경우 중학교 때 처음 노동을 시작하는 비율이 높고 입시의 부담이 커지는 고등학교 입학 이후 노동경험을 시작하는 비율은 오히려 떨어지는 반면 실업계 고등학생의 경우 중학교 때까지의 노동경험은 인문계 고등학생에 비해 오히려 적으며 고등학교 입학 이후 노동을 시작하는 비율이 높게 나타남을 확인할 수 있다. 청소년들의 시간제노동은 구직 과정에서 또래의 사회적 관계망에 크게 의존하고 있음을 감안할 때 (문성호, 2003) 실업계 청소년의 경우 또래의 영향을 받아 분위기에 휩쓸리듯 노동에 참여하는 경향을 지닐 수 있음을 추측하게 해준다.

<표 4-3> 최초 노동경험 시기

| 구 분 | | 전체 | | 인문고 | | 실업고 | | 남 | | 녀 | |
|---|---|---|---|---|---|---|---|---|---|---|---|
| | | 명 | (%) | 명 | (%) | 명 | (%) | 명 | (%) | 명 | (%) |
| 최초 노동경험 시기 | 초등학교 | 18 | 9.0 | 10 | 9.5 | 8 | 8.3 | 8 | 7.7 | 10 | 10.3 |
| | 중1 | 14 | 7.0 | 6 | 5.6 | 8 | 8.3 | 6 | 5.7 | 7 | 7.2 |
| | 중2 | 37 | 18.4 | 26 | 24.8 | 11 | 11.5 | 19 | 18.3 | 18 | 18.6 |
| | 중3 | 52 | 25.9 | 32 | 30.5 | 20 | 20.8 | 18 | 17.3 | 34 | 35.1 |
| | 고1 | 42 | 20.9 | 15 | 14.3 | 27 | 28.1 | 23 | 22.2 | 19 | 19.6 |
| | 고2 | 33 | 16.4 | 13 | 12.4 | 20 | 20.8 | 26 | 25.0 | 7 | 7.2 |
| | 무응답 | 5 | 2.5 | 3 | 2.9 | 2 | 2.1 | 4 | 3.8 | 2 | 2.0 |
| 합 | | 201 | 100 | 105 | 100 | 96 | 100 | 104 | 100 | 97 | 100 |

한편 여학생들의 노동시작 시기가 남학생보다 상대적으로 빠르며 남학생의 경우 고등학교 이후 노동을 시작하는 비율이 훨씬 높다는 것을

확인할 수 있는데, 이는 남학생의 노동시장 진입 시기가 빠른 것으로 나타나는 외국의 선행연구들과는 상반되는 결과이다. Mortimer 등 (1990)은 취업 시기에 있어서의 성별차이가 계속적으로 사라지고 있으며, 근래에는 여학생의 취업률이 보다 높아지고 있음을 설명한 바 있다.

또한 법적 노동금지 연령에 해당하는 중학교 1, 2학년 때 노동을 시작한 경우도 25%를 차지하고 나아가 초등학교 때 노동을 처음 경험하였다는 응답도 9.0%로 나타나 연령에 대한 법적 규제가 제대로 지켜지고 있지 않음을 알 수 있다.


## 4. 노동시간

학교청소년들이 시간제노동에 종사하는 시간에 대해 조사한 결과 일주일에 평균 24.5시간을 일하는 것으로 나타났다. 응답을 살펴보면 적게는 일주일에 2시간 일하는 경우부터 많게는 60시간까지 분포되어 있으며, 법적으로 제한되어 있는 주당 40시간 이상 일한다는 응답도 23명으로 11.5%에 달하였다. 이외에도 다수 선행연구에 의해 학교부적응이나 심리적 디스트레스 같은 부정적 영향이 확인된 주당 20시간 이상의 노동(Steinberg & Dornbusch, 1991; Steinberg et al., 1993)을 하는 경우는 절반을 넘는 54.7%로 나타나 청소년들이 장시간의 강도 높은 노동에 노출되어 있음을 보여준다.

이 같은 주당 노동시간은 학교계열에 따라 분포에 차이를 보여, 인문계 고등학생의 경우 15시간에서 20시간 사이의 분포가 가장 높지만 실업계 고등학생의 경우 25시간에서 30시간의 빈도가 가장 높음을 확인할 수 있다. 인문계고의 평균 주당 노동시간은 21.56시간, 실업계고

의 평균 주당 노동시간은 27.54시간으로 p<.05 수준에서 유의미한 차
이를 나타내 실업계고 청소년들이 상대적으로 더욱 강도 높은 노동을
하고 있음을 알려준다.

〈표 4-4〉 노동시간

| 구 분 | | 전체 | | 인문고 | | 실업고 | |
|---|---|---|---|---|---|---|---|
| | | 명 | (%) | 명 | (%) | 명 | (%) |
| 주당 노동시간 | 3시간 미만 | 4 | 2.0 | 4 | 4.2 | 0 | 0 |
| | 3시간 이상-5시간 미만 | 6 | 3.0 | 4 | 4.2 | 2 | 1.9 |
| | 5시간 이상-10시간 미만 | 13 | 6.5 | 4 | 4.2 | 9 | 8.6 |
| | 10시간 이상-15시간 미만 | 13 | 6.5 | 9 | 9.4 | 4 | 3.8 |
| | 15시간 이상-20시간 미만 | 21 | 10.4 | 17 | 17.7 | 4 | 3.8 |
| | 20시간 이상-25시간 미만 | 26 | 12.9 | 14 | 14.6 | 12 | 11.4 |
| | 25시간 이상-30시간 미만 | 28 | 13.4 | 12 | 11.5 | 16 | 7.6 |
| | 30시간 이상-35시간 미만 | 25 | 12.3 | 11 | 11.5 | 14 | 13.3 |
| | 35시간 이상-40시간 미만 | 17 | 8.5 | 5 | 5.2 | 12 | 11.4 |
| | 40시간 이상-45시간 미만 | 11 | 5.5 | 2 | 2.1 | 9 | 8.6 |
| | 45시간 이상-50시간 미만 | 6 | 3.0 | 4 | 4.2 | 2 | 1.9 |
| | 50시간 이상 | 6 | 3.0 | 1 | 1.0 | 5 | 4.8 |
| 무응답 | | 25 | 12.8 | 10 | 10.4 | 24 | 22.9 |
| 합 | | 201 | 100.0 | 96 | 100.0 | 105 | 100.0 |

| 변수 | 평균값 | 최솟값 | 최댓값 | 표준편차 |
|---|---|---|---|---|
| 주당 노동시간(시간) | 24.46 | 2 | 60 | 12.75 |
| 하루 노동시간(시간) | 5.02 | 0.5 | 12 | 2.03 |
| 주당 노동일수(일) | 5.08 | 1 | 7 | 1.53 |
| 노동 기간(일) | 108.57 | 30 | 360 | 98.33 |

나아가 하루 노동시간을 살펴보면 평균 5.02시간으로 최저 0.5시간
에서 최대 12시간의 분포를 보이고 있다. 이 경우 미성년자 노동에 있
어 법적으로 제한되어 있는 하루 7시간 이상 일하는 비율도 약 14%

를 차지하고 있어 청소년 노동에 대한 법적 보호조치가 제대로 이루
어지고 있지 못함을 확인할 수 있다.

한편 주당 평균 노동일수는 5.08일로 나타나며, 한 가지 시간제노동
을 지속해서 하는 기간은 평균 108.57일로 약 세 달 정도[21]임을 알
수 있으나 1년 동안 한 가지 노동을 꾸준히 하는 경우도 약 5.5%를
차지하고 있었다.


## 5. 부모동의 및 고용계약서 작성 여부


청소년의 시간제노동 참여에 대한 부모의 인식을 파악하기 위해 노
동에 대한 부모의 동의 여부에 대해 조사한 결과 노동경험 청소년의
부모들 중 50.7%에 해당하는 상당수가 자녀의 시간제노동에 대해 흔
쾌히 승낙하고 있는 것으로 나타났으며, 적극적으로 반대하는 입장은
16.5% 정도인 것으로 나타났다.

학교계열별로 살펴보면 노동경험이 있는 인문계 고등학생의 41.0%,
실업계 고등학생인 경우에는 61.5%의 부모가 흔쾌히 허락한 것으로
나타나 자녀의 시간제노동 참여에 대해 부정적으로 인식하고 있지만
은 않음을 보여준다. 하지만 부모 몰래 시간제노동을 하는 경우도
10.9%로 나타나는데, 이러한 경우 부당한 대우를 받거나 문제가 생겼
을 때 부모의 도움을 받을 수 없어 사회적 위험으로부터 보호받기 어
려운 상황에 처할 수 있을 것으로 보인다.

---

21) 이러한 결과는 한 달 이상 노동경험 청소년들을 대상으로 한 것임을 감안해
야 한다. 절반 이상의 대부분 청소년 시간제노동은 일주일 이내에 끝나는
것으로 나타나고 있다(한국청소년개발원, 2000).

아울러 부모동의서와 고용계약서를 작성했는지 여부에 대해 질문한 결과, 부모동의서를 제출한 경우가 54.2%, 제출하지 않은 경우는 39.3%였으며 고용계약서를 작성한 경우는 49.8%, 작성하지 않은 경우는 44.8%로 나타났다. 2002년 실시된 참여연대의 조사를 살펴보면 부모동의서를 제출하지 않은 경우가 78.8%, 고용계약서를 작성하지 않은 경우가 86.7%로 나타나 본 연구에서보다 더욱 열악한 수준임을 보고하고 있는데, 이는 본 연구가 동의서나 계약서에 대한 인지가 상대적으로 높은 한 달 이상 노동경험학생들을 대상으로 하고 있기 때문인 것으로 보인다. 하지만 그럼에도 불구하고 절반가량의 청소년들은 동의서나 계약서 없이 노동을 하고 있음을 확인할 수 있다.

〈표 4-5〉 부모동의 여부, 동의서 및 계약서 작성

| 구 분 | | 전체 | | 인문고 | | 실업고 | |
|---|---|---|---|---|---|---|---|
| | | 명 | (%) | 명 | (%) | 명 | (%) |
| 부모 동의 여부 | 흔쾌히 허락 | 102 | 50.7 | 43 | 41.0 | 59 | 61.5 |
| | 마지못해 허락 | 45 | 22.4 | 22 | 21.0 | 23 | 24.0 |
| | 몰래 시작했다 허락받음 | 19 | 9.5 | 14 | 13.3 | 5 | 5.2 |
| | 몰래 시작했다 들켜서 그만둠 | 8 | 4.0 | 6 | 5.7 | 2 | 2.1 |
| | 반대를 무릅쓰고 계속 함 | 3 | 1.5 | 1 | 1.0 | 2 | 2.1 |
| | 계속 몰래 함 | 22 | 10.9 | 18 | 17.1 | 4 | 4.2 |
| | 무응답 | 2 | 1.0 | 1 | 1.0 | 1 | 1.0 |
| 부모 동의서 | 제출 | 109 | 54.2 | 50 | 47.6 | 59 | 61.5 |
| | 미제출 | 79 | 39.3 | 47 | 44.8 | 32 | 33.3 |
| | 무응답 | 13 | 6.5 | 8 | 7.6 | 5 | 5.2 |
| 고용 계약서 | 작성 | 100 | 49.8 | 48 | 45.7 | 52 | 54.2 |
| | 미작성 | 90 | 44.8 | 51 | 48.6 | 39 | 40.6 |
| | 무응답 | 11 | 5.5 | 6 | 5.7 | 5 | 5.2 |
| 합 | | 201 | 100 | 105 | 100 | 96 | 100 |

인권운동사랑방(2002)의 조사에 의하면 시간제노동 청소년의 대부분이 구두로 계약을 하거나 많은 경우 동의서나 계약서를 작성해야 한다는 사실조차 모르고 있는 것으로 나타나고 있다. 한편 동의서와 계약서 작성에 있어서도 학교계열별로 차이를 보여, 실업계 학생들이 인문계 학생에 비해 동의서나 계약서의 작성 비율이 높은 것을 확인할 수 있다.


## 6. 노동동기

시간제노동을 하게 된 동기에 대해 질문한 결과를 살펴보면 다음 〈표 4-6〉과 같다.

가장 높은 비율인 36.8%의 학교청소년들이 '특정물건을 사기 위한 비용 마련'을 위해 시간제노동을 한다고 응답했으며, '일상적인 용돈 마련'이 그 다음으로 29.4%를 차지하며, 세 번째로는 특별한 동기 없이 심심하거나 친구가 하자고 해서 한다는 응답이 15.9%를 차지하였다. 그 외에 학비나 생활비 마련은 4.0%, 사회생활 경험(10.0%), 진로 결정(0.5%), 가족이나 친구 돕기(1.5%) 순으로 나타났다. 한국청소년개발원(2000)의 연구에서도 '일상적인 용돈 마련'이 51.3%, '특정물건을 사기 위한 비용 마련'이 38.7%, '여가활용'이 28.1%로 대부분의 노동동기를 차지하는 것으로 나타난다.

이러한 노동동기를 물건구입이나 용돈 마련을 위한 '물질 동기'와 사회생활, 진로 등 자신의 미래를 위해 투자하거나 타인을 돕기 위한 '성장 동기', 학비나 생활비를 벌기 위한 '생존 동기[22]', 그리고 특별한

22) 본 연구에서는 '학비와 생활비를 벌기 위한 노동'을 물질동기와 구분하여

<표 4-6> 노동동기

| 구 분 | | | 전체 | | 남 | | 녀 | |
|---|---|---|---|---|---|---|---|---|
| | | | 명 | (%) | 명 | (%) | 명 | (%) |
| 노동동기 | 물질동기 | 특정물건 구입비용 마련 | 74 | 36.8 | 47 | 44.8 | 27 | 28.1 |
| | | 일상적인 용돈 마련 | 59 | 29.4 | 23 | 21.9 | 35 | 36.5 |
| | 성장동기 | 사회생활을 경험 | 20 | 10.0 | 18 | 17.1 | 2 | 2.1 |
| | | 진로결정에 도움 | 1 | 0.5 | 0 | 0 | 1 | 1.0 |
| | | 가족이나 친구 돕기 | 3 | 1.5 | 1 | 1.0 | 2 | 2.1 |
| | 생존동기 | 학비나 생활비 마련 | 8 | 4.0 | 3 | 2.9 | 5 | 5.2 |
| | 동기없음 | 동기없이 (심심해서, 친구 따라) | 32 | 15.9 | 10 | 9.5 | 22 | 22.9 |
| | | 기타 | 1 | 0.5 | 0 | 0 | 1 | 1.0 |
| | | 무응답 | 3 | 1.5 | 3 | 2.9 | 1 | 1.0 |
| 합 | | | 201 | 100 | 105 | 100 | 96 | 100 |

확인할 수 있는데, '물질동기'가 전체의 66.2%를 차지하는 데 비해 '성장동기'는 12%에 불과하며, 그 밖에 '생존동기'는 4.0%, '동기없음'은 15.9%를 차지했다. 한경혜(2000)는 청소년들 스스로 노동에 내재적 의미를 부여하기보다 단순히 '돈을 얻기 위한 수단'으로 보는 경우 부정적 영향이 커질 수 있음을 지적한바, 노동동기에 대한 이와 같은 결과는 노동경험의 부정적 영향을 우려할 수 있는 수준이라 볼 수 있다.

한편 노동동기 분포에 대한 성별 차이를 살펴보면, 남학생의 경우 '특정물건 구입비용 마련'과 '사회생활 경험'의 비율이 높은 것으로 나타나 남학생이 여학생에 비해 물질적 보상이나 외적가치를 중시하며

---

'생존동기'라 명명하였다. Shapiro(1977)는 Maslow의 욕구위계론과 연관지어 노동에 대한 동기를 구분한 바 있으며, 이에 근거하여 볼 때 생존동기는 '안전의 욕구'에서 비롯된 것으로 볼 수 있으나 물질동기의 경우 생존적인 것과 구분되는 것으로 보이며, '안전의 욕구'보다는 오히려 또래와의 관계를 증진시키기 위한 '소속의 욕구'와 관련지을 수 있을 것으로 보인다. 성장동기는 '자아실현적 욕구'에서 기인한 것으로 해석할 수 있다.

성인기 직업생활에 대해 인식하도록 사회화 되어있다는 Manheim(1988)
의 연구를 뒷받침해준다. 반면 여학생의 경우 '동기 없음'의 빈도가 높
게 나타나는데 이는 동기 없음에 '친구 따라서'라는 항목이 포함되어
있기 때문이라고 볼 때, 인간관계와 같은 내적 가치를 중시하는 여학생
들의 특성을 반영한 것으로 설명할 수 있을 것이다(Mortimer, Pimentel,
Ryu, Nash & Lee, 1996).


## 7. 임 금

전체 노동경험 청소년 중 임금을 시급으로 받는 경우는 179명으로
이들이 받은 평균임금은 시간당 약 3,048원이었으며, 시간당 1000원부
터 20,000원까지 커다란 편차를 나타냈다.

〈표 4-7〉을 보면, 조사가 실행된 2005년 6월 현재 법정 최저임금[23]
인 시간당 2,840원보다도 적은 급여를 받은 경우가 39.7%로 1/3이 넘
고 있음을 확인할 수 있다. 18세 미만 연소근로자에게 적용되는 최저
임금(일반노동자의 90%)인 시간당 2,560원으로 추산할 경우도 이에
못 미치는 수준의 급여를 받는 경우가 29.6%에 달했다. 이 같은 결과
는 현재 중고등학생 청소년들의 노동환경이 매우 열악한 수준임을 말
해주는 것으로 이 영역에는 법마저도 제대로 적용되지 못하고 있는
실정임을 알 수 있다.

성별, 학교계열별로 시간당 임금을 구분해 본 결과 집단간 차이를 나
타내어 남학생보다는 여학생이, 인문고 학생보다는 실업고 학생의 경우

---

23) 2005년 9월1일부터 적용되는 최저임금액은 시급 3,100원이며, 18세 미만
    6개월 미만 노동자에게 90%의 최저임금액 적용 조항은 폐지되었다. 즉
    청소년들의 경우도 최저임금은 시간당 3,100원이 적용되어야 한다.

<표 4-7> 시간당 임금

| 구 분 | | 전체 | | 남 | | 녀 | | 인문고 | | 실업고 | |
|---|---|---|---|---|---|---|---|---|---|---|---|
| | | 명 | (%) | 명 | (%) | 명 | (%) | 명 | (%) | 명 | (%) |
| 시간당임금 | 2,560원 미만 | 53 | 29.6 | 14 | 15.6 | 39 | 44.3 | 32 | 36.8 | 21 | 22.8 |
| | 2,560원 이상-2,840원 미만 | 18 | 10.1 | 6 | 6.7 | 12 | 13.6 | 6 | 6.9 | 12 | 13.0 |
| | 2,840원 이상-3,000원 미만 | 35 | 19.6 | 23 | 25.6 | 12 | 13.6 | 8 | 9.2 | 27 | 29.3 |
| | 3,000원 이상-3,500원 미만 | 39 | 21.8 | 27 | 30.0 | 12 | 13.6 | 23 | 26.4 | 16 | 17.4 |
| | 3,500원 이상-4,000원 미만 | 17 | 9.5 | 11 | 12.2 | 6 | 6.8 | 8 | 9.2 | 9 | 9.8 |
| | 4,000원 이상-5,000원 미만 | 7 | 3.9 | 5 | 5.6 | 2 | 2.3 | 4 | 4.6 | 3 | 3.3 |
| | 5,000원 이상-6,000원 미만 | 7 | 3.9 | 3 | 3.3 | 4 | 3.5 | 4 | 4.6 | 3 | 3.3 |
| | 6,000원 이상 | 3 | 1.7 | 1 | 1.0 | 2 | 2.3 | 2 | 2.3 | 1 | 1.1 |
| 합 | | 179 | 100 | 90 | 100 | 89 | 100 | 87 | 100 | 92 | 100 |

저임금을 받는 빈도가 높은 것으로 나타났다. 참여연대(2002)의 조사에서도 여자이기 때문에 같은 일을 하면서도 적은 임금을 받는 경우가 적지 않은 것으로 나타난 바 있으며, 이처럼 성별 또는 학력에 따라 노동현장에서 차별받는 경험은 사회생활을 처음 시작하는 청소년들에게 사회에 대한 부정적인 가치관을 형성하는 요인이 될 수 있을 것으로 보인다.

일당으로 임금을 받는다고 응답한 학생들은 22명으로 이들의 평균 하루 임금은 19,550원으로 나타났다.

<표 4-8> 일당 임금

| 구 분 | | 명 | (%) | 합 |
|---|---|---|---|---|
| 일당 임금 | 10,000원 미만 | 8 | 36.4 | |
| | 10,000원 이상-20,000원 미만 | 4 | 18.2 | |
| | 20,000원 이상-30,000원 미만 | 3 | 13.6 | 22 (100.0) |
| | 30,000원 이상-40,000원 미만 | 5 | 22.7 | |
| | 40,000원 이상 | 2 | 9.1 | |

　나아가 노동경험 청소년들에게 임금에 대해 어떻게 생각하는지 '너무 적다' 1점에서 '매우 적절하다' 7점까지로 응답하도록 하였다. 그 결과 평균값은 3.69로 중간 값인 4점보다 조금 낮게 나타났는데 이를 볼 때 위와 같이 낮은 임금에도 불구하고 다수의 청소년들은 임금에 대해 큰 불만을 가지고 있지는 않음을 알 수 있다. 이는 한편으로는 청소년들이 최저임금제와 같은 노동에 관련한 제도나 권리에 대한 인식이 부족함을 의미하는 것으로, 고용주에 따라 이러한 점을 악용할 수 있으므로 청소년들에게 시간제노동에 대한 사전교육이 이루어져야 함을 알 수 있다.

## 8. 사고 및 부당행위 경험

　근래 들어 청소년 시간제노동의 열악한 환경에 대한 사회의 관심이 커져가면서 이들이 시간제노동을 하면서 받는 부당대우에 대한 조사들이 이루어진 바 있다. 본 연구에서도 이들이 시간제노동 중 사고를 당하거나 부당한 대우를 받은 경험에 대해 조사하였으며, 결과는 〈표 4-9〉와 같다.

　우선 사고경험을 살펴보면 노동경험 학교청소년의 41.8%가 '뜨거운 것에 데이는' 경험을 하였으며, 40.8%는 '날카로운 것에 베인' 적이 있다고 응답하였다. '넘어지거나 떨어져 다친' 경험이 17.4%, '뼈가 부러지거나 삐는' 경우 6.0%, '교통사고'를 당한 경우가 6.0%였으며, 이 중 한 가지라도 사고경험을 가지고 있는 청소년의 수는 128명으로 63.7%에 해당하는 상당수의 청소년들이 시간제노동을 하면서 사고를 경험하는 것으로 나타났다. 청소년들의 경우 대부분 근속 기간이 짧고 경험이 부족한 미숙련노동에 해당하기 때문에 사고의 위험성이 높지만,

참여연대(2002)의 조사에 의하면 18세 미만 노동자의 산재적용률은 매우 미비한 실정인 것으로 나타나고 있다.

〈표 4-9〉 스트레스적 사건 경험

| 구 분 | | 전체 (n=201) | |
|---|---|---|---|
| | | 명 | (%) |
| 사고 경험 | 뜨거운 것에 데임 | 84 | 41.8 |
| | 날카로운 것에 베임 | 82 | 40.8 |
| | 뼈가 부러지거나 삠 | 12 | 6.0 |
| | 교통사고를 당함 | 12 | 6.0 |
| | 넘어지거나 떨어져 다침 | 35 | 17.4 |
| 부당대우 경험 | 임금체불 | 30 | 14.9 |
| | 임금 미지급 | 43 | 21.4 |
| | 초과수당 미지급 | 49 | 24.3 |
| | 강제적인 초과업무 | 43 | 21.4 |
| | 일방적 해고 | 15 | 7.5 |
| | 심한 욕설 | 38 | 18.9 |
| | 폭행 | 10 | 5.0 |
| | 성희롱 및 성폭력 | 5 | 2.5 |
| | 치료비 미지급 | 13 | 6.5 |

※ 중복 응답
※ 전체 명수에 대한 비율

다음 노동현장에서 부당한 대우를 당한 경험에 대해 질문한 결과 '초과수당 미지급'이 24.3%로 가장 높은 비율을 차지하였으며, '임금 미지급'과 '강제적인 초과업무'가 각각 21.4%를 차지하였고, '심한 욕설' 18.9%, '임금 체불'이 14.9%로 나타났다. 전체적으로 볼 때 급여에 관련된 항목들이 높은 순위를 차지하고 있으며, 이 같은 임금관련 문제는 참여연대(2002) 등 선행조사에서도 노동을 경험한 학생들 스스로 청소년 노동의 가장 큰 문제로 꼽는 부분인 것으로 나타난다. 이외에 '일방적 해고' 7.5%, '치료비 미지급' 6.5%, '폭행' 5.0%, '성희롱이나 성폭력'이 2.5% 순으로 나타났다. 이러한 수치는 기존 연구들과 비교해 크게 다르지 않으며, 결과적으로 이 같은 부당대우를 한 번이라도 경험한 청소년은 104명으로 절반이 넘는 51.7%에 해당하였다.

이처럼 청소년노동에 있어 부당한 대우가 빈번하게 나타나는 것은 일면 청소년이 자본주의 노동시장 기회구조에서 낮은 지점을 차지하기 때문이라는 구조적 문제로 해석할 수 있으나(Borman, 1991), 이에 대한 법적 제도적 보완이 전혀 이루어지지 않은 채 비공식적 영역에 방치되어 있다는 점에는 우리 사회의 책임이 크다고 할 수 있다.

〈표 4-10〉 스트레스적 사건 경험 유무

| 구 분 | | 전 체 | | 인문계 | | 실업계 | |
|---|---|---|---|---|---|---|---|
| | | 명 | (%) | 명 | (%) | 명 | (%) |
| 사고경험 | 있음 | 128 | 63.7 | 59 | 56.2 | 69 | 71.9 |
| | 없음 | 73 | 36.3 | 46 | 43.8 | 27 | 28.1 |
| 부당대우경험 | 있음 | 104 | 51.7 | 49 | 46.7 | 55 | 57.3 |
| | 없음 | 97 | 48.3 | 56 | 53.3 | 41 | 42.7 |
| 합 | | 201 | 100 | 105 | 100 | 96 | 100 |

결과적으로 사고나 부당대우 중 한 가지라도 경험한 학생의 수는 152명으로 전체의 75.6%를 차지하는 것으로 나타나 대다수의 청소년들이 시간제노동을 하는 가운데 사고를 당하거나 부당대우를 당하는 스트레스적 사건을 경험한다는 사실을 알 수 있게 해준다.

이러한 스트레스적 경험 유무는 학교계열에 따라 차이를 나타내어, 〈표 4-10〉을 보면 인문계 학생에 비해 실업계 학생의 사고경험과 부당대우 경험의 비율이 높게 나타남을 확인할 수 있다.

# 제3절 시간제노동 학교청소년의 특성

본 논문의 [연구문제 1-2] '시간제노동 학교청소년은 어떠한 특성을 지니는가? 노동경험을 지닌 학교청소년은 노동경험을 지니지 않은 학교청소년과 어떠한 차이를 지니는가?'를 검토하기 위해 우선 시간제노동 경험을 지닌 학교청소년들의 일반적 특성에 대해 살핀 뒤 노동경험을 지니지 않은 학교청소년들과 비교함으로써 이들의 성격을 규명하였다.

## 1. 시간제노동 학교청소년의 일반적 특성

노동경험을 지닌 학교청소년 집단의 일반적 특성은 〈표 4-11〉에 제시되어 있다. 우선 이들의 인구학적 특성에 대해 살펴보면 성별의 경우 남학생이 104명(51.7%), 여학생이 97명(48.3%)으로 남학생의 수가 약간 많은 것으로 나타났다. 가족 구조를 살펴보면 친부모 동거 가정이 85.0%이며, 그 이외 형태의 가정이 11.4%로 조사대상자 전체(8.0%)에 비해 높은 비율을 나타내고 있다.

가계 한 달 평균수입은 '150만 원 이상 200만 원 미만'이 11.9%로 가장 높고, '400만 원 이상'과 '200만 원 이상 250만 원 미만'이 각각 9.5%로 다음 순서를 차지하는데, 이를 통해 추산할 수 있는 노동경험 학교청소년 집단의 가계 월소득 평균은 약 230만 원으로 전체 조사대상자의 평균인 270만 원보다 낮음을 확인할 수 있다. 경제계층에 대한 주관적 인식을 보면 조사대상자 전체집단과 마찬가지로 중간층이라는 응답이 가장 높은 비율(51.7%)을 차지하고 있지만 중간층을 4점으로 볼 때 평균점수는 3.67로 조사대상자 전체의 평균점수(3.89)보다 낮게 나타났다.

나아가 부모의 교육 정도를 살펴보면 고졸(부: 54.2%, 모: 59.7%), 대졸(부: 20.9%, 모: 15.9%) 순이며 고졸을 4점으로 보았을 때 아버지의 교육수준은 4.22, 어머니의 교육수준은 3.92로 아버지의 교육수준이 더 높게 나타났으나, 이러한 점수는 전체집단의 부모 교육수준(부: 4.41, 모: 4.09)에 비해 낮은 수치임을 확인할 수 있다. 부모의 직업유무에 있어서는 노동경험 학교청소년의 경우 아버지가 실업자인 비율이 4.5%로 조사대상자 전체(3.6%)에 비해 높았고, 반면 어머니의 경우에는 직업이 있는 경우가 60.7%로 전체 집단(55.7%)에 비해 높았다.


## 2. 노동경험 유무집단의 비교

### 1) 일반적 특성 비교

시간제노동 학교청소년의 특성을 보다 명확하게 이해하기 위해 노동경험이 없는 일반 학교청소년들과의 비교를 시도하였으며, 그 결과는 〈표 4-11〉에 제시되어 있다.

〈표 4-11〉 노동경험 여부에 따른 일반적 특성 비교 (교차분석)

| 구 분 | | 노동경험 여부 (n=1059) | | | | | | $x^2$ (df) | 유의 수준 |
|---|---|---|---|---|---|---|---|---|---|
| | | 있음 (n=201) | | | 없음 (n=858) | | | | |
| | | 빈도 | | % | 빈도 | | % | | |
| | | 관측 | (기대) | | 관측 | (기대) | | | |
| 성별 | 남자 | 104 | (101.6) | 9.9 | 429 | (431.4) | 40.9 | .140 (1) | .384 |
| | 여자 | 96 | (98.4) | 9.2 | 420 | (417.6) | 40.0 | | |
| 학교계열 | 인문계고등학교 | 105 | (157.7) | 9.9 | 726 | (673.3) | 68.6 | 101.04 (1) | .000 |
| | 실업계고등학교 | 96 | (43.3) | 9.1 | 132 | (184.7) | 12.5 | | |
| 학년 | 고등학교 1학년 | 58 | (89.9) | 5.5 | 415 | (383.1) | 39.6 | 25.494 (1) | .000 |
| | 고등학교 2학년 | 141 | (109.1) | 13.5 | 433 | (464.9) | 41.4 | | |
| 가족구조* | 양친부모 가정 | 171 | (178.4) | 16.6 | 777 | (769.6) | 75.4 | 4.64 (1) | .031 |
| | 편부 편모 가정 | 15 | | | 48 | | | | |
| | 계부 계모 가정 | 5 | (15.6) | 2.2 | 5 | (67.4) | 5.8 | | |
| | 양친 모두 안 계심 | 3 | | | 6 | | | | |
| 가계 월소득 | 100만 원 미만 | 19 | (10.0) | 2.1 | 48 | (57.0) | 5.3 | 24.553 (7) | .001 |
| | 100만 원-150만원 | 18 | (11.6) | 2.0 | 60 | (66.4) | 6.6 | | |
| | 150만 원-200만 원 | 24 | (18.2) | 2.6 | 98 | (103.8) | 10.8 | | |
| | 200만 원-250만 원 | 19 | (18.8) | 2.1 | 107 | (107.2) | 11.8 | | |
| | 250만 원-300만 원 | 9 | (16.7) | 1.0 | 103 | (95.3) | 11.4 | | |
| | 300만 원-350만 원 | 16 | (17.4) | 1.8 | 101 | (99.6) | 11.1 | | |
| | 350만 원-400만 원 | 11 | (16.5) | 1.2 | 100 | (94.5) | 11.0 | | |
| | 400만 원 이상 | 19 | (25.9) | 2.1 | 155 | (148.1) | 17.1 | | |
| 부 직업유무 | 직업 없음 | 9 | (7.1) | 0.9 | 29 | (30.9) | 2.9 | .628 (1) | .428 |
| | 직업 있음 | 176 | (177.9) | 17.8 | 772 | (770.1) | 78.3 | | |
| 모 직업유무 | 직업 없음 | 68 | (77.4) | 6.8 | 338 | (328.6) | 33.9 | 2.405 (1) | .121 |
| | 직업 있음 | 122 | (112.6) | 12.2 | 468 | (477.4) | 47.0 | | |
| 주관적인 경제계층 | 매우 못사는 층 | 1 | | 0.1 | 4 | | 0.4 | | |
| | 못사는 층 | 17 | | 1.6 | 34 | | 3.2 | | |
| | 약간 못사는 층 | 51 | | 4.8 | 142 | | 13.4 | | |
| | 중간층 | 104 | | 9.8 | 505 | | 47.7 | | |
| | 약간 잘사는 층 | 14 | | 1.3 | 116 | | 11.0 | | |
| | 잘사는 층 | 4 | | 0.4 | 13 | | 1.2 | | |
| | 매우 잘사는 층 | 1 | | 0.1 | 12 | | 1.1 | | |

| 구 분 | | 노동경험 여부 (n=1059) | | | | $x^2$ (df) | 유의 수준 |
|---|---|---|---|---|---|---|---|
| | | 있음 (n=201) | | 없음 (n=858) | | | |
| | | 빈도 관측 (기대) | % | 빈도 관측 (기대) | % | | |
| 부의 교육수준 | 무학 | 1 | 0.1 | 2 | 0.2 | | |
| | 국졸 | 6 | 0.6 | 18 | 1.7 | | |
| | 중졸 | 15 | 1.4 | 45 | 4.2 | | |
| | 고졸 | 109 | 10.3 | 383 | 36.2 | | |
| | 대졸 | 42 | 4.0 | 281 | 26.5 | | |
| | 대학원졸 이상 | 15 | 1.4 | 88 | 8.3 | | |
| 모의 교육수준 | 무학 | 3 | 0.3 | 1 | 0.1 | | |
| | 국졸 | 11 | 1.0 | 24 | 2.3 | | |
| | 중졸 | 22 | 2.1 | 81 | 7.6 | | |
| | 고졸 | 120 | 11.3 | 507 | 4.8 | | |
| | 대졸 | 32 | 3.0 | 184 | 17.4 | | |
| | 대학원졸 이상 | 3 | 0.3 | 29 | 2.7 | | |

* 가족구조의 경우 양친부모 가정과 그 외 가정으로 구분하여 교차분석 실시함

노동경험 여부가 조사대상자의 성별, 학교계열, 학년, 가족구조, 부모의 직업유무, 가계월소득에 따라 차이가 있는지 알아보기 위해 교차분석을 실시한 결과 학교계열, 학년, 가족구조, 가계월소득에 따라 노동경험 여부에 유의미한 차이가 있는 것으로 나타났으며, 성별, 부모의 직업 유무는 노동경험 여부와 유의미한 관계가 나타나지 않았다.

유의미한 차이를 나타낸 변수들을 자세히 살펴보면, 우선 인문계 고등학생의 13%, 실업계 고등학생의 42% 정도가 지난 1년간 한 달 이상의 지속적인 노동경험을 지닌 것으로 나타났으며, 이러한 학교계열별 차이는 통계적으로 유의미하였다. 또한 학년별로 살펴보면, 1학년(12.3%)보다는 2학년의 노동경험 비율(24.6%)이 높게 나타나고 있으며, 이러한 학교계열별 학년별 차이는 p<.001 수준에서 유의미한 것을 확인할 수 있다. 가족 구조에 있어서는 양친동거 가정보다 이외 형

태의 가정에서 노동경험자의 비율이 높게 나타나며 이 또한 p<.05 수준에서 통계적으로 유의미함을 나타내었다. 나아가 가계월소득에 있어서도 노동경험을 지닌 집단은 월소득이 250만 원이 안 되는 경우 관측빈도가 기대빈도보다 높은 반면, 노동경험이 없는 집단은 가계월소득이 250만 원이 넘는 경우 관측빈도가 기대빈도보다 높은 것으로 나타나 노동경험 집단의 가계월소득이 적은 것을 알 수 있으며, 이러한 차이는 p<.01 수준에서 유의미하였다.

또한 주관적인 경제계층, 부모의 교육수준에 대해 노동유무에 따른 t검증을 실시하였으며, 그 결과는 〈표 4-12〉에 제시되어 있다. 살펴보면, 주관적인 경제계층이 낮을수록, 부모의 교육수준이 낮을수록 노동에 참여하는 비율이 높아지는 것을 확인할 수 있으며, 경제계층 차이는 p<.001 수준에서, 부모의 교육수준 차이는 p<.01 수준에서 통계적으로 유의미함을 알 수 있다.

〈표 4-12〉 노동경험 여부에 따른 일반적 특성 비교 (t검증)

| 구 분 | 노동경험 여부 | 평균 | 표준편차 | t값 | 유의수준 |
|---|---|---|---|---|---|
| 주관적인 경제계층 | 있음 (n=192) | 3.67 | 0.875 | -3.946 | .000 |
| | 없음 (n=826) | 3.95 | 0.844 | | |
| 부의 교육수준 | 있음 (n=188) | 4.22 | 0.867 | -3.300 | .001 |
| | 없음 (n=817) | 4.45 | 0.858 | | |
| 모의 교육수준 | 있음 (n=191) | 3.92 | .0845 | -3.409 | .001 |
| | 없음 (n=826) | 4.13 | 0.756 | | |

이처럼 가정의 경제적 수준이 낮고, 부모의 교육수준이 낮을 경우 노동경험 비율이 높아지는 결과는 기존의 국내 연구들에서도 찾아볼 수 있는 현상이다. 청소년 취업을 긍정적으로 인식하고 있는 서구의

경우 청소년의 노동경험 유무와 가정의 사회경제적 수준은 관계가
없거나 오히려 가정의 사회경제적 수준이 높을수록 구직에 필요한
사회관계망이 넓어짐으로 인해 자녀의 노동가능성이 높아진다는 연
구결과들을 볼 수 있지만(Tymms & Fitz-Gibbon, 1992; Keithly &
Deseran, 1995; Singh, 1998), 서구와 달리 입시 부담이 크고, 청소년
노동에 대한 부모와 사회의 인식이 부정적이며, 구직경로가 제대로 갖
추어지지 않은 우리사회의 경우 경제적인 필요가 청소년들을 노동시
장에 참여하도록 만드는 주요한 원인이 되는 것으로 볼 수 있다.

### 2) 적응 수준 비교

나아가 노동경험 유무 집단 간 학교적응, 심리적응, 행동적응 수준
의 차이를 알아보기 위해 t-검증을 실시하였다.

〈표 4-13〉을 보면 학교적응의 경우 노동경험을 지닌 집단의 학업태
도 및 학교몰입 수준이 노동경험이 없는 집단에 비해 낮았으며 이는
P〈.001 수준에서 통계적으로 유의미한 것으로 나타났다. 심리적응의
경우에는 노동경험 집단의 불안·우울·위축 점수가 노동경험이 없는
집단에 비해 조금 높게 나타났으나 이러한 차이는 통계적으로 유의미
하지 않았다. 나아가 행동적응에 있어서는 노동경험 집단의 문제행동
이 노동경험 없는 집단에 비해 P〈.001 수준에서 유의미하게 높게 나
타났다.

이렇게 볼 때 노동경험 학교청소년 집단은 노동을 경험하지 않은
학교청소년들에 비해 학교몰입 수준이 낮고 문제행동이 나타날 가능
성이 높은 집단이라 할 수 있다.

<표 4-13> 노동경험 여부에 따른 적응 수준 차이

| 구 분 | 노동경험 여부 | 평균 | 표준편차 | t값 | 유의수준 |
|---|---|---|---|---|---|
| 학교적응 (학업태도 및 학교몰입 수준) | 있음 (n=190) | 45.76 | 11.916 | -7.802 | .000 |
| | 없음 (n=839) | 52.65 | 10.772 | | |
| 심리적응 (심리정서문제) | 있음 (n=197) | 31.16 | 7.739 | .752 | .452 |
| | 없음 (n=845) | 30.72 | 7.319 | | |
| 행동적응 (행동문제) | 있음 (n=197) | 13.08 | 4.870 | 7.466 | .000 |
| | 없음 (n=848) | 10.34 | 3.544 | | |

반면 심리정서문제의 경우 그 차이가 통계적으로 유의미하지 않게 나타났는데, 선행연구에서도 이와 유사한 결과를 찾아볼 수 있다. Steinberg와 Cauffman(1995)은 노동경험 이전의 적응수준 차이를 통제하였을 경우 노동경험 여부는 우울, 불안 정도에 유의미한 영향을 미치지 않는다고 주장한 바 있으며, Shanahan 등(1991)의 연구에서도 노동집단과 비노동집단 간 우울 수준 차이가 통계적으로 유의미하지 않게 나타나고 있는데, 이에 대해 단순히 노동을 하느냐의 여부는 우울에 영향을 미치지 않으며 노동경험이 미치는 영향은 그 내적 특성에 따라 달라진다고 설명하고 있다.


# 제4절 가설 검증을 위한 사전분석


본 연구의 주된 연구문제는 '시간제노동 학교청소년의 노동경험이 이들의 적응수준에 어떠한 영향을 미치는가'에 관한 것으로 여기서는 이러한 가설을 검증하기 이전에 사전적으로 분석이 필요한 내용들을 검토함으로써 이후 도출된 결과의 이해를 돕고 검증된 결과의 타당성을 확보하고자 하였다. 가설검증에 앞서 사전적으로 검토한 사항은 다음과 같다.

첫째, 노동경험과 학교적응 수준의 선후관계 문제에 대해 검토하였다. 이는 노동경험이 학교적응 수준에 영향을 미치기도 하지만, 상대적으로 학교적응 수준이 낮은 청소년들이 노동을 선택할 수 있다는 논리에 대응하기 위함이다. 본 연구는 노동경험이 학교청소년의 적응수준에 미치는 영향을 파악하고자 '노동경험이 적응에 선행한다'는 논리를 전제로 하고 있으므로, 노동경험의 선행성 논리를 보완하기 위해 이러한 문제에 대해 검토하였다.

둘째, 노동경험 특성 중 주당 노동시간과 학교적응 수준의 관계에 대해 검토하였다. 주당 노동시간과 학업성취의 관계를 다룬 외국 선행 연구들을 살펴보면 적은 시간, 약간의 노동을 경험하는 것은 학교청소년의 학업에 영향을 미치지 않거나 오히려 긍정적인 영향을 미치는 것으로 나타나고 있다. 이 같은 패턴이 우리나라에서도 나타나는지 주당 노동시간이 학교적응에 미치는 관계의 선형성을 확인하기 위해 주당 노동시간에 따른 학교적응 수준의 변화에 대해 검토하였다.

셋째, 주요 변수들에 대한 응답자들의 전반적인 응답결과를 개관하였다.

넷째, 다중공선성 문제 여부를 사전적으로 검토하기 위하여 주요 변수들 간 상관관계를 살펴보았다.


## 1. 노동경험과 적응 수준의 선후관계 문제 검토

본 연구는 노동경험의 특성이 청소년의 적응수준에 영향을 미치게 된다는 전제하에 그 영향에 대해 파악하는 것을 목적으로 하고 있다. 이때 노동청소년의 적응 수준은 노동경험으로부터 영향을 받을 수도 있지만 역으로 청소년들이 노동을 선택하게 하는 원인이 될 수 있다는 논의가 가능하다. 즉 동일 시점에서 노동경험과 이들의 적응 수준에 대해 조사한 횡단적 자료를 이용하여 분석을 실행할 경우 노동경험과 적응수준 간 선후관계가 모호해지는 문제가 발생할 수 있는 것이다. 만일 노동경험을 지닌 학생의 적응 수준이 노동경험이 없는 학생의 적응 수준에 비해 낮게 나타났다면, 이는 노동경험으로 인해 학생의 적응 수준이 낮아진 것이 아니라 원래부터 적응 수준이 낮은 학생들, 즉 노동을 경험하기 이전부터 적응 수준이 낮았던 학생들이 노동을 선택하는 것이 아니냐는 의문이 들 수 있다[24]. 실제 학교적응 수준이 낮고 문제행동 수준이 높은 학생들일수록 학교로부터 이탈하는 방법의 한 가지로, 또는 흡연이나 약물을 위한 비용을 마련하기 위해 노동을 선택하는 경향이 있는 것으로 나타나고 있다(Steinberg et al., 1993; Bachman & Schulenberg, 1993).

이 같은 선후관계를 보다 명확히 하고 노동경험이 적응에 미치는 영향을 파악하기 위해서는 동일 집단을 대상으로 노동경험 이전의 적응 수준과 노동경험 이후의 적응 수준을 조사하여 비교하는 종단적 연구를 수행해야 한다. 그러나 종단적 연구를 실행하는 데에는 현실적인 제약이 크기 때문에, 위와 같은 문제에 봉착한 연구자들은 노동경험이 없는 학생들에게 시간제노동에 대한 의향을 질문함으로써 횡단적 연구 내에

---

24) 노동경험에 의해 적응 수준이 영향을 받는 것을 사회화효과(Socialization effect), 적응 수준에 의해 노동경험 여부가 결정되는 것을 선택효과(selection effect)라 부르며, 선행연구들은 주로 학교적응 수준에 대한 선택효과에 관하여 논의하고 있다. 행동문제의 경우 선택효과는 상대적으로 적은 것으로 설명된다(Steinberg & Cauffman, 1995).

서 이러한 선후관계 문제를 보완하고자 하였다(Greenberger, Steinberg, Vaux & McAuliffe, 1981; Steinberg, Greenberger, Grduque, Ruggiero & Vaux, 1982).

그 방법을 살펴보면, 노동경험이 없는 학교청소년들에게 시간제노동을 하고 싶은 의향이 있는지 질문하여 '노동경험은 없지만 시간제노동을 원하며 일자리를 찾은 적이 있다'고 응답한 집단, 즉 노동시장을 진입하기 직전 단계에 있다고 볼 수 있는 집단을 추출한 뒤, 이들의 적응 수준과 실제 노동을 경험한 학교청소년의 적응 수준을 비교하는 방식이다. 만일 '노동하기를 원하고 일자리를 찾은 경험이 있지만 실제 노동경험은 없는 학생 집단'에 비해 '실제 노동 경험을 지닌 학생 집단'의 적응 수준이 낮고 그것이 통계적으로 유의미하다면 이러한 두 집단은 서로 다른 특성을 지닌 집단이라 볼 수 있다. 다시 말해 노동경험의 영향에 의해 두 집단 간 차이가 발생한 것으로, 시간제노동 학교청소년의 적응 수준이 낮은 것은 이들의 노동경험이 영향을 미쳤기 때문이라고 해석할 수 있다. 하지만 반대로 두 집단 간 차이가 유의미하지 않다면 두 집단은 동일한 집단으로, 노동경험은 이들의 적응 수준에 영향을 미치지 못했다고 볼 수 있다. 이 경우 만일 시간제노동을 경험한 학생집단의 적응 수준이 낮았다면 그것은 이들이 원래부터 적응 수준이 낮은 집단으로서 학업이 아닌 노동을 선택한 것이라 설명할 수 있다.

본 연구에서도 위와 같은 방식을 통해 횡단적 연구의 선후관계 문제를 보완하였다.

설문을 통해 시간제노동 경험이 없는 학교청소년들에게 시간제노동에 대한 의향을 질문한 결과 '노동을 하고 싶은 생각이 전혀 없다'는 164명(19.1%), '해보고 싶으나 일자리를 찾아본 적은 없다'는 466명(54.3%),

'해보고 싶으며 일자리를 찾은 적이 있거나 찾고 있는 중이다'라는 응답은 226명(26.3%)으로 나타났다. 이 중 첫 번째와 두 번째 집단은 '노동경험과 구직경험이 모두 없는 집단'(630명)으로, 세 번째 집단은 '구직경험은 있지만 노동경험은 없는 집단'(226명)으로 구분한 뒤 '노동경험을 지닌 집단'(201명)과 함께 세 집단 간 적응 수준을 비교하였다.

세 집단 간 학교적응, 심리적응, 행동적응 영역에서의 차이를 알아보기 위해 일원변량분석(ANOVA)을 실시한 결과는 〈표 4-14〉에 제시되어 있다. 학교적응과 행동적응에 있어서는 세 집단 간 p<.001 수준에서 유의미한 차이가 있으며, 심리적응에서는 집단 간 차이가 나타나지 않았음을 확인할 수 있다.

〈표 4-14〉 노동경험 및 구직경험 여부에 따른 적응 수준 비교

| 구분 (N) | | | 평균 | 표준편차 | F값(p) | Duncun* |
|---|---|---|---|---|---|---|
| 학교적응 (학업태도 및 학교몰입 수준) | 노동경험 있음 | (190) | 45.76 | 11.915 | 32.127 (.000) | (1, 2) |
| | 노동경험 없으나 구직경험 있음 | (219) | 51.51 | 11.058 | | |
| | 노동경험 구직경험 모두 없음 | (612) | 53.07 | 10.663 | | |
| 심리적응 (심리정서 문제) | 노동경험 있음 | (197) | 31.16 | 7.738 | 2.040 (.131) | |
| | 노동경험 없으나 구직경험 있음 | (223) | 31.51 | 7.942 | | |
| | 노동경험 구직경험 모두 없음 | (621) | 30.43 | 7.070 | | |
| 행동적응 (행동문제) | 노동경험 있음 | (197) | 13.08 | 4.870 | 52.709 (.000) | (1, 2) (2, 3) |
| | 노동경험 없으나 구직경험 있음 | (221) | 11.37 | 4.092 | | |
| | 노동경험 구직경험 모두 없음 | (625) | 9.98 | 3.261 | | |

* 1: 노동경험 집단,      2: 노동경험 없으나 구직경험 지닌 집단,
 3: 노동경험 구직경험 모두 없는 집단

우선 학교적응의 경우 노동 및 구직경험이 모두 없는 집단의 평균값이 53.07로 가장 높으며, 구직을 경험하는 경우 그리고 실제 노동을 경험하는 집단의 경우 학교적응의 평균값은 51.51과 45.76으로, 학교적응 수준이 점차 낮아지는 것을 확인할 수 있다. Duncun 사후검증 결과 '노동경험 집단'과 '구직경험은 있지만 노동경험은 없는 집단'의 학교적응 평균은 유의미한 차이를 나타냈다. 이러한 결과는 구직경험을 지닌 집단, 즉 노동의향은 충분하지만 실제 노동을 경험하기 이전 집단의 학교적응 수준은 노동의향이 없는 집단과 유의미한 차이가 없지만, 실제 노동경험을 하게 되면서 학교적응 수준이 유의미하게 떨어지게 되는 것이라고 해석할 수 있다. 즉 단지 노동에 대해 적극적 의사를 지니는 것보다도 실제 노동경험 여부가 학교적응을 낮추는 주된 요인이라고 설명할 수 있다.

반면 심리적응의 경우에는 집단 간 유의미한 차이가 나타나지 않았다. 앞의 〈표 4-13〉에서도 노동경험 유무에 따라서는 심리적응 수준에 유의미한 차이가 나타나지 않음을 확인한 바 있으나, 구직 경험을 포함한 세 집단 간 심리적응수준 비교는 보다 흥미로운 결과를 보여준다.

우선 세 집단 간 심리적응 수준이 가장 높은 집단은 노동경험 및 구직경험이 모두 없는 집단으로 심리정서문제의 평균값은 30.43이며 구직경험 집단의 심리정서문제 평균값은 이보다 높은 31.51로 나타났다. 그러나 실제 노동경험을 지닌 집단의 평균값은 31.16으로 구직경험 집단에 비해 심리정서문제가 오히려 약간 감소함을 확인할 수 있다. 이는 청소년들의 심리정서문제를 증가시키는 데에는 노동경험 여부보다도 이들로 하여금 노동의향을 가지도록 하는 다른 요인들의 영향력이 더 클 수 있음을 암시한다. 비록 그 차이는 작지만 구직집단에 비해 노동경험 집단의 심리정서문제 정도가 낮게 나타남을 볼 때 노

동경험은 오히려 이들의 심리정서문제를 완화시켜 줄 수 있는 가능성
이 엿보이며 이 부분에 대해서는 차후에 보다 심도 있는 연구가 이루
어져야 할 것으로 보인다.

마지막으로 행동적응 수준의 경우 세 집단 간보다 뚜렷한 차이를
나타내었다. 노동경험 및 구직경험이 모두 없는 집단의 행동문제 평균
값이 9.98로 가장 낮으며, 구직경험을 지닌 집단은 11.37, 노동경험을
지닌 집단은 13.08로 행동문제 수준이 지속적으로 높아짐을 알 수 있
다. 또한 Duncun 사후검증을 통해 구직경험 여부와 노동경험 여부는
모두 집단 간 유의미한 차이를 발생시킨다는 결과를 확인할 수 있었
다. 이러한 결과는 청소년들이 적극적인 노동의사를 지니는 것만으로
도 행동문제의 증가와 유의미한 연관성이 나타나며, 실제 노동경험은
이를 더욱 증가시키는 요인이라고 해석할 수 있을 것이다.

이처럼 학교적응과 행동적응에 있어서 노동경험 및 구직경험 유무
에 따라 유의미한 차이가 나타남을 확인하였다. 그러나 이러한 분석은
다른 변수들의 영향을 통제하지 않은 상태에서 단순히 적응수준의 집
단 간 평균 차이를 비교한 것으로, 노동경험이 지니는 영향력을 보다
명확하게 파악하기 위해서는 적응수준에 영향을 미칠 것으로 예상되
는 변수들의 영향력을 통제한 후에도 노동경험 및 구직경험 여부가
적응에 유의미한 영향이 미치는지 검증해볼 필요가 있다.

이에 노동경험 여부와 구직경험 여부를 더미변수화하고 성별, 학년,
학교계열, 경제수준을 통제한 상태에서 학교적응, 심리적응, 행동적응
에 대한 회귀분석을 시도하였다. 이를 위한 회귀식은 다음과 같다.

〈노동 경험 여부 회귀모형〉
$Y_1 = a+b_1X_1+b_2X_2+b_3X_3+b_4X_4+b_5X_5+b_6X_6$
$Y_2 = a+b_1X_1+b_2X_2+b_3X_3+b_4X_4+b_5X_5+b_6X_6$
$Y_3 = a+b_1X_1+b_2X_2+b_3X_3+b_4X_4+b_5X_5+b_6X_6$

$Y_1$: 학교적응　　　　　$Y_2$: 심리정서문제　　　$Y_3$: 행동문제
$X_1$: 노동경험 여부 (더미)*　　$X_2$: 성별 (더미)**　　$X_3$: 학년
$X_4$: 학교계열 (더미)***　　　$X_5$: 경제수준　　　　$X_6$: 구직경험 여부 (더미)****

*노동경험 여부 기준변수는 노동경험 없음
**성별의 기준변수는 남자
*** 학교계열의 기준변수는 인문계
****구직경험 여부 기준변수는 구직경험 없음

〈표 4-15〉에 제시된 결과를 보면, 성별, 학년, 학교계열, 경제수준을
통제한 뒤에도 노동경험은 학교적응과 행동적응에 유의미한 영향을
미치고 있음을 확인할 수 있다.

**〈표 4-15〉 노동 경험 및 구직 경험 여부가 적응수준에 미치는 영향**

| 변수 | 학교적응 | | 심리정서문제 | | 행동문제 | |
|---|---|---|---|---|---|---|
| | B | $\beta$ | B | $\beta$ | B | $\beta$ |
| 성별(=여자) | 2.252 | .100** | 1.022 | .069* | -.760 | -.096** |
| 학년 | -.889 | -.075 | .412 | .053 | .072 | .017 |
| 학교계열(=실업계) | 1.220 | .043 | -.108 | -.006 | .704 | .072 |
| 경제수준 | 1.060 | .080* | -1.169 | -.134*** | -.061 | -.013 |
| 노동경험 여부(=유경험) | -4.737 | -.162*** | -.457 | -.024 | 1.442 | .142*** |
| 구직경험 여부(=유경험) | -1.670 | -.072 | .505 | .033 | 1.279 | .158*** |
| 상수 | 44.599*** | | 32.820*** | | 9.812*** | |
| $R^2$ | .073 | | .028 | | .089 | |
| F | 12.911***(df=6) | | 4.840***(df=6) | | 19.371**(df=7) | |

*** p<.001, ** p<.01, * p<.05

학교적응에 대해 노동경 험 여부는 p<.001 수준에서 부적으로 유의

미한 영향을 미치는 것으로 나타났으며, 성별과 경제수준도 유의미한 영향을 미침을 볼 수 있다. 즉 노동경험을 지닐 경우 학교적응 수준이 떨어지게 되며, 남학생이고 경제수준이 낮을 경우에도 학교적응이 낮아지는 것으로 나타났다. 한편 구직경험 여부는 학교적응에 유의미한 영향을 미치지 못함을 볼 수 있다.

다음 심리정서문제의 경우 노동경험은 유의미한 영향을 미치지 못하는 것으로 나타났다. 투입된 통제변수 중 성별과 경제수준은 유의미한 영향력을 지니는 것으로 나타나는데, 이를 볼 때 노동경험을 지닌 집단이 노동경험을 지니지 않은 집단에 비해 심리정서문제가 높게 나타난 데에는 성별이나 경제수준과 같은 변수들이 영향을 미쳤기 때문이라는 설명이 가능하다. 노동경험은 심리정서문제와 부적 연관성을 보이고 있으며, 이는 노동경험 자체는 오히려 심리정서문제를 완화시킬 가능성이 있음을 나타내는 것으로도 볼 수 있을 것이다. 구직경험 여부 또한 유의미한 영향력이 없음을 확인할 수 있었다.

나아가 행동문제의 경우에는 노동경험이 정적으로 유의미한 영향을 미치며 그러한 영향력은 p<.001 수준에서 유의미하였다. 즉 노동경험을 지닐 경우 문제행동은 증가하며, 그 밖에 남학생의 문제행동이 높다는 것을 알 수 있다. 또한 구직경험 여부도 유의미한 영향을 미치는 것으로 나타나 구직경험을 지니는 것만으로도 행동문제가 증가하게 됨을 알려준다.

정리하면, 학교적응의 경우 구직을 경험하는 것만으로는 학교적응 수준에 큰 변화가 없지만 실제 노동을 경험하면서 학교적응 수준이 유의미한 수준으로 떨어지는 것으로 나타나, 노동경험이 학교적응 수준에 영향을 미친다는 노동경험의 선행성 논리를 뒷받침해준다. 반면, 심리적응의 경우 노동경험 유무는 유의미한 영향을 미치지 못하는 것으로 나타나 선후관계가 명확히 드러나지 않았다.

나아가 행동적응의 경우 노동경험뿐만 아니라 구직경험만으로도 문제행동이 유의미한 수준으로 증가하는 것으로 나타나 이전부터 문제행동 성향이 높은 집단이 노동을 선택할 가능성이 있는 것으로 보인다. Mortimer 등(1992b)과 Steinberg 등(1993)은 노동으로 증가된 문제행동의 경우 노동을 더 이상 하지 않는 경우에도 그 영향이 지속되는 것으로 보고하고 있는데, 이러한 결과를 볼 때 문제행동과 노동경험은 계속해서 악순환 될 가능성을 지니는 것으로 보이며, 노동경험 청소년들에 대한 개입을 실시할 때 이러한 부분에 주의를 기울여야 할 것으로 보인다.

지금까지의 분석은 노동경험 특성들의 실질적 영향을 다루기 전 단계로서, 노동경험 여부가 청소년들의 적응수준에 미치는 영향에 대해 다루었다. 그러나 이 같은 노동경험 유무에 대한 분석만으로는 노동경험이 미치는 영향을 심도 있게 파악할 수 없으며, 이후 5절에서는 청소년 시간제노동의 다양한 특성을 고려하여 그러한 특성들이 적응 수준에 미치는 영향을 분석하고자 한다.


## 2. 노동시간에 따른 학교적응 수준의 변화

선행연구들에 의하면 시간제노동 청소년의 학교적응 수준은 주당 노동시간에 따라 변화하는 패턴을 지니는 것으로 보고되고 있다. 서구의 선행연구들은 청소년들의 학업성취 변화에 대한 노동시간의 영향을 다루면서, 어느 한계 이하의 적정 수준 노동경험을 지닌 학생은 노동경험이 전혀 없는 학생에 비해 오히려 학업성취와 학교생활에서 긍정적인 특성을 나타내지만 장시간의 노동은 부정적 영향을 미친다는 결과를 보고하고 있다.

D'Amico(1984)는 주당 노동시간 20시간을 기준으로 그것을 초과하는 노동경험은 시간과 에너지 부족으로 학교 중도탈락 위험을 증가시키지만, 20시간 미만의 노동을 할 경우 오히려 노동을 하지 않는 청소년에 비해 중도탈락 비율이 더 낮다고 주장하면서 이는 청소년들이 노동경험을 통해 인내, 신뢰 등을 배워 이를 학업에 적용하기 때문이라고 설명하였다. Barro(1984)는 주당 15시간 미만의 노동은 학교중도탈락에 별 영향을 미치지 않으나, 15시간 이상 21시간 미만의 노동 시에는 15시간 미만 노동에 비해 중도탈락 확률이 50% 증가하며 21시간 이상 노동 시는 100% 증가한다는 연구결과를 보고하고 있으며, Quirk, Timothy와 Jeffrey(2001)의 연구에서도 주당 12시간 미만의 노동경험을 지니는 학교청소년의 경우 노동을 하지 않는 학생에 비해 성적이 높은 반면, 12시간 이상의 노동경험은 성적에 치명적인 해로움을 미친다는 결과를 확인할 수 있다. Mortimer와 Finch(1986a)의 연구에 의하면 주당 20시간 이상의 장시간 노동경험은 청소년의 자기이미지, 교육 및 직업적 포부, 자존감에 부정적인 영향을 미치는 것으로 나타난다.

연구에 따라 조금씩 다르긴 하지만 노동시간에 의한 영향이 긍정적인 것에서 부정적인 것으로 변화하는 지점은 주당 15시간 노동에서 주당 20시간 노동 사이의 지점으로 나타나는데, 본 연구에서도 그러한 패턴이 나타나는지 살펴봄으로써 국내 상황에서는 노동시간이 학교적응에 어떠한 영향을 미치게 되는지 보다 구체적으로 파악하고자 하였다.

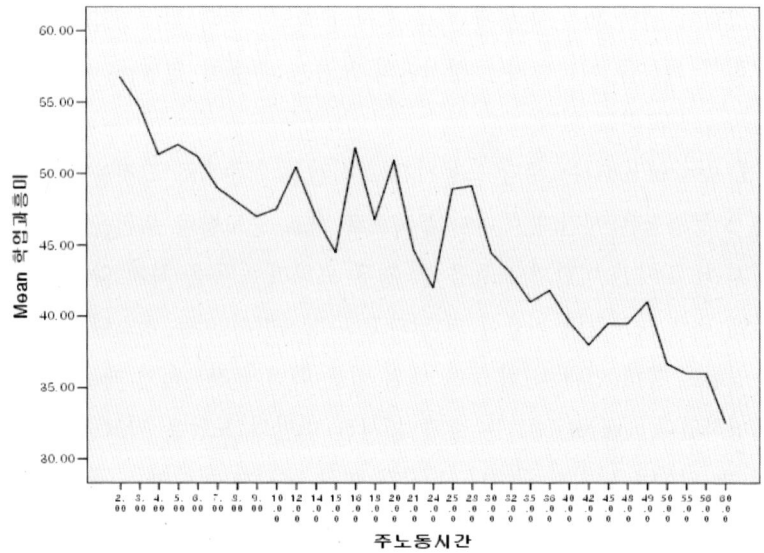

〈그림 4-1〉 주당노동시간에 따른 학교적응 수준 변화

주당 노동시간을 가로축으로 하고 학교적응 수준의 평균값을 세로 축으로 하여 그래프를 그려본 결과 〈그림 4-1〉과 같은 형태의 그래프 를 얻을 수 있었다.

국내 노동경험 청소년의 학교적응 수준은 주당 노동시간이 증가함 에 따라 지속적으로 낮아지는 형태를 띠고 있다. 본 연구에서는 외국 선행연구에서 보고하고 있는 것과 같이 주당노동시간 초기값 구간에 서는 학교적응 수준이 높아지다가 어느 시점에서부터 낮아지기 시작 하는 패턴을 나타내지 않았다. 이처럼 외국의 선행연구와 차이가 나는 것은 우리 사회의 경우 청소년의 노동이 외국만큼 보편화되어 있지 못하며 노동을 경험함으로써 학교적응에 긍정적 영향이 나타날 수 있 을 만큼 전반적인 청소년 노동환경이 성숙하지 못했기 때문인 것으로 해석할 수 있을 것이다.

## 3. 주요 변수의 전반적인 응답결과

본 연구에서 다루는 주요 변수는 주당 노동시간, 노동 기간, 노동부담, 노동자율성, 사고경험, 부당대우 경험, 고용주의 지지, 노동관련 부모의 지지, 노동관련 학교의 지지, 노동-학업 간 갈등, 학교적응, 심리적응, 행동적응 등 13가지이다.

가설을 검증하기 전에 주요 변수들의 측정결과를 평균값과 표준편차를 중심으로 제시한 결과는 〈표 4-16〉과 같다.

〈표 4-16〉 주요 변수들의 측정결과

| 변 수 | | 평균 | 표준편차 | 최소값 | 최대값 | 사례수 |
|---|---|---|---|---|---|---|
| 노동 양적 특성 | 주당 노동시간 | 24.46 | 12.75 | 2 | 60 | 176 |
| | 총 노동 기간(일) | 108.57 | 98.33 | 30 | 360 | 177 |
| 노동 내적 특성 | 노동부담 | 9.92 | 3.89 | 4 | 20 | 199 |
| | 노동자율성 | 19.95 | 6.50 | 8 | 40 | 199 |
| 노동환경 | 사고경험 | 7.35 | 3.19 | 5 | 21 | 197 |
| | 부당행위 경험 | 12.58 | 4.07 | 10 | 30 | 193 |
| 노동관련 지지 | 고용주의 지지 | 25.50 | 10.38 | 10 | 50 | 192 |
| | 노동에 대한 부모의 지지 | 10.76 | 4.78 | 5 | 25 | 197 |
| | 노동에 대한 학교의 지지 | 6.73 | 2.99 | 4 | 17 | 196 |
| 역할갈등 | 노동-학업 간 갈등 | 45.16 | 8.53 | 24 | 71 | 195 |
| 학교적응 (학업태도 및 학교몰입) | | 45.76 | 11.92 | 18 | 77 | 190 |
| 심리적응 (불안 위축 우울) | | 31.16 | 7.74 | 19 | 56 | 197 |
| 행동적응 (문제행동) | | 13.08 | 4.87 | 8 | 32 | 197 |

142

## 4. 주요 변수 간 상관관계

분석시 다중공선성이 존재할 가능성과 전반적인 변수 간 상관관계를 알아보기 위해 pearson적률상관관계 계수를 확인하였다. 결과를 정리한 〈표 4-17〉을 살펴보면 독립변수들 간 .475 이하의 상관관계를 나타내어 다중공선성의 위험은 없다고 볼 수 있다. 또한 회귀분석 시 VIF[25] 값도 모두 2 이하의 수치를 나타내고 있음을 확인하였다.

본격적인 가설 검증에 앞서 상관관계를 통해 변수들 간의 관계를 파악하였다.

우선 인구학적 특성과 노동경험 특성 간의 관계를 살펴보면, 실업계 학생이고 학년이 높을수록 주당노동시간과 총 노동 기간이 증가하는 것으로 나타나며, 학년이 높을수록 노동부담이 크고 노동 – 학업 간 갈등도 크게 느끼는 것을 알 수 있다. 한편 생활수준이 낮은 가정의 청소년일수록 자율성이 낮은 노동을 하게 될 가능성이 높으며, 남학생의 노동에 대한 성장동기가 높은 것으로 나타났다.

다음 노동경험 특성들 간의 관계를 살펴보면 성장동기는 고용주의 지지 및 노동에 대한 부모의 지지, 노동자율성과 정적 관계를 지니는 것으로 나타나 고용주나 부모로부터 관심과 지지를 받고 자율성이 높은 노동을 경험하는 것은 노동에 대한 내적동기를 함양시키는 데 도움이 됨을 알 수 있다. 또한 성장동기는 주당 노동시간, 총 노동 기간과도 정적 관계를 나타내어 성장동기를 지닐수록 노동 총량이 많음을 알 수 있다.

---

25) 다중공선성을 검색하는 방법으로서 잔여분산값의 역수인 분산팽창계수(VIF : Variance Inflation Factor)는 회귀계수의 표준오차나 분산이 다중공선성에 의해 얼마나 부풀려져 있는가를 나타내는 지표로 사용할 수 있다. 일반적으로 VIF값이 10 이상일 때 심한 다중공선성이 존재하는 것으로 간주하며, 3 이상일 경우 다중공선성에 의해 회귀계수 해석에 문제가 야기될 수 있는 것으로 본다(김두섭, 강남준, 2000).

〈표 4-17〉 주요 변수들 간의 상관관계

| | 성별 | 학년 | 경제수준 | 학교계열 | 노동 성장동기 | 주당 노동시간 | 총 노동 기간 | 노동 부담 | 노동 자율성 | 사고 경험 | 부당 대우 경험 | 고용주 지지 | 부모의 지지 | 학교의 지지 | 노동-학업 간 갈등 | 학교 적응 | 심리 정서 문제 | 행동 문제 |
|---|---|---|---|---|---|---|---|---|---|---|---|---|---|---|---|---|---|---|
| 성별 | - | | | | | | | | | | | | | | | | | |
| 학년 | -.073 | - | | | | | | | | | | | | | | | | |
| 경제수준 | -.022 | .011 | - | | | | | | | | | | | | | | | |
| 학교계열 | .032 | .053 | -.153* | - | | | | | | | | | | | | | | |
| 노동 성장동기 | -.209** | .080 | -.055 | -.116 | - | | | | | | | | | | | | | |
| 주당 노동시간 | -.067 | .171* | -.129 | .235** | .164* | - | | | | | | | | | | | | |
| 총 노동 기간 | -.016 | .178** | -.055 | .294** | .189* | .157* | - | | | | | | | | | | | |
| 노동 부담 | .063 | .196** | -.091 | .046 | .121 | .076 | -.005 | - | | | | | | | | | | |
| 노동자율성 | .026 | -.051 | -.153* | -.019 | .352** | -.027 | .096 | .068 | - | | | | | | | | | |
| 사고경험 | -.067 | .024 | -.054 | .051 | -.045 | .085 | .058 | .188** | .073 | - | | | | | | | | |
| 부당대우경험 | -.079 | .139 | .003 | .097 | -.070 | .047 | .137 | .264** | -.045 | .274** | - | | | | | | | |
| 고용주의 지지 | .011 | -.009 | -.018 | -.098 | .315** | -.092 | .107 | -.006 | .475** | .013 | -.128 | - | | | | | | |
| 부모의 지지 | -.050 | .085 | -.068 | -.037 | .242** | .050 | .021 | .125 | .282** | -.004 | -.106 | .154* | - | | | | | |
| 학교의 지지 | .068 | -.052 | .098 | -.087 | .077 | -.088 | -.102 | .093 | .219** | .074 | .006 | .278** | .246** | - | | | | |
| 노동-학업 간 갈등 | .096 | .190** | -.055 | .130 | -.104 | .231** | .130 | .409** | -.167* | .111 | .296** | -.189** | -.046 | .000 | - | | | |
| 학교적응 | .182* | -.105 | .093 | -.259*** | .062 | -.289** | -.059 | -.135 | .239** | -.040 | -.137 | .256** | .146* | .335** | -.290** | - | | |
| 심리정서문제 | .101 | -.089 | -.126 | .118 | .000 | .035 | .091 | .183* | -.117 | .101 | .254** | -.152* | -.084 | -.114 | .293** | -.165* | - | |
| 행동문제 | -.192** | .056 | -.062 | .093 | -.081 | .281** | .147 | .021 | -.020 | .195** | .250** | .047 | -.100 | -.055 | .184* | -.350** | -.056 | - |

* p<.05, ** P<.001

　주당 노동시간은 노동 기간, 노동-학업 간 갈등과 정적으로 유의미한 상관관계를 지니는 것으로 나타나 오랜 기간 노동을 할수록 주당 노동시간 또한 늘어남을 알 수 있으며, 주당 노동시간의 증가는 노동-학업 간 갈등을 가중시키는 요인이 됨을 보여준다. 한편 노동부담은 사고경험 및 부당행위경험, 노동-학업 간 갈등과 정적으로 유의미한 상관관계를 나타내어 노동부담이 클 때 사고의 위험성이 높아지고, 노동과 학업 간의 갈등을 심화시키는 것을 알 수 있다. 나아가 노동부담 자체가 초과업무와 같은 부당행위 가능성을 의미하며, 동시에 부당한 대우를 받을수록 노동이 힘들고 부담스럽게 느껴질 수 있을 것으로 보인다.

　노동의 긍정적 특성이라고 할 수 있는 노동자율성은 고용주, 부모, 학교의 지지와 모두 정적으로 유의미한 상관관계를 지니며 특히 고용주의 지지와 .475의 높은 상관관계를 보여, 유연성 있는 노동환경이 갖추어지기 위해서는 고용주의 지지가 필요함을 보여준다. 나아가 노동에 대해 허용적인 부모와 학교 분위기도 청소년들이 다양한 노동을 경험하고 이를 통해 능력을 활용할 기회를 가지는 데 도움이 된다고 볼 수 있다. 이러한 노동자율성은 노동-학업 간 갈등과 부적으로 유의미한 상관관계를 나타내어 노동자율성이 갖추어진 노동을 경험하는 것은 학업과 조화를 이룰 가능성이 있음을 확인하게 해준다.

　한편 사고경험, 부당대우 경험 같은 부정적인 노동환경적 특성은 서로 정적으로 유의미한 관계를 지니는 것으로 나타났으며, 고용주, 부모, 학교 지지 변수들도 서로 정적인 상관관계를 지니고 있음을 확인할 수 있다. 마지막으로 노동-학업 간 갈등과 노동특성들의 관계에 대해 살펴보면 주당 노동시간이 길고, 노동부담이 많고, 노동자율성이 적고, 부당대우 경험이 많고, 고용주의 지지가 적을 때 노동-학업 간 갈등이 높은 것으로 나타났다.

마지막으로 종속변수인 학교적응, 심리적응, 행동적응과 이들의 인구학적 특성 및 노동경험 특성의 관계에 대해 살펴보면, 우선 여학생이고, 인문계 학생일 때, 학교적응 수준이 높다는 결과를 볼 수 있으며, 주당 노동시간이 짧을수록, 노동자율성이 높을수록, 고용주의 지지 및 노동에 대한 부모와 학교의 지지가 높을수록, 노동-학업 간 갈등이 적을수록 학교적응 수준이 높다는 결과를 확인할 수 있다. 심리적응의 경우에는 인구학적 특성 중 유의미한 상관관계를 보이는 변수는 없으며, 노동부담, 부당대우 경험, 노동-학업 간 갈등은 정적인 관계를 지니는 반면, 고용주의 지지는 부적인 관계를 지니는 것으로 나타났다. 또한 남학생의 경우 문제행동 수준이 높으며, 주당 노동시간이 길고, 사고경험과 부당대우 경험이 많고, 노동-학업 간 갈등이 많은 것도 행동문제와 정적으로 유의미한 상관관계를 지니고 있음을 확인할 수 있다.

여기에서 살펴본 독립변수와 종속변수의 관계는 종속변수에 유의미한 영향을 미칠 수 있는 다른 변수들을 통제하지 않은 상태에서 이루어진 단순 상관관계로, 다음 절에서는 가설 검증과 관련하여 통제변수를 투입한 상태에서 독립변수들이 시간제노동 학교청소년의 적응수준에 미치는 상대적인 영향력을 검토해보고자 한다.

# 제5절 가설 검증

본 절에서는 [연구문제 2] '시간제노동 학교청소년의 노동경험은 이들의 적응 수준에 어떠한 영향을 미치는가?'와 관련하여 시간제노동경험 특성이 학교청소년의 적응 수준에 미치는 영향에 관해 설정한 가설들을 검증하였다.

이를 위해 성별, 학년, 학교계열, 경제수준, 노동 성장동기를 통제변수로 설정하고, 노동 특성으로 노동 양적 특성, 노동 내적 특성, 노동 환경적 특성, 노동과 학업 간 갈등, 노동에 대한 지지적 특성 각각의 변수들에 대해 다중회귀분석을 실시하였다.

## 1. 시간제노동 특성이 학교적응 수준에 미치는 영향

[연구문제 2-1] '시간제노동 학교청소년의 노동경험은 이들의 학교적응 수준에 어떠한 영향을 미치는가?'와 관련하여 시간제노동 특성이 학교적응 수준에 미치는 영향력을 살펴보기 다음과 같은 회귀식을 설정하였다.

노동 양적특성 회귀모형 (모형1) : $Y_2 = a + b_1X_1 + b_2X_2 + b_3X_3 + b_4X_4 + b_5X_5 + b_6X_6 + b_7X_7$
노동 내적특성 회귀모형 (모형2) : $Y_2 = a + b_1X_1 + b_2X_2 + b_3X_3 + b_4X_4 + b_5X_5 + b_8X_8 + b_9X_9$
노동 환경특성 회귀모형 (모형3) : $Y_2 = a + b_1X_1 + b_2X_2 + b_3X_3 + b_4X_4 + b_5X_5 + b_{10}X_{10} + b_{11}X_{11}$
노동-학업간 갈등 회귀모형 (모형4) : $Y_2 = a + b_1X_1 + b_2X_2 + b_3X_3 + b_4X_4 + b_5X_5 + b_{12}X_{12}$
노동관련 지지 회귀모형 (모형5) : $Y_2 = a + b_1X_1 + b_2X_2 + b_3X_3 + b_4X_4 + b_5X_5 + b_{13}X_{13}$
$\qquad\qquad\qquad\qquad\qquad\qquad + b_{14}X_{14} + b_{15}X_{15}$
통합모형 (모형6) : $Y_2 = a + b_1X_1 + b_2X_2 + b_3X_3 + b_4X_4 + b_5X_5 + + b_6X_6 + b_7X_7b + b_8X_8$
$\qquad\qquad\qquad\qquad + b_9X_9 + b_{10}X_{10} + b_{11}X_{11} + b_{12}X_{12} + b_{13}X_{13} + b_{14}X_{14} + b_{15}X_{15}$

$Y_2$: 심리정서문제

| | | |
|---|---|---|
| $X_1$: 성별(더미)* | $X_2$: 학년 | $X_3$: 경제수준 |
| $X_4$: 학교계열(더미)** | $X_5$: 노동 성장동기 | $X_6$: 주당 노동시간 |
| $X_7$: 총 노동기간 | $X_8$: 노동 부담 | $X_9$: 노동자율성 |
| $X_{10}$: 사고경험 | $X_{11}$: 부당대우 경험 | $X_{12}$: 노동-학업간 갈등 |
| $X_{13}$: 고용주의 지지 | $X_{14}$: 노동관련 부모지지 | $X_{15}$: 노동관련 학교지지 |

\* 성별의 기준변수는 남자　　\*\* 학교계열의 기준변수는 인문계

각 모형별 분석결과는 〈표 4-18〉과 같다.

## 〈표 4-18〉 노동경험 특성이 학교적응에 미치는 영향

| 변 수 | 모형 1 B | 모형 1 β | 모형 2 B | 모형 2 β | 모형 3 B | 모형 3 β | 모형 4 B | 모형 4 β | 모형 5 B | 모형 5 β | 통합모형 B | 통합모형 β |
|---|---|---|---|---|---|---|---|---|---|---|---|---|
| 성별(=여자) | 3.980 | .161* | 3.790 | .158* | 4.119 | .168* | 5.198 | .215** | 4.175 | .171* | 3.550 | .141 |
| 학년 | -.641 | -.023 | -1.353 | -.050 | -2.095 | -.076 | -.527 | -.019 | -2.736 | -.101 | 1.495 | .052 |
| 경제수준 | .604 | .044 | 1.350 | .099 | .900 | .065 | .496 | .035 | .886 | .065 | .795 | .058 |
| 학교계열(=실업계) | -5.752 | -.233*** | -5.514 | -.229** | -5.950 | -.243** | -4.876 | -.202** | -5.140 | -.210** | -5.465 | -.216** |
| 노동 성장동기 | 1.697 | .107 | .500 | .031 | 1.160 | .072 | 1.042 | .065 | .699 | .042 | -.049 | -.003 |
| 주당 노동시간 | -.214 | -.223*** | | | | | | | | | -.161 | -.164* |
| 총 노동 기간 | .002 | .024 | | | | | | | | | .007 | .071 |
| 노동부담 | | | -.395 | -.129 | | | | | | | -.112 | -.033 |
| 노동자율성 | | | .486 | .256** | | | | | | | .377 | .189* |
| 사교경험 | | | | | -.069 | -.018 | | | | | -.199 | -.054 |
| 부당대우 경험 | | | | | -.259 | -.086 | | | | | -.044 | -.015 |
| 노동-학업 간 갈등 | | | | | | | -.378 | -.274*** | | | -.292 | -.204* |
| 고용주의 지지 | | | | | | | | | .168 | .141 | -.002 | -.001 |
| 부모의 지지 | | | | | | | | | .270 | .102 | .243 | .088 |
| 학교의 지지 | | | | | | | | | .947 | .227** | .970 | .221** |
| 상수 | 57.840*** | | 45.428*** | | 58.250*** | | 65.876*** | | 40.343*** | | 52.074*** | |
| adjusted R² | .143 | | .157 | | .096 | | .163 | | .204 | | .282 | |
| F | 4.597***(df=7) | | 5.723***(df=7) | | 3.608***(df=7) | | 6.627***(df=6) | | 6.410***(df=8) | | 4.641***(df=15) | |

* p<.05, ** p<.01, *** p<.001

우선 〈모형 1〉에서 주당 노동시간의 증가는 학교적응 수준에 부정적 영향을 미치는 것으로 나타나 〈가설 1-1〉은 지지되었다. 이러한 결과는 제로섬 관점을 기반으로 한 다수의 외국 선행연구 결과들과 일치하는 것으로, 많은 연구들이 학교청소년의 노동경험에 대해 이들이 노동에 시간을 빼앗기는 만큼 학교에 쏟을 시간과 에너지, 정서적 몰입 수준이 낮아지게 되고 결과적으로 학교참여와 학업성취 수준도 하락하게 된다는 결과를 보여준 바 있다(Steinberg & Dornbusch, 1991; Steinberg, et al., 1982; Carr et al., 1996).

그러나 총 노동 기간은 학교적응 수준에 유의미한 영향을 미치지 못하는 것으로 나타나 〈가설 2-1〉은 기각되었다. 오히려 노동 기간은 학교적응과 정적 관련성을 나타내고 있는데, 이는 Entwisle 등(2000)의 설명처럼 장기간 노동이 지속될 경우 노동과 학업 간 조절 능력을 습득하게 될 가능성을 엿볼 수 있는 부분이라 하겠다.

다음 노동 내적 특성을 다룬 〈모형 2〉에서 학교적응 수준에 대해 노동부담은 유의미한 영향을 미치지 못하나, 노동자율성은 유의미한 영향을 미치는 것으로 나타나 〈가설 3-1〉은 기각된 반면, 〈가설 4-1〉는 지지되었다. 이는 노동부담이 크다고 학교에 대한 몰입 수준과 학업태도가 크게 달라지지는 않지만, 새로운 것을 배우고, 기술을 활용할 수 있으며, 자신의 의견을 반영할 수 있는 노동을 경험하는 것은 학교적응에 긍정적인 영향을 미칠 수 있음을 의미한다고 볼 수 있다. Singh(1998)은 학교의 교사와 노동현장의 고용주가 기술, 경쟁력, 사회성 등을 향상시키고자 하는 유사한 특성들을 중시하고 이에 대해 보상을 줄 경우 시간제노동 청소년들에게 있어서도 그러한 특성을 강화시킬 수 있을 것이라 보았으며, Bowles와 Gintis(1976)도 일터에서 보상받는 가치가 학교 교사가 강조하는 가치와 유사할 경우, 취업과 학교생활이 서로를 강화하면서 노동경험을 통해 학업성취에 필요한 인성 발달이 가능하게 되고 결과적으로 학생의 인지적 발달 측면에도 긍정적 영향을 미치게 된다고 주장한 바 있다.

한편 〈모형 3〉에서 노동의 환경적 특성인 사고 경험과 부당대우 경험은 학교적응 수준과 부적 연관성을 보이고 있으나 그 영향력은 유의미하지 않아 〈가설 5-1〉과 〈가설 6-1〉은 모두 기각되었다. 이를 볼 때 노동현장에서 겪는 사고나 부당대우 경험이 학교생활에 직접적으로 영향을 미치지는 않는 것으로 보인다.

〈모형 4〉에서 노동-학업 간 갈등은 학교적응에 부적으로 유의미한 영향을 미치는 것으로 나타나 〈가설 7-1〉은 지지되었다. 정체성 이론에 기반을 두고 시간제노동 청소년들의 노동-학업 간 갈등과 적응수준에 대해 다룬 선행연구들에서도 학업과 노동을 병행하는 학생들은 과잉부담으로 인해 심리적 어려움을 겪는 것으로 나타나며 두 영역 간 균형을 맞추기 어려울 때 학교에의 참여도와 학교생활 만족도가 떨어짐을 지적하고 있다(Koeske & Koeske, 1989; Hardesty & Hirsch, 1992). 위의 결과도 이를 반영한 것으로 보인다.

마지막으로 학교적응 수준에 대한 노동 관련 사회적 지지의 영향을 살펴보면, 노동에 대한 학교의 지지는 정적으로 유의미한 영향을 미치는 것으로 나타나며, 고용주의 지지와 부모의 지지는 학교적응과 정적인 관련성을 보이지만 그 영향이 통계적으로 유의미하지 않아 〈가설 10-1〉은 지지된 반면, 〈가설 8-1〉과 〈가설 9-1〉은 기각되었다. 이러한 결과는 학생의 시간제노동에 대해 이해해주는 교사와 학교의 분위기는 노동경험 학생들이 학교에 대한 흥미를 잃지 않고 학업에 대해 긍정적 태도를 지닐 수 있도록 도와주는 중요한 요인임을 말해주는 것이다. Dubois, Felner, Brand, Adan과 Evans(1992)의 연구에서 학교를 기반으로 한 지지는 가정이나 여타 맥락에서 발달상 위험을 미칠 수 있는 부정적인 영향을 완화 또는 보완해 주는 것으로 나타난 바 있으며, 정체성 이론에서도 학교의 지지는 시간제노동 청소년들이 경험할 수 있는 노동과 학업 간 갈등을 완화시켜줌으로써 학교적응에 긍정적으로 작용하는 것으로 나타난다(Steinberg, 1983). 실제 학교의 감독하에 이루어지는 청소년들의 노동경험은 그렇지 않은 경우에 비해 노동과 학업의 갈등을 낮추고 학생들의 적응수준에 긍정적 영향을 미친다는 선행연구 결과를 볼 때(Stone et al., 1990), 학교차원에서 청소년 노동에 대한 인식을 변화시키고 보다 적극적으로 청소년 노동에 개입하려는 의지가 필요함을 알 수 있다.

마지막으로 〈통합모형〉을 통해 시간제노동 학교청소년의 학교적응 수준에 영향을 미칠 것으로 가정한 모든 독립변수들이 상호 통제된 상태에서 지니는 상대적인 영향력을 비교하였다. 결과를 보면, 긴 주당 노동시간과 노동－학업 간 갈등은 학교적응에 부정적 영향을 미치는 반면, 노동자율성과 노동에 대한 학교의 지지가 높을수록 학교적응 수준이 높아짐을 확인할 수 있다.

〈통합모형〉에서 학교적응에 가장 큰 영향력을 미치는 변수는 '노동 관련 학교의 지지'인 것으로 나타났다. 이는 학교와 교사가 학생의 시간제노동에 대해 어떠한 태도를 지니느냐가 이들의 학교적응 여부를 결정하는 매우 중대한 요인임을 의미하는 것이다. 이를 볼 때 현재와 같이 학생들의 노동참여를 부정하거나 막으려는 학교의 태도는 노동경험 청소년의 학교적응 향상에 도움이 되지 않으며, 이들에게 관심을 가지고 적극적인 보호자로서의 역할을 수행하는 것이 필요함을 말해준다.

두 번째로 영향력이 큰 변수는 '노동－학업 간 갈등'으로 나타났다.

이는 정체성 이론에서 설명하듯 시간제노동 청소년들의 학교적응 수준의 하락을 막기 위해서는 이들의 노동경험과 학교생활이 조화를 이룰 수 있도록 원조하는 것이 중요함을 말해준다. 노동에 대한 학교의 지지가 가장 큰 영향력을 지닌 변수로 확인된바, 무엇보다 학교 내 자원을 활용하여 노동경험 청소년들을 원조하고 이들이 학교에 대한 애착과 몰입을 잃지 않도록 도움을 주는 것이 효과적일 것으로 보인다.

세 번째로 영향력을 지니는 변수는 '노동자율성'으로 나타났다. 이는 새로운 것을 배우고 자신의 능력을 활용할 수 있는 노동조건은 학업과 상호보완적으로 작용함으로써 이들의 학교적응에 긍정적 영향을 미칠 수 있음을 의미하는 것으로, 창의성, 도전성, 기술활용성과 같은 특성을 지닌 시간제 직종을 발굴하여 청소년들에게 연결시켜주는 노력이 필요하다고 할 수 있을 것이다.

'주당 노동시간'도 학교적응에 부정적인 영향을 미치는 요인으로 나타났다. 서구 선행연구들은 주로 주당 노동시간을 주요 변수로 다루어 학교적응에 대한 부정적 영향을 강조하고 있으나, 본 연구에서는 다른 노동특성 변수들을 함께 고려한 결과 주당 노동시간의 영향력은 상대적으로 감소하였다. 그러나 장시간의 강도 높은 노동은 청소년들의 학교적응에 부정적 영향을 미치는 요인임이 분명하며, 노동시간을 일정 한도 내에서 엄격히 제한할 수 있는 실질적인 방안이 마련되어야 할 것으로 보인다.

한편 인구학적 변수로는 남학생이고, 실업계 학생일 경우 학교적응 수준이 낮다는 결과를 확인할 수 있다. 이러한 결과는 일반 학생들의 학교적응을 다룬 연구결과와 크게 다르지 않다고 말할 수 있다. 단 실업계 학생의 경우 시간제노동 경험이 자신의 진로나 전공분야에 도움이 될 경우 학교생활에도 긍정적 영향을 기대할 수 있겠으나, 본 연구

152

의 결과는 현재의 청소년 시간제노동이 그러한 특성을 지니지 못했음을 보여주는 것이라 할 수 있을 것이다.

## 2. 시간제노동 특성이 심리적응 수준에 미치는 영향

[연구문제 2-2] '시간제노동 학교청소년의 노동경험은 이들의 심리적응 수준에 어떠한 영향을 미치는가?'와 관련하여 시간제노동 특성이 심리정서문제에 미치는 영향력을 살펴보기 위해 다음과 같은 회귀식을 설정하였다.

---

노동 양적 특성 회귀모형 (모형1) : $Y_2 = a+b_1X_1+b_2X_2+b_3X_3+b_4X_4+b_5X_5+b_6X_6+b_7X_7$
노동 내적 특성 회귀모형 (모형2) : $Y_2 = a+b_1X_1+b_2X_2+b_3X_3+b_4X_4+b_5X_5+b_8X_8+b_9X_9$
노동 환경특성 회귀모형 (모형3) : $Y_2 = a+b_1X_1+b_2X_2+b_3X_3+b_4X_4+b_5X_5+b_{10}X_{10}+b_{11}X_{11}$
노동－학업 간 갈등 회귀모형 (모형4) : $Y_2 = a+b_1X_1+b_2X_2+b_3X_3+b_4X_4+b_5X_5+b_{12}X_{12}$
노동관련 지지 회귀모형 (모형5) : $Y_2 = a+b_1X_1+b_2X_2+b_3X_3+b_4X_4+b_5X_5+b_{13}X_{13}$
$+b_{14}X_{14}+b_{15}X_{15}$
통합모형 (모형6) : $Y_2 = a+b_1X_1+b_2X_2+b_3X_3+b_4X_4+b_5X_5++b_6X_6+b_7X_7b+b_8X_8$
$+b_9X_9+b_{10}X_{10}+b_{11}X_{11}+b_{12}X_{12}+b_{13}X_{13}+b_{14}X_{14}+b_{15}X_{15}$

$Y_2$: 심리정서문제
$X_1$: 성별(더미)*         $X_2$: 학년              $X_3$: 경제수준
$X_4$: 학교계열(더미)**    $X_5$: 노동 성장동기     $X_6$: 주당 노동시간
$X_7$: 총 노동 기간        $X_8$: 노동 부담         $X_9$: 노동자율성
$X_{10}$: 사고경험          $X_{11}$: 부당대우 경험    $X_{12}$: 노동－학업 간 갈등
$X_{13}$: 고용주의 지지     $X_{14}$: 노동관련 부모지지  $X_{15}$: 노동관련 학교지지

---

* 성별의 기준변수는 남자        ** 학교계열의 기준변수는 인문계

각 모형별 분석결과는 〈표 4-19〉와 같다.

<표 4-19> 노동경험 특성이 심리정서문제에 미치는 영향

| 변 수 | 모형 1 | | 모형 2 | | 모형 3 | | 모형 4 | | 모형 5 | | 통합모형 | |
|---|---|---|---|---|---|---|---|---|---|---|---|---|
| | B | β | B | β | B | β | B | β | B | β | B | β |
| 성별(=여자) | 1.317 | .082 | 1.895 | .121 | 1.924 | .122 | 1.152 | .074 | 1.432 | .091 | 1.117 | .069 |
| 학년 | -1.123 | -.062 | -2.167 | -.124 | -1.730 | -.099 | -2.431 | -.139 | -.778 | -.045 | -1.854 | -.101 |
| 경제수준 | -.935 | -.105 | -1.065 | -.119 | -.970 | -.109 | -.938 | -.103 | -.863 | -.098 | -.928 | -.106 |
| 학교계열(=실업계) | 1.614 | .101 | 1.884 | .120 | 1.639 | .104 | 1.385 | .089 | 1.674 | .107 | 1.238 | .077 |
| 노동 성장동기 | .430 | .042 | 1.069 | .105 | .582 | .058 | .748 | .073 | 1.250 | .119 | 1.176 | .114 |
| 주당 노동시간 | .014 | .022 | | | | | | | | | -.036 | -.057 |
| 총 노동 기간 | .004 | .061 | | | | | | | | | .003 | .042 |
| 노동부담 | | | .377 | .191** | | | | | | | .018 | .008 |
| 노동자율성 | | | -.228 | -.188* | | | | | | | -.111 | -.090 |
| 사고경험 | | | | | .105 | .043 | | | | | .058 | .024 |
| 부당대우 경험 | | | | | .528 | .271*** | | | | | .380 | .199* |
| 노동-학업 간 갈등 | | | | | | | .282 | .311*** | | | .228 | .246** |
| 고용주의 지지 | | | | | | | | | -.142 | -.186* | -.052 | -.066 |
| 부모의 지지 | | | | | | | | | -.130 | -.078 | -.009 | -.005 |
| 학교의 지지 | | | | | | | | | -.054 | -.021 | -.090 | -.034 |
| 상수 | 29.770*** | | 31.737*** | | 23.103*** | | 20.634*** | | 34.284*** | | 21.562** | |
| adjusted R² | .000 | | .074 | | .088 | | .109 | | .052 | | .113 | |
| F | .975 (df=7) | | 3.120** (df=7) | | 3.451** (df=7) | | 4.672*** (df=6) | | 1.717* (df=8) | | 2.222*** (df=15) | |

* p<.05, ** p<.01, *** p<.001

우선 노동의 양적 특성을 다룬 〈모형 1〉은 F 값의 유의도가 나타나지 않아 회귀모델이 적절하지 않은 것으로 나타났다. 주당 노동시간과 노동 기간 모두 청소년의 심리정서문제에는 유의미한 영향력을 미치지 못하는 것으로 나타나 〈가설 1-2〉와 〈가설 2-2〉는 기각되었다. 이러한 결과는 단지 많은 시간 노동을 하는 것만으로는 청소년의 정신건강에 영향을 미치지 않으며, 어떤 노동을 하는지 노동의 특성을 고려해야 함을 의미하는 것이라 할 수 있다. Finch 등(1991)도 시간제 노동 청소년들의 심리적 기능에 있어 노동 여부나 노동시간이 영향을 미치지 못함을 보고하면서 여기에는 노동의 질(quality)적 측면이 보다 중요한 결정요인이라고 설명한 바 있다.

다음 노동부담이 높을수록 심리정서문제는 증가하는 한편, 노동자 율성은 심리정서문제를 감소시키는 것으로 나타나 〈가설 3-2〉와 〈가설 4-2〉는 모두 지지되었다. 이러한 결과는 노동의 특성이 노동자의 적응 수준에 영향을 미치는 원리를 설명한 요구-통제(demand-control) 모델의 내용과 일치하는 것이다. 즉 많은 양의 일을 높은 시간적 압력과 긴장 상태에서 수행해야 하는 노동의 특성은 심리적 스트레스를 야기하는 반면, 새로운 것을 배우며 자신의 기술을 활용할 수 있고 노동의 과정에 영향력을 미칠 수 있는 노동경험은 이러한 스트레스를 완화시킬 수 있다고 해석할 수 있다. 청소년 시간제노동을 다룬 선행연구에서도 노동의 기술활용성은 청소년의 내적통제소를 증가시킴으로써 심리정서적으로 긍정적 영향을 미치는 것으로 나타난 바 있으며(Mortimer et al., 1992b), 노동조건이 청소년들의 정신건강에 미치는 영향을 다룬 Smailes(1993)의 연구에서도 노동청소년의 불안증세에 대해 노동부담과 자율성은 각각 정적, 부적인 영향을 미치는 것으로 나타난다. 그러나 심리정서문제에 대한 노동 내적 특성 변수들의 상대적인 영향력을 살펴보면, 노동부담의 부정적 영향이 노동자율성의 완충효과에 비해 강한 것을 확인할 수 있으며, 이는 청소년 노동환경의 특성상 노동의 내용이 단조롭고 낮은 수준의 작업이 주를 이루고 있음을 반영하는 것으로 볼 수 있을 것이다.

다음 〈모형 3〉에서 노동환경적 특성 중 부당행위 경험만이 심리정서문제에 영향을 미치는 요인으로 나타나 〈가설 5-2〉는 기각되었고, 〈가설 6-2〉는 지지되었다. 시간제노동 청소년들이 노동현장에서 부당행위를 경험하는 것은 우리나라의 독특한 특성으로 그 영향력에 대한 외국의 선행연구는 찾아보기 어렵지만, 불결하고 위험한 부정적 노동환경은 청소년들의 적응에 부정적 영향을 미치며(Frone, 1998; Harrell, 1990), 부당해고를 당하는 것과 같은 부정적 경험은 청소년들로 하여금 사회에 대한 불신과 무력감을 느끼게 하고 우울, 자존감 저하와 같은 부정적 결과를 가져오는 것으로 보고되고 있다(Jex & Beehr, 1991). 사고경험이 고의성 없이 우발적으로 일어날 수 있는 것임에 비해 사회로부터 일방적으로 부당한 대우를 당하는 경험은 청소년들 스스로 통제할 수 없는 스트레스적 사건으로, 이러한 사건들은 청소년들의 무기력감, 자존감 하락, 우울을 유발할 가능성이 한층 높은 것으로 설명된다(Brown & Siegel, 1988).

〈모형 4〉에서는 노동 - 학업 간 갈등이 심리정서문제에 정적으로 강한 영향력을 지니는 것으로 나타나 〈가설 7-2〉는 지지되었다. 이는 상반되는 두 영역 간 정체성 갈등을 느끼는 개인은 적응에 어려움을 겪을 수 있음을 설명한 정체성 이론의 주장을 뒷받침해주는 결과라 하겠다.

다음 노동, 가정, 학교 세 가지 차원에서의 지지는 심리정서문제에 대해 모두 부적인 관계를 보여 시간제노동 청소년들의 심리정서문제

156

를 완화해 줄 수 있는 것으로 보이지만, 이 중 고용주의 지지만이 통계적으로 유의미한 수준의 영향력을 미치는 것으로 나타나 〈가설 8-2〉는 지지된 반면, 〈가설 9-2〉와 〈가설 10-2〉는 기각되었다. 요구 - 통제 - 지지 모델에서는 노동현장에서 부여받는 사회적 지지가 노동 스트레스를 완화시킬 수 있는 완충작용을 할 수 있는 것으로 설명하고 있으며(Landbergis et al., 1992), 그 밖에 스트레스 적응 이론과 정체성 갈등 이론에서도 적응에 대한 사회적 지지의 긍정적 영향을 설명하고 있다(Frone et al., 1997).

한편 〈통합모형〉 분석 결과 '부당대우 경험'과 '노동 - 학업 간 갈등'만이 심리정서문제를 증가시키는 영향력 있는 변수로 나타났다.

가장 큰 영향력을 지니는 변수는 '노동 - 학업 간 갈등'이며, 개별모형에서 유의미하게 나타났던 노동부담, 노동자율성, 고용주 지지 변수는 통합모형에서 그 영향력이 통제되었다. 이처럼 노동 - 학업 간 갈등 변수가 심리정서문제에 대해 강한 영향력을 미친다는 결과는 정체성 갈등 이론의 유용성을 뒷받침해주는 것이라 볼 수 있다. 또한 영향력이 통제된 노동부담, 노동자율성, 고용주의 지지 특성들은 심리정서 측면에 직접적으로 영향을 미치기보다는 노동 - 학업 간 갈등을 통해 간접적으로 심리정서 측면에 영향을 미칠 것을 예상해 볼 수 있다.

두 번째 '부당대우 경험'도 심리정서문제를 증가시키는 유의미한 변수로 나타났다.

스트레스 적응 이론에 의하면 청소년기는 발달상 스트레스 수준이 높은 시기로 우울과 같은 심리적 문제를 겪을 가능성이 높은 것으로 나타나며, 이 시기 부당대우 경험과 같은 일상생활의 스트레스적 경험이 가중될 경우 정서적 부적응을 겪을 위험성이 매우 높아질 것을 예상할 수 있다(Kanner, Coyne, Schaefer & Lazarus, 1981).

한편 통제변수 중에는 통계적으로 유의미한 영향력을 지니는 변수가 나타나지 않았다.

## 3. 시간제노동 특성이 행동적응 수준에 미치는 영향

[연구문제 2-3] '시간제노동 학교청소년의 노동경험은 이들의 행동 적응 수준에 어떠한 영향을 미치는가?'와 관련하여 시간제노동 특성이 행동문제에 미치는 영향력을 살펴보기 다음과 같은 회귀식을 설정하였다.

노동 양적 특성 회귀모형 (모형1) : $Y_3 = a + b_1X_1 + b_2X_2 + b_3X_3 + b_4X_4 + b_5X_5 + b_6X_6 + b_7X_7$
노동 내적 특성 회귀모형 (모형2) : $Y_3 = a + b_1X_1 + b_2X_2 + b_3X_3 + b_4X_4 + b_5X_5 + b_8X_8 + b_9X_9$
노동 환경특성 회귀모형 (모형3) : $Y_3 = a + b_1X_1 + b_2X_2 + b_3X_3 + b_4X_4 + b_5X_5 + b_{10}X_{10} + b_{11}X_{11}$
노동-학업 간 갈등 회귀모형 (모형4) : $Y_3 = a + b_1X_1 + b_2X_2 + b_3X_3 + b_4X_4 + b_5X_5 + b_{12}X_{12}$
노동관련 지지 회귀모형 (모형5) : $Y_3 = a + b_1X_1 + b_2X_2 + b_3X_3 + b_4X_4 + b_5X_5 + b_{13}X_{13} + b_{14}X_{14} + b_{15}X_{15}$
통합모형 (모형6) : $Y_3 = a + b_1X_1 + b_2X_2 + b_3X_3 + b_4X_4 + b_5X_5 + +b_6X_6 + b_7X_7b + b_8X_8 + b_9X_9 + b_{10}X_{10} + b_{11}X_{11} + b_{12}X_{12} + b_{13}X_{13} + b_{14}X_{14} + b_{15}X_{15}$

$Y_3$: 행동문제
$X_1$: 성별(더미)*    $X_2$: 학년    $X_3$: 경제수준
$X_4$: 학교계열(더미)**    $X_5$: 노동 성장동기    $X_6$: 주당 노동시간
$X_7$: 총 노동 기간    $X_8$: 노동 부담    $X_9$: 노동자율성
$X_{10}$: 사고경험    $X_{11}$: 부당대우 경험    $X_{12}$: 노동-학업 간 갈등
$X_{13}$: 고용주의 지지    $X_{14}$: 노동관련 부모지지    $X_{15}$: 노동관련 학교지지

\* 성별의 기준변수는 남자    \*\* 학교계열의 기준변수는 인문계

각 모형별 분석결과는 〈표 4-20〉과 같다.

〈표 4-20〉 노동경험 특성이 행동문제에 미치는 영향

| 변수 | 모형 1 | | 모형 2 | | 모형 3 | | 모형 4 | | 모형 5 | | 통합모형 | |
|---|---|---|---|---|---|---|---|---|---|---|---|---|
| | B | β | B | β | B | β | B | β | B | β | B | β |
| 성별(=여자) | -1.619 | -.165* | -2.013 | -.209** | -1.847 | -.192** | -2.083 | -.215** | -1.967 | -.201** | -1.805 | -.181* |
| 학년 | .007 | .001 | .666 | .063 | .394 | .037 | .431 | .040 | .716 | .067 | -.535 | -.048 |
| 경제수준 | -.127 | -.024 | -.237 | -.044 | -.230 | -.043 | -.269 | -.048 | -.297 | -.054 | -.033 | -.006 |
| 학교계열(=실업계) | -.267 | -.027 | .653 | .068 | .752 | .078 | .540 | .056 | 1.058 | .108 | .313 | .031 |
| 노동 성장동기 | -1.101 | -.178* | -1.014 | -.162* | -.779 | -.126 | -.760 | -.120 | -1.048 | -.160* | -1.017 | -.159* |
| 주당 노동시간 | .094 | .246** | | | | | | | | | .073 | .189* |
| 총 노동 기간 | .006 | .161 | | | | | | | | | .002 | .055 |
| 노동부담 | | | .013 | .011 | | | | | | | -.102 | -.076 |
| 노동자율성 | | | .037 | .050 | | | | | | | .018 | .024 |
| 사고경험 | | | | | .233 | .155* | | | | | .265 | .180* |
| 부당대우 경험 | | | | | .207 | .172* | | | | | .206 | .176* |
| 노동-학업 간 갈등 | | | | | | | .103 | .184* | | | .109 | .192* |
| 고용주의 지지 | | | | | | | | | .067 | .042* | .110 | .226* |
| 부모의 지지 | | | | | | | | | -.122 | -.118 | -.038 | -.036 |
| 학교의 지지 | | | | | | | | | -.051 | -.032 | -.196 | -.120 |
| 상수 | 14.030** | | 13.756*** | | 10.014** | | 10.683** | | 13.684*** | | 4.290 | |
| adjusted R² | .092 | | .031 | | .103 | | .069 | | .056 | | .173 | |
| F | 3.264**(df=7) | | 1.836* (df=7) | | 1.836** (df=7) | | 3.236** (df=6) | | 2.317* (df=8) | | 3.013***(df=15) | |

* p<.05, ** p<.01, *** p<.001

〈모형1〉의 경우 주당 노동시간이 증가할수록 문제행동도 증가하는 것으로 나타나 〈가설 1-3〉은 지지되었다. Wright 등(1997)은 실증적 연구를 통해 청소년들의 노동시간이 증가할수록 학교와 부모에 대한 몰입 수준이 낮아지고 그 결과 비행을 통제할 수 있는 기제가 없어짐으로써 문제행동의 가능성이 높아진다고 주장하였다. Mortimer 등(1992b)의 연구에서도 노동시간의 증가는 학교 내 문제행동과 약물 사용을 증가시키는 것으로 보고되고 있으며, 그들은 이러한 부정적 영향이 노동을 그만둔 경우에도 지속된다는 점에서 강도 높은 노동의 위험성을 경고하고 있다. 시간제노동 청소년들은 노동을 경험하면서 성인이나 동료를 통해 비행문화를 받아들일 기회가 많아지고, 물질적 욕구가 증가하는 한편 술이나 약물을 구입할 수 있는 금전적 자원을 제공받게 되며, 나아가 노동으로 인한 스트레스를 다루기 위해 약물을 사용하는 경향성도 높아지는 것으로 나타난다(Mortimer et al., 1996). 노동시간이 증가함에 따라 이러한 가능성은 총체적으로 증대될 수 있을 것이다. 반면 총 노동 기간의 경우 행동문제와 정적인 연관성을 보였지만 그 영향력은 유의미하지 않은 것으로 나타나 〈가설 2-3〉은 기각되었다. Mortimer 등(1992a)의 연구에서도 노동 기간의 영향력은 주당 노동시간에 비해 적은 것으로 나타나고 있다.

다음 노동부담과 노동자율성 같은 노동의 내적 특성들은 행동문제에 유의미한 영향을 미치지 못하는 것으로 나타나, 〈가설 3-3〉과 〈가설 4-3〉은 모두 기각되었다. 노동부담은 문제행동과 정적인 관련성을 보이고 있으나 그 영향력은 통계적으로 유의미한 수준이 아니며, 노동자율성은 가설 설정방향과 달리 문제행동과 정적 연관성을 지니고 있음을 확인할 수 있다. 노동자율성과 문제행동 간의 정적 연관성에 대해서는 노동현장 자체가 문제행동을 실현할 수 있는 공간이 된다는

Steinberg, Greenberger, Jacobi와 Garduque(1981)의 설명이 유력한 것으로 보인다. 그들의 연구에서 노동 공간은 부모나 교사 등으로부터 통제를 받을 가능성은 적은 반면 또래와 어울릴 기회 및 돈이나 현물을 다룰 기회가 많음으로 인해 문제행동에 휩쓸리기 쉬운 특성을 지닌 곳으로 지적되고 있는데, 노동자율성은 이러한 가능성 또한 증대시키는 것으로 설명할 수 있다.

〈모형 3〉에서는 사고경험과 부당행위 경험이 행동문제에 대해 정적으로 유의미한 영향을 미치는 것으로 나타나 〈가설 5-3〉, 〈가설 6-3〉은 모두 지지되었다. Ruggiero 등(1982)은 사고나 부당대우 같은 스트레스적 사건 경험이 청소년들의 심리정서적 문제를 가중시킴으로 인해 문제행동으로 연결될 수 있음을 지적하였다. 실제 국내의 사례연구들을 통해 볼 때 노동을 하면서 부당한 대우를 경험한 청소년들은 그에 대한 반응으로 욕설이나 공격성을 표출하는 등 문제행동을 나타내는 경향이 있으며(인권운동사랑방, 2002), 노력에 대한 보상이 부적절하다고 느낄 경우 이에 대한 반동으로 비행을 저지를 가능성이 높아지는 것으로 나타난다. 또한 청소년들을 대상으로 스트레스적 사건과 비행의 관계를 종단적으로 다룬 연구결과를 보면, 한 시점에서의 스트레스적 사건 경험은 이후 비행행위를 예측할 수 있는 요인으로 지적되고 있다(Kim, Conger, Elder & Lorenz, 2003). 사고경험의 경우 문제행동 성향을 지닌 청소년들이 노동 중 규칙을 지키지 않거나 충동적이고 부주의한 나머지 사고를 당할 위험이 높다는 해석도 가능하나(Frone, 1998), 그렇더라도 노동청소년의 상당수가 노동을 하면서 사고를 경험하고 나아가 부당한 처사들이 빈번히 일어나고 있는 지금, 이에 대한 법적 제도적 조치와 이들에 대한 보호의 필요성이 매우 크다고 할 수 있을 것이다.

한편 〈모형 4〉에서 노동-학업 간 갈등 변수는 시간제노동 청소년들
의 행동문제에도 유의미한 영향을 미치는 것으로 나타나 〈가설 7-3〉은
지지되었다. 이는 앞에서와 마찬가지로 정체성 이론의 주장을 뒷받침해
주는 결과로, 통제기제 역할을 수행하는 학생으로서의 정체성을 잃게 될
때 문제행동의 가능성 또한 높아지는 것으로 설명할 수 있다. 이러한 노
동-학업 간 갈등은 학교적응, 심리적응, 행동적응 세 가지 영역 모두에
유의미한 영향을 미치는 유일한 변수임을 볼 때, 시간제노동 청소년들의
적응 수준을 향상시키기 위해서는 노동과 학업이 조화를 이룰 수 있는
조건을 만들어주는 것이 우선적이고도 중요한 과제임을 알 수 있다.

〈모형 5〉에서 문제행동에 대한 노동 관련 부모의 지지 및 학교의 지
지는 유의미한 영향력을 미치지 못하였고 고용주의 지지는 영향력의 수
준은 약하지만 행동문제에 정적으로 유의미한 영향을 미치는 것으로 나
타나 〈가설 8-3〉, 〈가설 9-3〉, 〈가설 10-3〉은 모두 기각되었다. 이러한
결과는 우리사회의 노동경험 청소년에 대한 보호 및 감독 체계가 제대
로 갖추어져 있지 못함을 반영하는 것으로 볼 수 있다. 그중에서도 고용
주의 지지는 문제행동에 정적인 영향을 미치는 것으로 나타나 노동현장
에서의 지도와 감독이 적절히 이루어지지 못하고 있음을 알려준다.

Greenberger와 Steinberg(1986)는 시간제노동 청소년들이 종사하게
되는 직업의 특성상 이들이 노동을 통해 성인과 의미 있는 관계를 맺
기는 어렵다는 점을 지적하였다. 고용주는 시간제노동 청소년들을 한
시적 노동력으로 생각하기 때문에 사회생활에 대한 의미 있는 가르침
을 준다거나 그들의 개인적 삶에 관심을 가지려 하지 않으며, 청소년
들은 노동현장에서 주로 또래나 약간의 연령 차이를 지니는 동료들과
접촉하게 되는데, 이 경우 노동현장의 연장자들은 의미 있는 성인이라
기보다는 성인문화 전수 역할의 담당자가 될 가능성이 크다고 할 수

있다. Shanahan 등(1991)은 이러한 현상에 대해 '역할 및 준거집단 이론'을 적용하여 고용주의 성인문화 전수 역할을 설명하였다. 노동은 청소년들에게 있어 성인으로서의 첫발을 내딛는다는 의미를 지니기 때문에, 청소년들의 경우 노동현장에서 만나는 고용주와 같은 성인을 자신의 준거집단으로 삼아 모방하려는 경향이 높은 것으로 나타난다. 즉 고용주와의 친밀성은 노동경험 청소년들에게 있어 심리정서적 문제를 완화시키는 데는 도움이 될 수 있지만 행동문제에 있어서는 그러한 역할을 수행하지 못하는 것으로 나타나, 청소년들에 대한 노동현장에서의 적절한 감독과 보호가 이루어지지 않고 있음을 알 수 있게 해준다.

나아가 〈통합모형〉 분석 결과, 주당 노동시간, 사고경험 및 부당대우 경험, 고용주의 지지, 노동-학업 간 갈등 변수가 행동문제와 정적으로 유의미한 관계를 지니는 것으로 나타났다.

$\beta$ 값을 통해 변수들 간의 상대적 영향력을 비교해보면, 시간제노동 청소년들의 문제행동에 가장 큰 영향을 미치는 것은 '고용주 지지' 변수로 행동문제에 대해 가설과 반대인 정적 방향으로 유의미한 영향을 미치는 것으로 나타났다. 이는 앞에서도 살펴보았듯이 고용주 또는 노동현장의 연장자가 이들에게 성인문화에 접촉하는 계기를 만들어줌으로써 문제행동을 증가시키는 요인이 되는 것으로 보인다. 고용주 스스로 자신의 영향력과 역할이 지니는 중요성을 깨닫고 노동청소년에 대한 진정한 지지적 역할을 수행할 수 있도록 홍보와 계도가 필요한 부분이라 할 수 있다.

다음으로 큰 영향력을 지니는 변수는 '노동-학업 간 갈등', '주당 노동시간'으로 나타났는데, 정체성 이론에 기반하여 이를 연관지어 보면 노동에 투자하는 시간이 증가할수록 학교에의 몰입이 줄어듦으로써 학교라는 통제기제의 작용이 약화되고, 이것이 문제행동을 증가시키는 것으로 설명할 수 있을 것이다.

그 밖에 '사고'나 '부당대우' 같은 스트레스적 사건 경험도 문제행동 증가에 유의미한 영향을 미치는 것으로 나타났다.

한편 통제변수 중에는 성별과 노동동기가 시간제노동 청소년의 문제행동에 유의미한 영향력을 지니는 것으로 나타났다. 남학생의 문제행동 가능성이 높다는 결과는 일반 청소년들을 대상으로 한 연구결과와 유사한 것으로 볼 수 있으며, 노동동기의 경우 '성장동기'가 높을수록 문제행동은 낮아진다는 결과를 볼 수 있다. 이는 단지 돈을 버는 것을 목적으로 하기보다는 자신의 미래를 위한 투자, 또는 타인을 돕기 위한 노동은 보다 유익한 경험이 될 수 있음을 의미하는 것이라 해석할 수 있을 것이다. 또한 돈을 버는 같은 경우라도 노동을 하게 된 동기에 따라 행동양식이나 소비형태에 차이가 있으며, 성장동기를 지닌 청소년의 경우 금전적 여유가 생기고 유해환경에 노출될 경우라도 문제행동의 빈도를 보일 확률이 적은 비행위험성이 낮은 집단임을 의미하는 것이라 볼 수 있다.

## 제6절 적응에 대한 노동특성 변인들의 상대적 영향력 분석

앞서 5절에서는 개인적 변수들을 통제한 가운데 개별적인 노동특성 모형이 지니는 영향에 대한 가설을 검증하였다. 그러나 이러한 개별 모형들에 대한 분석결과는 다른 모형의 상대적 영향력이 통제되지 않은 상태에서 이루어진 것으로, 각 개별 변인들의 영향력을 통제한 가운데 시간제노동 청소년들의 적응에 가장 중요한 영향을 미치는 변인은 무엇인지 상대적인 영향력을 분석해 볼 필요가 있다.

이에 본 연구에서는 연구문제로 설정하지는 않았지만 탐색적 수준

164

에서 변인들 간의 상대적 영향력을 파악하기 위해 시간제노동 학교청
소년들의 학교적응, 심리적응, 행동적응에 미치는 노동 특성들의 영향
력에 대한 위계적 회귀분석을 실시하였다. 위계적 회귀분석은 하나 또
는 몇 개의 변수를 군(block)으로 묶은 뒤, 일련의 순서를 따라 투입
해가면서 각 변인군의 추가에 따른 설명력 증가량을 확인하는 방식으
로 설명력 변화량의 통계적 유의도 및 상대적 설명력을 확인하는 데
적절한 통계방법이라 할 수 있다(이인재, 이선우, 류진석, 1997).

본 연구에서는 인구학적 개인적 변수만으로 이루어진 모델 I, 개인적
특성에 노동 양적 특성을 함께 투입한 모델 II, 개인적 특성, 노동 양적
특성, 노동 내적 특성을 함께 투입한 모델 III, 개인적 특성, 노동 양적 특
성, 노동 내적 특성에 노동 환경적 특성을 추가로 투입한 모델 IV, 개인적
특성, 노동 양적 특성, 노동 내적 특성, 노동 환경적 특성에 노동-학업
간 갈등 변수를 추가한 모델 V, 개인적 특성, 노동 양적 특성, 노동 내적
특성, 노동환경적 특성, 노동-학업 간 갈등에 노동관련 지지 특성을 추
가 투입한 모델 VI의 회귀분석 결과를 종합적으로 비교분석하였다[26][27].

## 1. 학교적응 수준에 대한 노동특성 변인들의 상대적 영향력

시간제노동 학교청소년의 학교적응 수준에 대해 각 모형들이 지니
는 상대적 영향력을 비교하기 위해 모델 I에서 모델 VI까지 회귀분

---

26) 노동 양적 특성은 제로섬 모델, 노동 내적 특성은 요구-통제 모델, 노
동 환경적 특성은 스트레스 이론, 역할갈등은 정체성 갈등 이론을 대변
하는 것으로 설명할 수 있다.
27) 위계적 회귀분석에서 변인군을 투입하는 순서는 이론적 배경이나 연구
자의 목적에 따른 논리적 근거에 의해 결정할 수 있는 것으로 설명된다
(Cohen & Cohen, 1983).

석을 실시하였으며, 각 모델의 회귀식은 다음과 같다.

모델 Ⅰ : $Y_1 = a+b_1X_1+b_2X_2+b_3X_3+b_4X_4+b_5X_5$

모델 Ⅱ : $Y_1 = a+b_1X_1+b_2X_2+b_3X_3+b_4X_4+b_5X_5+b_6X_6+b_7X_7b$

모델 Ⅲ : $Y_1 = a+b_1X_1+b_2X_2+b_3X_3+b_4X_4+b_5X_5+b_6X_6+b_7X_7b+b_8X_8+b_9X_9$

모델 Ⅳ : $Y_1 = a+b_1X_1+b_2X_2+b_3X_3+b_4X_4+b_5X_5+b_6X_6+b_7X_7b+b_8X_8+b_9X_9+b_{10}X_{10}+b_{11}X_{11}$

모델 Ⅴ : $Y_1 = a+b_1X_1+b_2X_2+b_3X_3+b_4X_4+b_5X_5+b_6X_6+b_7X_7b+b_8X_8+b_9X_9+b_{10}X_{10}$
$+b_{11}X_{11}+b_{12}X_{12}$

모델 Ⅵ : $Y_1 = a+b_1X_1+b_2X_2+b_3X_3+b_4X_4+b_5X_5+b_6X_6+b_7X_7b+b_8X_8+b_9X_9+b_{10}X_{10}$
$+b_{11}X_{11}+b_{12}X_{12}+b_{13}X_{13}+b_{14}X_{14}+b_{15}X_{15}$

$Y_1$: 학교적응

$X_1$: 성별(더미)*          $X_2$: 학년                    $X_3$: 경제수준

$X_4$: 학교계열(더미)**     $X_5$: 노동 성장동기          $X_6$: 주당 노동시간

$X_7$: 총 노동 기간         $X_8$: 노동 부담              $X_9$: 노동자율성

$X_{10}$: 사고경험          $X_{11}$: 부당대우 경험        $X_{12}$: 노동-학업 간 갈등

$X_{13}$: 고용주의 지지     $X_{14}$: 노동관련 부모지지    $X_{15}$: 노동관련 학교지지

* 성별의 기준변수는 남자     ** 학교계열의 기준변수는 인문계

학교적응 수준에 대하여 시간제노동 특성 변인들을 위계적으로 투입한 분석결과는 〈표 4-21〉과 같다.

우선 시간제노동 청소년의 학교적응에 있어 개인적 특성 모델이 지니는 설명력은 9.9%이며, 성별과 학교계열이 유의미한 영향력을 지니는 것으로 나타났다.

두 번째 노동 양적 특성을 함께 투입한 모델 Ⅱ에서 모델의 설명력은 14.3%로 개인적 모델에 비해 4.4% 증가하였으며, 설명력 증가량은 $p\langle.05$ 수준에서 유의미하였다. 노동 양적 특성 중 주당 노동시간이 부적으로 유의미한 영향력을 나타내어 노동시간이 증가한 만큼 학교에의 몰입수준이 떨어짐을 설명한 제로섬 관점을 뒷받침해준다.

세 번째 노동내용 특성 변인을 추가로 투입한 모델 Ⅲ에서의 모델 설명력은 20.5%로 모형 Ⅱ에 비해 6.2% 증가하였고, 설명력 증가량은

p<.01 수준에서 유의미하였다. 노동 내적 특성 중 노동자율성은 학교적응 수준에 정적인 영향을 미치는 것으로 나타나 자율성이 보장되고 학습과 연계될 수 있는 특성을 지닌 노동경험은 학교적응에 긍정적 영향을 미칠 수 있음을 보여준다. 한편 내적 특성이 추가됨으로써 개인적 특성 중 성별 요인의 영향력이 사라짐을 볼 수 있는데, 이는 성별에 따라 종사하는 시간제노동의 내적 특성에 차이가 있음을 의미하는 것이라 해석할 수 있을 것이다.

네 번째 노동환경 특성 변인을 추가시킨 모델 IV에서의 모델 설명력은 21.4%로 모델 III에 비해 0.9%의 미약한 증가량을 보였으며, 설명력 증가 유의도도 나타나지 않았다. 개별 모형 분석에서도 사고경험이나 부당대우 경험과 같은 노동의 환경적 특성은 이들의 학교적응 수준에 직접적인 영향을 미치지 못하는 것으로 설명한 바 있다.

다섯째, 역할갈등 요인을 추가 투입한 모형 V에서는 회귀모형의 설명력이 23.9%로 모델 IV에 비해 2.5%의 증가량을 보였고, 설명력 증가량은 p<.05 수준에서 유의미하였다. 노동-학업 간 갈등은 학교적응 수준에 부적으로 유의미한 영향을 미치는 것으로 나타나 두 가지 영역에서의 정체성 갈등으로 인해 적응 수준이 떨어짐을 설명한 정체성 갈등 이론을 뒷받침해준다.

여섯째, 사회적 지지 특성요인을 추가로 투입한 모형 VI의 모형 설명력은 28.2%로 모델 V에 비해 설명력이 4.3% 증가하였으며, 설명력 증가량은 p<.05 수준에서 유의미하였다.

사회적 지지 세 가지 요인 중 유의미한 영향을 나타낸 것은 노동관련 학교의 지지로 노동경험 청소년들에게 있어 학교의 지지는 학교적응 수준을 높여주는 긍정적 작용을 할 수 있는 것으로 보인다.

〈표 4-21〉 노동특성 변인들이 시간제노동 청소년의 학교적응 수준에 미치는 상대적 영향력

| 독립변인 | | 모델 I | | 모델 II | | 모델 III | | 모델 IV | | 모델 V | | 모델 VI | |
|---|---|---|---|---|---|---|---|---|---|---|---|---|---|
| | | B | β | B | β | B | β | B | β | B | β | B | β |
| 인구학적 변인 | 성별(=여자) | 4.519 | .188* | 3.980 | .161* | 3.152 | .128 | 2.927 | .117 | 3.481 | .139 | 3.590 | .141 |
| | 학년 | -2.537 | -.095 | -.641 | -.023 | .319 | .011 | .780 | .027 | 1.475 | .052 | 1.495 | .052 |
| | 경제수준 | .899 | .066 | .604 | .044 | 1.155 | .085 | 1.381 | .100 | 1.222 | .089 | .795 | .058 |
| | 학교계열(=실업계) | -5.788 | -.241** | -5.752 | -.233** | -5.567 | -.226** | -6.120 | -.245** | -5.930 | -.237** | -5.465 | -.216** |
| | 성적등기 | 1.432 | .090 | 1.697 | .107 | .681 | .043 | .258 | .016 | -.121 | -.008 | -.049 | -.003 |
| 노동 양적 특성 변인 | 주당노동시간 | | | -.214 | -.223** | -.185 | -.192* | -.187 | -.192* | -.159 | -.163* | -.161 | -.164* |
| | 노동 기간 | | | .002 | .024 | .001 | .010 | .003 | .030 | .004 | .044 | .007 | .071 |
| 노동 내적 특성 변인 | 노동부담 | | | | | -.263 | -.082 | -.179 | -.054 | .017 | .005** | -.112 | -.033 |
| | 노동자율성 | | | | | .558 | .284*** | .590 | .298*** | .523 | .264 | .377 | .189** |
| 노동 환경 변인 | 사고경험 | | | | | | | -.175 | -.048 | -.151 | -.041 | -.199 | -.054 |
| | 부당행위 경험 | | | | | | | -.164 | -.056 | -.048 | -.016 | -.044 | -.015 |
| 역할갈등 변인 | 노동-학업 간 갈등 | | | | | | | | | -.286 | -.203* | -.292 | -.204* |
| | 고용주의 지지 | | | | | | | | | | | -.002 | -.001 |
| 노동관련 지지 변인 | 노동에 대한 부모지지 | | | | | | | | | | | .243 | .088 |
| | 노동에 대한 학교지지 | | | | | | | | | | | .970 | .221** |
| 상수 | | 53.997*** | | 57.840*** | | 46.143*** | | 48.456*** | | 56.513*** | | 52.074*** | |
| F | | 4.947*** | | 4.597*** | | 5.310*** | | 4.559*** | | 4.759*** | | 4.641*** | |
| adjusted R² | | .099 | | .143 | | .205 | | .214 | | .239 | | .282 | |
| adjusted R² 변화량 | | | | .044* | | .062** | | .009 | | .025* | | .043* | |

* p<.05, ** p<.01, *** p<.001

　노동자율성이나 노동-학업 간 갈등 변수도 유의미한 영향력을 나타내고 있음을 감안할 때 학교로부터 부여받는 사회적 지지는 노동청소년들로 하여금 긍정적인 노동경험과 학교생활을 상호연계시키고 학생으로서의 정체성을 유지할 수 있도록 하는 데 긍정적 영향을 미칠 수 있을 것으로 보인다.

　노동경험 학교청소년의 학교적응에 대한 여러 변인들의 상대적 영향력을 살펴보면, '노동 내적 특성' 변인의 설명력이 6.2%로 가장 크게 나타나 지금까지 노동경험 유무나 노동시간과 같은 노동경험의 양적 특성만을 다루어 온 선행연구들의 한계를 보여준다. 이는 단순히 얼마나 노동을 하느냐보다는 어떠한 성격의 노동을 하는지 그 내적 특성을 살피는 것이 중요함을 보여주는 결과라 하겠다.

　그 밖에 노동 양적 특성 변인(4.4%), 노동관련 사회적 지지(4.3%), 노동-학업 간 갈등(2.5%) 순으로 높은 설명력을 보여, 시간제노동 청소년의 학교적응 수준 하락을 방지하기 위해서는 지나친 장시간 동안의 노동을 규제하고, 이들에게 충분한 사회적 지지를 부여하는 한편, 노동과 학업 간의 갈등을 최소화시키기 위한 노력이 필요함을 알려준다.


## 2. 심리정서문제에 대한 노동특성 변인들의 상대적 영향력

　시간제노동 학교청소년의 심리적응 수준에 있어 각 모형들이 지니는 상대적 영향력을 비교하기 위해 모델 I에서 모델 VI까지 회귀분석을 실시하였으며, 각 모델의 회귀식은 다음과 같다.

모델 Ⅰ : $Y_2$ = $a+b_1X_1+b_2X_2+b_3X_3+b_4X_4+b_5X_5$

모델 Ⅱ : $Y_2$ = $a+b_1X_1+b_2X_2+b_3X_3+b_4X_4+b_5X_5+b_6X_6+b_7X_7b$

모델 Ⅲ : $Y_2$ = $a+b_1X_1+b_2X_2+b_3X_3+b_4X_4+b_5X_5+b_6X_6+b_7X_7b+b_8X_8+b_9X_9$

모델 Ⅳ : $Y_2$ = $a+b_1X_1+b_2X_2+b_3X_3+b_4X_4+b_5X_5+b_6X_6+b_7X_7b+b_8X_8+b_9X_9+b_{10}X_{10}+b_{11}X_{11}$

모델 Ⅴ : $Y_2$ = $a+b_1X_1+b_2X_2+b_3X_3+b_4X_4+b_5X_5+b_6X_6+b_7X_7b+b_8X_8+b_9X_9+b_{10}X_{10}$
$+b_{11}X_{11}+b_{12}X_{12}$

모델 Ⅵ : $Y_2$ = $a+b_1X_1+b_2X_2+b_3X_3+b_4X_4+b_5X_5+b_6X_6+b_7X_7b+b_8X_8+b_9X_9+b_{10}X_{10}$
$+b_{11}X_{11}+b_{12}X_{12}+b_{13}X_{13}+b_{14}X_{14}+b_{15}X_{15}$

$Y_2$: 심리정서문제

| | | |
|---|---|---|
| $X_1$: 성별(더미)* | $X_2$: 학년 | $X_3$: 경제수준 |
| $X_4$: 학교계열(더미)** | $X_5$: 노동 성장동기 | $X_6$: 주당 노동시간 |
| $X_7$: 총 노동 기간 | $X_8$: 노동 부담 | $X_9$: 노동자율성 |
| $X_{10}$: 사고경험 | $X_{11}$: 부당대우 경험 | $X_{12}$: 노동-학업 간 갈등 |
| $X_{13}$: 고용주의 지지 | $X_{14}$: 노동관련 부모지지 | $X_{15}$: 노동관련 학교지지 |

* 성별의 기준변수는 남자    ** 학교계열의 기준변수는 인문계

심리정서문제에 대하여 시간제노동 특성 변인군을 위계적으로 투입한 분석결과는 〈표 4-22〉와 같다.

우선 개인적 특성모형인 모델 Ⅰ과 노동 양적 특성을 추가한 모델 Ⅱ의 경우 F값 유의도가 나타나지 않아 회귀식이 적절하지 않은 것으로 나타났다. 앞서 개별모형 검증에서도 통제변수인 개인적 특성 변수와 노동의 양적 특성 변수들은 심리적응 수준에 유의미한 영향을 미치지 않는 것으로 나타난 바 있다.

모델 Ⅱ에 노동의 내적 특성 변인을 추가로 투입한 모델 Ⅲ의 경우 설명력은 5.1%로, 추가된 변인으로 인해 5.1%의 설명력 증가량을 보였다. 이러한 변화는 p<.01 수준에서 유의미하였다. 노동 내적 특성인 노동부담과 노동자율성은 모두 유의미한 영향력을 지니는 것으로 나타나 노동의 조건이 노동자의 심리적 적응 수준에 영향을 미치는 현상에 대해 설명한 요구-통제 이론의 유용성을 뒷받침해준다.

다음 모델 Ⅲ에 노동 환경적 특성을 추가한 모델 Ⅳ의 설명력은

9.0%로 이전 모델에 비해 3.9%의 설명력이 증가하였음을 확인할 수 있다. 이러한 설명력 증가량은 p<.05 수준에서 유의미하였다. 노동환경 변인 중 부당행위 경험은 심리정서문제에 정적으로 유의미한 영향을 미치는 것으로 나타났다. 한편, 모델 Ⅲ에서 유의미하게 나타났던 변수인 노동부담은 모델 Ⅳ에서 그 유의미성이 사라졌는데 이는 노동부담이 스트레스적인 노동환경 변인과 관련되었기 때문인 것으로 보인다.

모델 Ⅳ에 역할갈등 변수를 추가 투입한 모델 Ⅴ에서의 회귀모형 설명력은 13.7%로 모델 Ⅳ에 비해 4.7%의 설명력 증가를 나타냈다. 이러한 변화는 p<.05 수준에서 유의미함을 볼 수 있다. 노동-학업 간 갈등은 심리정서문제를 증가시키는 유의미한 변수로 나타났으며, 이를 통해 정체성 갈등 이론의 유용성을 확인할 수 있다. 한편 모델 Ⅳ에서 유의미한 영향력을 나타냈던 노동자율성 변수는 유의미성이 사라졌음을 볼 수 있는데 이를 통해 노동자율성과 노동-학업 간 갈등의 관련성을 추측해 볼 수 있다.

마지막으로 사회적 지지 변인을 추가시킨 모델 Ⅴ 회귀모형의 설명력은 11.3%로 모델 Ⅳ에 비해 오히려 설명력이 감소했음을 확인할 수 있다. 즉 사회적 지지는 노동경험 청소년들의 심리정서문제에 대한 설명력을 지니지 못하는 것으로 나타났다. 개별 모형 분석에서는 고용주의 지지가 심리정서문제를 완화시키는 방향으로 유의미한 영향을 미쳤으나, 다른 변수들과 함께 투입하였을 때 이러한 영향력은 통제된 것으로 보인다.

〈표 4-22〉 노동특성 변인들이 시간제노동 청소년의 심리정서문제에 미치는 상대적 영향력

| 독립변인 | | 모델 I B | β | 모델 II B | β | 모델 III B | β | 모델 IV B | β | 모델 V B | β | 모델 VI B | β |
|---|---|---|---|---|---|---|---|---|---|---|---|---|---|
| 인구학적 변인 | 성별(=여자) | 1.671 | .107 | 1.317 | .082 | 1.583 | .098 | 1.830 | .113 | 1.287 | .079 | 1.117 | .069 |
| | 학년 | -1.404 | -.081 | -.123 | -.062 | -1.899 | -.104 | -1.964 | -.107 | -2.353 | -.128 | -1.854 | -.101 |
| | 경제수준 | -.919 | -.102 | -.935 | -.105 | -1.000 | -.112 | -1.221 | -.137 | -1.113 | -.125 | -.928 | -.106 |
| | 학교계열(=실업계) | 1.996 | .127 | 1.614 | .101 | 1.611 | .100 | 1.530 | .094 | 1.424 | .088 | 1.238 | .077 |
| | 성장동기 | .547 | .054 | .430 | .042 | .726 | .072 | .874 | .086 | 1.173 | .115 | 1.176 | .114 |
| 노동 양적 특성 변인 | 주당노동시간 | | | .014 | .022 | .000 | .000 | -.007 | -.012 | -.037 | -.058 | -.036 | -.057 |
| | 노동 기간 | | | .004 | .061 | .005 | .082 | .004 | .069 | .003 | .043 | .003 | .042 |
| 노동 내적 특성 변인 | 노동부담 | | | | | .383 | .185* | .249 | .116 | .075 | .035 | .018 | .008 |
| | 노동자율성 | | | | | -.230 | -.182* | -.221 | -.176* | -.167 | -.133 | -.111 | -.090 |
| 노동 환경 변인 | 사고경험 | | | | | | | .048 | .020 | .034 | .014 | .058 | .024 |
| | 부당행위 경험 | | | | | | | .426 | .223** | .324 | .170* | .380 | .199* |
| 역할갈등 변인 | 노동-학업 간 갈등 | | | | | | | | | .249 | .268** | .228 | .246** |
| 노동관련 지지 변인 | 고용주의 지지 | | | | | | | | | | | -.052 | -.066 |
| | 노동에 대한 부모지지 | | | | | | | | | | | -.009 | -.005 |
| | 노동에 대한 학교지지 | | | | | | | | | | | -.090 | -.034 |
| 상수 | | 29.371*** | | 29.770*** | | 31.886*** | | 28.011*** | | 20.925*** | | 21.562** | |
| F | | 1.801 | | .975 | | 1.922* | | 2.339* | | 2.971** | | 2.222*** | |
| adjusted R² | | .021 | | .000 | | .051 | | .090 | | .137 | | .113 | |
| adjusted R² 변화량 | | | | -.021 | | .051** | | .039* | | .047* | | -.024 | |

* p<.05, ** p<.01, *** p<.001

결과적으로 노동특성 변인군들이 심리적응 수준에 대해 지니는 설명력의 상대적 크기를 살펴보면 노동의 내적 특성 변인의 설명력이 5.1%로 가장 높고, 다음은 역할 갈등(4.7%), 노동환경 변인(3.9%) 순임을 확인할 수 있다.

'노동 내적 특성'이 심리적응 수준에 대해 가장 높은 설명력을 지니는 변인으로 나타난 것은 이들이 어떤 성격의 노동을 하느냐와 같은 노동의 '질적 측면'을 고려하는 것이 중요함을 다시 한번 강조해준다. 또한 청소년들의 노동경험이 심리적응에 미치는 영향을 설명하는 데 있어 요구-통제 모델의 유용성을 뒷받침해 준다. 또한 청소년기 주요 스트레스 요인인 역할갈등으로서의 노동-학업 간 갈등과 사고나 부당행위를 경험하게 되는 부정적 노동환경 요인도 일상적 스트레스 수준을 가중시킴으로써 노동경험 청소년들의 심리정서문제를 증대시키는 것을 볼 수 있다. 이러한 결과는 정체성 갈등 이론 및 스트레스 적응 이론을 뒷받침하는 것으로 설명할 수 있다.

## 3. 행동문제에 대한 노동특성 변인들의 상대적 영향력

시간제노동 학교청소년의 행동적응 수준에 있어 각 모형들이 지니는 상대적 영향력을 비교하기 위해 모델 I에서 모델 VI까지 회귀분석을 실시하였으며, 각 모델의 회귀식은 다음과 같다.

모델 I : $Y_3 = a+b_1X_1+b_2X_2+b_3X_3+b_4X_4+b_5X_5$

모델 II : $Y_3 = a+b_1X_1+b_2X_2+b_3X_3+b_4X_4+b_5X_5+b_6X_6+b_7X_7b$

모델 III : $Y3 = a+b_1X_1+b_2X_2+b_3X_3+b_4X_4+b_5X_5+b_6X_6+b_7X_7b+b_8X_8+b_9X_9$

모델 IV : $Y_3 = a+b_1X_1+b_2X_2+b_3X_3+b_4X_4+b_5X_5+b_6X_6+b_7X_7b+b_8X_8+b_9X_9+b_{10}X_{10}+b_{11}X_{11}$

모델 V : $Y_3 = a+b_1X_1+b_2X_2+b_3X_3+b_4X_4+b_5X_5+b_6X_6+b_7X_7b+b_8X_8+b_9X_9+b_{10}X_{10}$
$\qquad\qquad +b_{11}X_{11}+b_{12}X_{12}$

모델 VI : $Y_3 = a+b_1X_1+b_2X_2+b_3X_3+b_4X_4+b_5X_5+b_6X_6+b_7X_7b+b_8X_8+b_9X_9+b_{10}X_{10}$
$\qquad\qquad +b_{11}X_{11}+b_{12}X_{12}+b_{13}X_{13}+b_{14}X_{14}+b_{15}X_{15}$

$Y_3$: 행동문제

| | | |
|---|---|---|
| $X_1$: 성별(더미) | $X_2$: 학년 | $X_3$: 경제수준 |
| $X_4$: 학교계열(더미) | $X_5$: 노동 성장동기 | $X_6$: 주당 노동시간 |
| $X_7$: 총 노동 기간 | $X_8$: 노동 부담 | $X_9$: 노동자율성 |
| $X_{10}$: 사고경험 | $X_{11}$: 부당대우 경험 | $X_{12}$: 노동-학업 간 갈등 |
| $X_{13}$: 고용주의 지지 | $X_{14}$: 노동관련 부모지지 | $X_{15}$: 노동관련 학교지지 |

\* 성별의 기준변수는 남자　　\*\* 학교계열의 기준변수는 인문계

　행동문제에 대하여 시간제노동 특성 변인군을 위계적으로 투입한 분석결과는 〈표 4-23〉과 같다.

　우선 시간제노동 청소년의 행동문제에 영향을 미치는 개인적 특성 모형의 설명력은 4.2%로 나타났으며, 이 모형에서는 성별과 성장동기 가 유의미한 변수로 나타나 남자이고 성장동기가 낮을수록 문제행동 이 높아짐을 보여준다.

　두 번째, 개인적 특성과 함께 노동 양적 특성 변인을 투입한 모델 II에서는 모델 설명력이 9.2%로 개인적 특성 모형에 비해 설명력이 5.0% 증가하였으며, 이러한 변화량은 p<.01 수준에서 유의미한 것으로 나타났다. 주당 노동시간은 행동문제에 정적으로 유의미한 영향을 미 치는 변수로 나타나 노동의 양이 증가할수록 이외의 영역발달에 부정 적 영향을 미침을 설명한 제로섬 모델을 뒷받침해준다.

〈표 4-23〉 노동특성 변인들이 시간제노동 청소년의 행동문제에 미치는 상대적 영향력

| 독립변인 | | 모델 I B | 모델 I β | 모델 II B | 모델 II β | 모델 III B | 모델 III β | 모델 IV B | 모델 IV β | 모델 V B | 모델 V β | 모델 VI B | 모델 VI β |
|---|---|---|---|---|---|---|---|---|---|---|---|---|---|
| 인구학적 변인 | 성별(=여자) | -1.984 | -.207** | -1.619 | -.165* | -1.673 | -.170* | -1.557 | -.158* | -1.733 | -.176* | -1.805 | -.181* |
| | 학년 | .699 | .066 | .007 | .001 | -.001 | .000 | -.021 | -.002 | -.171 | -.016 | -.535 | -.048 |
| | 경제수준 | -.284 | -.052 | -.127 | -.024 | -.074 | -.014 | -.128 | -.024 | -.099 | -.018 | -.033 | -.006 |
| | 학교계열(=실업계) | .715 | .074 | -.267 | -.027 | -.303 | -.031 | .075 | .008 | .029 | .003 | .313 | .031 |
| | 성장동기 | -.889 | -.143* | -1.101 | -.178* | -1.243 | -.202* | -.946 | -.154* | -.846 | -.137* | -1.017 | -.159* |
| 노동 양적 특성 변인 | 주당노동시간 | | | .094 | .246** | .093 | .243** | .079 | .207** | .070 | .181* | .073 | .189* |
| | 노동 기간 | | | .006 | .161 | .006 | .159 | .004 | .111 | .004 | .095 | .002 | .055 |
| 노동 내적 특성 변인 | 노동부담 | | | | | .034 | .027 | -.084 | -.064 | -.146 | -.112 | -.102 | -.076 |
| | 노동자율성 | | | | | .042 | .055 | .038 | .051 | .056 | .074 | .018 | .024 |
| 노동 환경 변인 | 사고경험 | | | | | | | .257 | .175* | .253 | .173* | .265 | .180* |
| | 부당행위 경험 | | | | | | | .233 | .198* | .200 | .170* | .206 | .176* |
| 역할갈등 변인 | 노동-학업 간 갈등 | | | | | | | | | .085 | .152 | .109 | .192* |
| | 고용주의 지지 | | | | | | | | | | | .110 | .226* |
| 노동관련 지지 변인 | 노동에 대한 부모지지 | | | | | | | | | | | -.038 | -.036 |
| | 노동에 대한 학교지지 | | | | | | | | | | | -.196 | -.120 |
| 상수 | | 14.466*** | | 14.030*** | | 12.922** | | 8.678* | | 6.323 | | 4.290 | |
| F | | 2.649* | | 3.264** | | 2.458* | | 3.163*** | | 3.170** | | 3.013*** | |
| adjusted R² | | .042 | | .092 | | .078 | | .139 | | .150 | | .173 | |
| adjusted R² 변화량 | | | | .050** | | -.014 | | .061** | | .011 | | .023 | |

* p<.05, ** p<.01, *** p<.001

세 번째, 개인적 특성과 노동 양적 특성 및 노동의 내적 특성을 동시투입한 모델 Ⅲ에서의 모델 설명력은 7.8%로 모델 Ⅱ에 비해 설명력이 오히려 감소하였음을 확인할 수 있다. 노동부담이나 노동자율성과 같은 노동의 내적 특성은 학교적응과 심리적응에 있어서는 영향력이 큰 변인으로 나타났으나 문제행동에는 영향을 미치지 못하는 것을 알 수 있다.

네 번째, 모델 Ⅲ에 노동환경 특성을 추가로 투입한 모델 Ⅳ의 경우 회귀모형의 설명력은 13.9%로 모델 Ⅲ에 비해 6.1% 증가하였으며, 설명력 증가량은 p<.01 수준에서 유의미하였다. 노동 환경 변수인 사고경험과 부당행위 경험은 모두 노동경험 청소년의 행동문제에 정적으로 유의미한 영향을 미치는 것으로 나타나 스트레스 적응 이론의 설명을 뒷받침해준다.

다섯째, 역할갈등 요인을 추가 투입한 모델 Ⅴ에서는 회귀모형의 설명력은 15.2%로 모델 Ⅳ에 비해 1.3%의 증가량을 보여주었으나, 이러한 변화량은 유의도를 지니지 않아 역할갈등 변인은 행동문제에 대한 설명력을 지니지 않은 것으로 나타났다. 개별 분석모형에서 노동-학업 간 갈등은 유의미한 영향을 나타내는 변수였지만, 다른 변수들과 동시 투입되었을 때 그 영향력은 통제되는 것으로 보인다.

마지막으로, 사회적 지지 특성 요인을 추가 투입한 모델 Ⅵ에서는 회귀모형의 설명력이 17.3%로 모델 Ⅴ에 비해 2.1% 증가하였으나, 설명력 증가량은 유의성을 지니지 않아 행동문제에 대해 사회적 지지 특성은 설명력을 지니지 않는 것으로 나타났다. 개별 변수들 중 고용주 지지는 문제행동에 정적으로 유의미한 영향력을 지니는 것으로 나타나는데 이는 고용주가 실질적인 지지 역할을 수행하기보다는 성인문화 전수의 역할을 수행할 가능성이 높기 때문인 것으로 설명한 바 있다. 또한 모델 Ⅴ에서 유의미하지 않게 나타났던 노동-학업 간 갈등 변수가 모델 Ⅵ에서 유의미성을 지니는 변수로 나타나, 노동-학업 간 갈등과 사회적 지지 변인이 연관성을 지니고 있음을 추측할 수 있게 해준다.

변인군의 추가에 따른 설명력 증가량을 통해 시간제노동 청소년의 행동적응 수준에 대한 각 변인군의 설명력을 비교해보면, '노동 환경 특성' 변인의 설명력이 6.1%로 가장 큰 것을 확인할 수 있다. 이는 노동경험 청소년의 행동적응을 설명하는 데에는 스트레스-적응 이론의 유용성이 크다는 것을 의미하며, 이들의 문제행동을 완화시키기 위해서는 열악한 환경적 처우를 개선하는 것이 시급함을 보여준다.

두 번째로 높은 설명력을 보이는 변인은 '노동 양적 특성'(5.0%) 변인으로 나타났다. 이를 볼 때 지나치게 강도 높은 노동은 그 자체로 노동 스트레스가 되고 학교에의 몰입 감소로 통제기제가 사라지게 됨으로써 문제행동을 증가시키는 것으로 볼 수 있다. 노동 양적 특성 변인은 학교적응에 있어서도 두 번째로 높은 설명력을 지닌 변수로 나타난 바 있음을 볼 때 장시간의 강도 높은 노동을 실질적으로 규제할 수 있는 방안이 필요할 것으로 보인다.

종합적으로 살펴보면, 적응 유형에 따라 노동관련 변인군에 따른 설명력은 차이를 나타내고 있으며, 노동경험 청소년들에 대한 보다 효과적인 개입 방안을 마련하기 위해서는 이러한 점을 반드시 고려해야 할 것이다.

# 제5장 결 론

# 제1절 분석결과 요약 및 논의

현재 우리사회 상당수의 학교청소년들이 시간제노동에 참여하고 있지만 '노동이란 학생의 본분에 어긋나는 것'이라는 사회적 인식으로 인해 열악한 노동환경 속에서 법적 제도적 보호를 제대로 받고 있지 못하며, 아직까지 이들에 대한 체계적인 분석마저 제대로 이루어지 못하고 있는 실정이다. 청소년의 노동참여에 대해 이를 규제해야 한다는 '보호권'적 관점과 보다 좋은 노동환경을 만들어 주는 방향으로 적극 대응해가야 한다는 '발달권'적 관점이 대립하고 있는 시점에서, 실제 시간제노동 청소년들은 어떤 특성을 지닌 집단이며 이들은 노동을 통해 어떠한 경험을 하고 있는지, 그리고 그러한 경험은 이들에게 어떠한 영향을 미치는지에 대한 면밀한 파악이 이루어져야 할 필요성이 크다. 이러한 문제의식에 의거하여 본 연구는 시간제노동 학교청소년들을 대상으로 이들의 노동경험 실태와 그것이 미치는 영향에 대해 구체적으로 파악하고자 하였다.

지금까지 대부분의 선행연구들은 노동경험 여부, 노동시간 같은 단일한 측면만을 다루었다는 점에서 한계를 지니므로, 본 연구는 노동경험의 내용에 초점을 두어 그것이 청소년들의 학교생활 측면, 심리정서적 측면, 행동적 측면에 총체적으로 어떠한 영향을 미치는지에 대해 분석하였다. 시간제노동 학교청소년의 적응에 영향을 미치는 노동경험의 스트레스 및 사회적 지지 측면에 대해 설명한 '스트레스-적응 모델', 시간제노동 학교청소년의 경우 노동과 학업의 양 영역에서 정체성의 갈등을 느끼게 된다는 점을 설명한 '정체성 이론', 노동의 내용이 노동자의 심리적 측면에 영향을 미치는 과정에 대해 설명한 '요구 – 통제 모델'이 본 연구의 이론적 기반이 되었다.

본 연구는 서울시에 소재한 15개 고등학교에 재학 중인 1,059명의 학생을 대상으로 노동경험에 대해 조사하였다. 조사방법은 자기보고식 설문조사를 이용하였으며, 학교계열 및 성별을 고려하여 표본을 추출하였다.

우선 시간제노동 청소년들이 노동을 통해 어떠한 경험을 하는지 살펴보았으며, 노동경험을 지닌 청소년의 특성이 노동경험이 없는 청소년과 어떻게 다른지를 검토하였다. 그 결과는 다음과 같이 정리된다.

첫째, 상당수의 고등학교 학생들이 장시간의 강도 높은 노동을 경험하고 있는 것으로 나타났다. 본 조사는 최근 1년 사이 지속적으로 한 달 이상 노동경험을 지닌 학생들을 연구 대상으로 하였으며, 이에 해당하는 학생은 조사대상자의 19.0%인 201명으로 나타났다. 학교계열별로는 인문계 고등학생의 12.6%, 실업계 고등학생의 42.1%가 이에 해당하며, 상당수가 중학교 이전부터 노동을 시작하는 것으로 나타났다. 또한 이들은 평균적으로 일주일에 24.5시간 노동을 하고 있으며, 30시간 이상 노동을 하는 경우도 31.5%에 달하였다. 이는 강도 높은 노동으로 인해 적응에 부정적 영향이 우려되는 수준이라고 볼 수 있다.

둘째, 청소년들의 시간제노동 환경은 열악한 특성을 지닌 것으로 나타났다. 이들은 대부분 단조로운 작업 위주의 서비스직에 종사하고 있으며, 노동경험 학생의 75.6%가 노동을 하면서 사고나 부당한 대우를 당하는 것과 같은 스트레스적 사건을 경험하는 것으로 나타났다. 또한 이들의 절반 정도가 계약서나 부모동의서를 작성하지 않은 채 일을 하고 있으며, 최저임금에도 못 미치는 저임금을 받거나 제한된 시간 이상으로 노동을 하는 등 법적 조항에 위배되는 경우도 적지 않

은 것으로 드러났다. 이러한 열악한 노동조건은 실업계 청소년들에게
서 보다 더 극명하게 드러나, 실업계 학생들의 경우 더 많은 시간 노
동을 하면서 더 많은 사고와 부당대우를 경험하는 한편 임금수준은
낮다는 것을 확인할 수 있다.

셋째, 노동경험 청소년들은 전반적으로 가정의 경제적 수준이 낮고
노동경험을 지니지 않은 청소년에 비해 학교적응 및 행동적응 수준이
낮은 것으로 나타났다. 노동경험 청소년과 노동경험을 지니지 않은 청
소년들을 비교해본 결과 가계소득, 주관적인 경제계층, 부모의 교육
수준 등 경제수준과 관련된 수치들이 상대적으로 낮게 나타났다. 학
업보다 일을 선호하고, 경제적 이유로 일을 해야만 하는 상황은 학
교중도탈락의 10대 원인으로 보고되고 있으며(Bearden, Spencer &
Moracco, 1989), 노동경험 청소년들의 실제 학교적응 수준 또한 비노
동경험 청소년에 비해 낮게 나타나는 결과를 볼 때 노동경험 청소년
의 학교적응 하락을 예방하기 위해 각별한 주의를 기울여야 할 것으
로 보인다. '빈곤'이라는 것은 그 자체로 대상을 취약하게 만드는 주요
한 원인이 되며, 나아가 이들은 학교적응과 행동적응 영역에서 적응수
준이 유의미하게 낮은 집단임이 밝혀진바, 시간제노동 청소년들에 대
한 사회복지적 개입이 필요함을 알 수 있다.

다음으로는 노동경험 특성들이 시간제노동 청소년들의 적응 수준에
어떠한 영향을 미치는지 검토하였다. 구체적으로 시간제노동 학교청소
년의 학교적응, 심리적응, 행동적응에 영향을 미칠 것으로 상정한 요
인들은 주당 노동시간, 노동 기간, 노동부담, 노동자율성, 노동 중 사
고를 당한 경험, 부당대우를 받은 경험, 노동-학업 간 갈등, 고용주로
부터의 지지, 노동에 대한 부모의 지지, 노동에 대한 교사의 지지였으
며, 이들이 세 가지 적응 수준에 미칠 것으로 예상되는 바를 가설로

설정한 뒤 회귀분석을 통해 이를 검증하였다.

가설 검증 결과는 다음 〈표 5-1〉과 같다.

### 〈표 5-1〉 가설검증 결과

| 연구가설 | 검증결과 |
|---|---|
| 〈가설 1-1〉 주당 노동시간이 길수록 학교적응 하락 | 지지 |
| 〈가설 1-2〉 주당 노동시간이 길수록 심리정서문제 증가 | 기각 |
| 〈가설 1-3〉 주당 노동시간이 길수록 행동문제 증가 | 지지 |
| 〈가설 2-1〉 노동 기간이 길수록 학교적응 하락 | 기각 |
| 〈가설 2-2〉 노동 기간이 길수록 심리정서문제 증가 | 기각 |
| 〈가설 2-3〉 노동 기간이 길수록 행동문제 증가 | 기각 |
| 〈가설 3-1〉 노동 부담이 클수록 학교적응 하락 | 기각 |
| 〈가설 3-2〉 노동 부담이 클수록 심리정서문제 증가 | 지지 |
| 〈가설 3-3〉 노동 부담이 클수록 행동문제 증가 | 기각 |
| 〈가설 4-1〉 노동자율성이 높을수록 학교적응 상승 | 지지 |
| 〈가설 4-2〉 노동자율성이 많을수록 심리정서문제 감소 | 지지 |
| 〈가설 4-3〉 노동자율성이 많을수록 행동문제 감소 | 기각 |
| 〈가설 5-1〉 사고경험이 많을수록 학교적응 하락 | 기각 |
| 〈가설 5-2〉 사고경험이 많을수록 심리정서문제 증가 | 기각 |
| 〈가설 5-3〉 사고경험이 많을수록 행동문제 증가 | 지지 |
| 〈가설 6-1〉 부당대우경험이 많을수록 학교적응 하락 | 기각 |
| 〈가설 6-2〉 부당대우경험이 많을수록 심리정서문제 증가 | 지지 |
| 〈가설 6-3〉 부당대우경험이 많을수록 행동문제 증가 | 지지 |
| 〈가설 7-1〉 노동-학업 간 갈등이 높을수록 학교적응 하락 | 지지 |
| 〈가설 7-2〉 노동-학업 간 갈등이 높을수록 심리정서문제 증가 | 지지 |
| 〈가설 7-3〉 노동-학업 간 갈등이 높을수록 행동문제 증가 | 지지 |
| 〈가설 8-1〉 고용주의 지지가 높을수록 학교적응 상승 | 기각 |
| 〈가설 8-2〉 고용주의 지지가 많을수록 심리정서문제 감소 | 지지 |

| 연구가설 | 검증결과 |
|---|---|
| 〈가설 8-3〉 고용주의 지지가 많을수록 행동문제 감소 | 기각 |
| 〈가설 9-1〉 노동관련 부모의 지지가 높을수록 학교적응 상승 | 기각 |
| 〈가설 9-2〉 노동관련 부모의 지지가 높을수록 심리정서문제 감소 | 기각 |
| 〈가설 9-3〉 노동관련 부모의 지지가 높을수록 행동문제 감소 | 기각 |
| 〈가설 10-1〉 노동관련 학교의 지지가 높을수록 학교적응 상승 | **지지** |
| 〈가설 10-2〉 노동관련 학교의 지지가 높을수록 심리정서문제 감소 | 기각 |
| 〈가설 10-3〉 노동관련 학교의 지지가 높을수록 행동문제 감소 | 기각 |

첫째, 시간제노동 학교청소년의 학교적응 수준에 영향을 미치는 노동관련 요인은 주당 노동시간, 노동자율성, 노동-학업 간 갈등, 노동에 대한 학교의 지지로 나타났다. 자율적인 노동환경, 노동에 대한 학교의 지지는 학교적응 수준에 긍정적 영향을 미칠 수 있는 반면, 주당 노동시간이 길고, 노동-학업 간 갈등을 느낄 경우 학교적응 수준은 하락하는 것으로 나타났다. 또한 학교적응에 대한 노동관련 특성 변인들의 설명력을 비교해본 결과 '노동 내적 특성 변인'의 설명력이 가장 크게 나타나 양질의 노동경험은 학교적응에 긍정적 영향을 미칠 수 있음을 알려준다.

둘째, 시간제노동 학교청소년의 심리정서문제에 영향을 미치는 노동관련 요인은 노동부담, 노동자율성, 부당행위 경험, 고용주의 지지, 노동-학업 간 갈등으로 나타났다. 즉 부담이 큰 힘든 노동, 부당행위를 경험하는 것, 노동-학업 간 갈등을 많이 느끼는 경우 심리정서문제가 증가하는 것으로 나타나며, 반면 자율적인 노동, 고용주의 지지는 심리정서문제를 완화시키는 작용을 할 수 있는 것으로 보인다. 변인들 간 설명력을 비교한 결과 시간제노동 청소년의 심리정서문제에 있어서도 '노동 내적 특성 변인'의 설명력이 가장 높게 나타나 노동의 양적 특성보다도 노동의 질적 특성의 중요함을 알려준다. 이를 볼 때 부담이 적고 자율성이 보장되는 노동 조건을 조성해주는 노력이 필요함을 알 수 있다.

셋째, 시간제노동 학교청소년의 행동문제에 영향을 미치는 노동관련 요인은 주당 노동시간, 노동부담, 사고경험, 부당대우 경험, 고용주의 지지, 노동-학업 간 갈등으로 나타났다. 주당 노동시간이 길고, 노동 부담이 크며, 사고경험과 부당대우를 많이 경험할수록, 또한 노동-학업 간 갈등이 많고 고용주의 지지가 높을수록 문제행동은 증가하는 것으로 나타났다. 고용주의 지지는 오히려 행동문제를 증대시키는 역할을 수행하는 것으로 나타나 노동현장에 대한 감독과 규제가 제대로 이루어지지 않고 있음을 보여준다. 한편 변인들 간 설명력을 비교한 결과 시간제노동 청소년의 문제행동에 가장 큰 설명력을 지니는 것은 '노동환경 변인'으로, 부당대우와 사고를 경험하도록 만드는 노동환경은 이들을 문제행동으로 이끄는 강력한 요인임을 알 수 있다.

넷째, 노동-학업 간 갈등은 세 가지 적응 영역 모두에 유의미한 영향을 미치는 것으로 나타났다. 이를 볼 때 청소년들의 총체적인 적응 수준을 향상시키기 위해서는 이들의 노동 영역과 학교 영역 간 갈등을 감소시키기 위한 노력이 중요함을 알 수 있다. 이를 위해 청소년들이 감당하기 어려운 부담이 큰 노동업종을 제한하고 내용상 학업과 조화를 이룰 수 있는 시간제노동을 발굴하여 노동이 필요한 청소년들에게 연결시켜 주며, 그 내용을 계속적으로 감독하는 동시에 스스로 학생이라는 정체성을 유지해갈 수 있도록 카운슬링을 제공하는 것이 도움이 될 것으로 보인다.

다섯째, 부모의 지지는 세 가지 적응 영역 중 어디에도 유의미한 영향을 미치지 못하는 것으로 나타났다. 부모들은 자녀의 노동에 비교적 허용적인 태도를 지닌 것으로 조사되었지만, 실질적으로 이들의 적응 수준에는 별 영향을 미치지 못하는 것으로 나타났다. 선행연구들은 노동경험 청소년에게 있어 부모의 지지는 그들의 경험이 어떠한 의미를 지니게 될지를 결정하는 중요한 요인인 것으로 보고하고 있으나 (Phillips & Sandstrom, 1990; 한경혜, 2000) 우리나라의 경우 많은 청소년들이 부모 몰래 일을 하고 있어 실질적인 도움을 받지 못하거나 그렇지 않은 경우라도 부모의 지지는 큰 영향을 미치지 못하고 있는 것으로 보인다. 청소년 노동경험에 대한 부모의 관심을 이끌어내기 위한 노력이 필요할 것으로 보인다.

마지막으로 연구결과들을 종합적으로 볼 때 적응 수준에 따라 각기 다른 노동변인들이 영향을 미치고 있음을 확인할 수 있었다.

학교적응과 심리적응의 경우 노동 내적 특성 변인들이 가장 큰 설명력을 지니고 있는 것으로 나타나 청소년 시간제노동 경험이 단지 노동유무나 노동의 양적 특성만으로 설명할 수 있는 문제가 아니며, 이들이 어떠한 경험을 하고 있는지 그 내용을 살피는 것이 중요함을 보여주었다. 즉 어떤 노동을 경험하느냐에 따라 노동경험은 긍정적으로도 부정적으로도 작용할 수 있는 것으로 나타나 현재 청소년들의 시간제노동에 대해 무조건적으로 부정적인 시각을 지니는 것은 옳지 않음을 보여준다.

한편 행동적응 수준에 있어서는 사고경험이나 부당대우 경험과 같은 노동환경 변인의 설명력이 가장 큰 것으로 나타났다. 앞서 실태에 대한 조사 결과 노동경험 청소년의 75.6%가 노동 중 사고 또는 부당대우를 경험한 적이 있음을 볼 때, 노동경험 청소년의 문제행동 가능성을 막기 위해서는 이 같은 열악한 환경을 개선하기 위한 노력이 시급하다고 할 수 있다. 또한 노동경험과 적응수준의 선후관계 분석에서 노동을 경험하기 이전부터 문제행동 성향을 지닌 학생들이 노동을 선택할 확률이 높다는 문제행동에 대한 노동경험의 선택효과(selection effect) 가능성이 확인된 만큼, 노동경험과 문제행동의 악순환 되지 않도록 노동환경을 개선하고 문제행동을 방지하기 위한 조치가 이루어져야 할 것이다.

청소년들의 노동참여가 계속적으로 증가하고 있는 지금의 현실에서 이를 막으려고만 하는 접근은 적절치 않다고 할 수 있다. 무엇보다 이들이 바람직한 노동환경 속에서 양질의 노동을 경험할 수 있도록 사회적 차원에서의 노력이 필요한 시점이라 할 수 있다.

# 제2절 연구의 함의

## 1. 이론적 함의

첫째, 일정 기간 이상의 노동경험을 지닌 청소년들을 대상으로 노동경험이 이들의 적응 수준에 미치는 영향에 대해 실질적인 분석을 수행하였다. 지금까지 청소년의 노동경험을 다룬 국내연구들은 실태파악에 주안점을 두어 한 번이라도 노동경험을 한 학생들을 모두 연구대상에 포함시켰으나, 노동경험의 영향을 다루는 데 있어 일회적 단기적인 노동경험을 지닌 청소년들과 장기적인 노동경험 청소년들을 동일집단으로 간주하는 것은 적절치 않은 것으로 판단된다. 이에 본 연구에서는 한 달 이상 지속적인 노동경험을 지닌 청소년 집단만을 대상으로 하여 노동경험이 미치는 영향에 대해 보다 실질적인 분석을 실행하였다.

둘째, 청소년 시간제노동 경험을 다룬 선행연구들이 대부분 노동경험 유무, 노동 양적 특성에 따른 영향을 분석한 것에서 벗어나 본 연구에서는 노동의 다양한 특성들을 대상으로 그것이 청소년들의 적응수준에 미치는 영향력을 검증하였다. 지금까지의 선행연구들은 노동경험 청소년과 비노동경험 청소년을 나누어 이들의 특성을 비교하거나 주당 노동시간이란 한 가지 변수에 대하여 그것이 청소년들에게 미치는 영향을 보았기 때문에 상황에 따라 각기 다른 연구결과가 나타났으며, 노동의 특성들을 포괄적으로 바라보지 못하는 한계를 지니고 있었다. 이에 본 연구는 노동의 다양한 특성들이 청소년의 학교적응, 심리적응, 행동적응이라는 측면에 어떠한 영향을 미치는지 폭넓게 검증해 내었다는 점에서 의미를 갖는다.

셋째, 시간제노동 학교청소년의 정체성 갈등에 주목하여 노동과 학업의 갈등이 이들의 전반적인 적응 수준에 영향을 미침을 확인하였다. 가설을 검증한 결과 노동과 학업의 갈등은 세 가지 적응 영역 모두에 유의미한 영향을 미치는 변수로 나타났다. 정체성 갈등이론은 본래 성인들의 직장과 가정에서의 역할갈등을 설명하는 데에 활용되기 시작해 여타 영역으로 적용되어 왔으며 청소년들의 일과 학업의 갈등을 다루는 데에도 유용성이 검증된 바 있다. 본 연구 결과는 그러한 논의를 더욱 확장시켰다는 점에서 의미를 지닌다. 또한 노동경험 청소년의 적응 수준을 유지시키기 위해서는 이들이 학생으로서의 정체성을 유지하고 학교에 대한 몰입을 잃지 않도록 원조해야 한다는 개입지점을 확인할 수 있었다.

넷째, 요구-통제 이론에 기반하여 시간제노동이 적응 수준에 미치는 영향에 대해 분석한 결과 노동의 내적 특성이 지니는 설명력을 확인하였다. 선행연구들에서는 노동의 질적 측면에 주의를 기울여야 함을 강조하고 있으면서도 실질적으로는 대부분 노동경험 유무나 노동시간과 같은 양적 측면만을 다룬 한계를 지니고 있었다. 이에 본 연구는 Karasek(1979)의 요구-통제 모델을 기반으로 노동의 질적 측면을 다룬 결과 학교적응과 심리적응 측면에서 노동의 내적 특성이 설명력을 지님을 확인하였으며, 이러한 설명력은 노동의 양적 측면보다도 큰 것으로 나타났다. 이는 주로 성인의 노동을 대상으로 적용되었던 요구-통제 모델이 청소년의 시간제노동에도 적용 가능함을 보여주는 것으로 이론적 활용성을 확장시켰다는 의의를 지님과 동시에 시간제노동 청소년의 적응 수준을 높이기 위하여 노동의 내용적 측면에 개입할 기반을 마련했다는 점에서 그 의미가 크다.

다섯째, 스트레스 적응 모델을 적용하여 청소년 시간제노동 경험의 스트레스적 측면과 노동관련 사회적 지지가 적응에 미치는 영향을 설명해 내었다. 발달적 어려움을 지닌 청소년기에 시간제노동을 경험함으로써 겪게 되는 노동과 학업 간의 역할갈등, 또한 사고나 부당대우 같은 부정적 사건을 경험하는 것은 이들의 적응에 부정적 영향을 미치는 스트레스적 요인으로 작용하는 것으로 나타났다. 또한 스트레스와 적응의 매개요인으로서의 학교와 고용주의 지지는 시간제노동 청소년의 적응에 긍정적 영향을 미치는 요인임을 확인하였다.

마지막으로, 청소년 시간제노동이 이들의 적응 수준에 미치는 영향은 부정적이라고만은 볼 수 없으며, 어떠한 노동을 하는지 그 내용에 따라 적응에 긍정적 영향을 미칠 수 있음을 확인하였다. 이는 현재 청소년 시간제노동에 대해 우리 사회가 지니고 있는 전반적인 부정적 시각을 전환시켜줄 수 있는 계기가 된다는 점에서 그 의미가 크다. 소비욕구가 높거나 문제성향을 지닌 청소년들이 시간제노동을 하는 것이라는 부정적 시각을 가지고 이들을 열악한 노동조건에 방치할 경우,

청소년들은 실제 노동을 통해 아무것도 배우지 못한 채 스트레스적 경험을 통해 부정적 영향을 입을 수 있지만, 이들에게 적극적으로 다가가 좋은 조건 속에서 긍정적 경험을 할 수 있는 노동조건을 만들어 주는 경우 노동은 청소년들의 성장을 위한 유익한 경험이 될 수 있을 것으로 보인다. 청소년들이 학생으로서의 정체성을 잃지 않는 범위에서 노동을 통한 유익한 점들을 취할 수 있는 방안을 마련해야 할 것이며, 이처럼 노동의 긍정적 측면을 찾아 최대화시키기 위한 기본 전제를 마련하였다는 점에서 본 연구의 의의를 찾을 수 있다.

## 2. 실천적 함의

시간제노동 학교청소년에 대한 실천적 함의는 학교, 가정, 노동 현장이라는 세 가지 영역을 대상으로 도출할 수 있다.

### 1) 학 교

본 연구는 시간제노동 학교청소년의 적응 수준에 미치는 노동경험 특성의 부정적 영향을 최소화하기 위해 이들이 노동과 학업 간 갈등 속에서 학생으로서의 정체성을 유지하도록 하는 것이 중요함을 설명하였다. 이렇게 볼 때 시간제노동 학교청소년에 대한 개입은 학교를 기반으로 학교 내에서 이루어지는 것이 바람직하며 이와 관련하여 다음과 같은 방안들을 제안할 수 있다.

첫째, 청소년 시간제노동에 대한 학교와 교사의 인식전환이 필요하다. 본 연구결과 노동에 대한 학교의 지지는 시간제노동 청소년들의 학교적응 수준을 증진시키는 데 영향력이 큰 변수로 나타났다. 이는 청소년 노동을 인정하지 않고 이를 제한하는 대처방식은 바람직하지 못함을 보여주는 것이며, 학교와 교사는 청소년들의 노동경험이 학교생활과 조화를 이룰 수 있도록 원조하는 동시에 노동현장에서 어려움을 당했을 때 보호 역할을 수행할 수 있는 지원자가 되어야 할 것으로 보인다.

둘째, 학생들에게 노동에 대한 교육과 정보를 제공해야 한다.

본 연구에서는 노동경험 청소년 중 약 52%가 부당한 대우를 경험한 것으로 나타났다. 이에 비해 청소년들이 연소자 근로조건에 대한 법적 규정을 인지하고 있는 비율은 7.2%에 불과한 것으로 보고되고 있다(청소년보호위원회, 2004). 이는 근로조건 규정에 관해 교육을 받을 기회가 없기 때문으로, 그나마 실업계 학생의 경우 실습 등을 통해 노동에 대해 인지할 기회가 있지만 인문계 학생의 경우 학교로부터 교육을 받을 기회는 전혀 없다고도 할 수 있다. 이 때문에 많은 경우 청소년들은 자신의 권리가 침해당하고 있다는 사실조차 모르거나 부당한 대우를 받고서도 제대로 대처를 하지 못하는 것으로 나타난다. 기본법령에서 보장되는 기본적 노동권리, 최소임금이나 노동 제한시간, 고용계약서 작성의 필요성 등에 대해 인지하도록 하는 한편, 부당대우 경험 시 대처하거나 신고하는 방법에 대해 사전적으로 교육을 제공할 필요가 있다.

셋째, 학생들이 올바른 노동가치관을 가지도록 지도해야 한다.

본 연구에서 노동에 대한 성장동기는 행동문제를 완화시키는 변수로 나타났으며, 이렇게 볼 때 노동의 가치, 돈의 가치 등에 대해 인식하고, 자신의 미래와 관련하여 현재의 노동참여에 대해 생각해 볼 기회를 제공하는 것은 중요한 의미를 가짐을 알 수 있다. 이러한 교육을 통해 자신의 미래를 생각할 때 현재 가장 중요한 것이 무엇이며, 노동을 경험하는 것이 어떤 의미를 지니는지 판단할 수 있다면, 현재의 쾌락을 유보하는 인내를 가질 수 있을 것이며 노동경험 속에서도 자신의 진로와 연결시킬 수 있는 유익한 부분을 취할 있을 것으로 보인다. 이처럼 자신의 가치관과 미래를 탐색하도록 하는 과정이 노동에 참여하기 이전 청소년 초기 단계부터 이루어져야 할 것이다.

넷째, 일터와 연관하여 학교의 개입이 필요하다.

실업계 학생의 경우 현장실습 과정이 있기는 하지만 이러한 경험을 배움과 적절하게 연결시키지 못하는 것으로 나타나며, 이는 현장의 열악함과 아울러 학교로부터의 적절한 지도와 감독이 부족하다는 데서 원인을 찾을 수 있다. 학교가 일터를 통해 학생들의 노동경험에 직접적으로 개입할 경우 학생들에 대한 실질적인 보호역할을 수행할 수 있을 것이며, 학생들로 하여금 노동을 학교생활과 연관지어 생각할 수 있게 함으로써 학생으로서의 정체성을 유지시키고, 업무와 학업을 상호보완적으로 연계시킬 수 있도록 하는 데 도움이 될 것으로 보인다 (Stone et al., 1990).

다섯째, 위와 같은 역할을 총체적으로 수행하기 위해서는 학교사회복지제도를 활용하는 것이 매우 효과적일 것으로 보인다. 연구결과 청소년 시간제노동에는 다양한 맥락이 얽혀 있는 것으로 나타나며, 노동경험 청소년에 대한 실질적 개입을 위해서는 무엇보다 학교를 기반으로 하는 지원이 효과적임을 확인하였다. 이렇게 볼 때 학교사회복지사는 학교에 대한 몰입과 애착 수준을 유지시켜 주기 위해 학교 내에서 이들의 문제를 함께 고민하고, 보호해주며, 지지해주는 역할을 효과적으로 수행할 수 있을 것으로 보인다.

학교사회복지사는 구체적으로 다음과 같은 일들을 수행할 수 있다.

192

우선 학기 초 학생들에 대한 욕구조사 및 상담을 통해 노동을 하고 있는 학생, 노동이 필요할 것으로 판단되는 학생 등에 대해 구체적으로 파악할 수 있다. 실질적인 서비스를 제공하기 위해서는 일차적으로 현재 노동을 하고 있는 학생들은 누구이며, 나아가 노동에 대한 학생들의 욕구는 어떠한지, 가정형편 등으로 인해 실제 노동을 해야 할 필요성이 높은 학생들은 누구인지 개입대상을 파악해야 하는 것이다.

둘째, 노동경험 학생들을 대상으로 개인 및 집단 수준의 상담서비스를 제공할 수 있다. 본 연구에서 노동경험 청소년들의 전반적인 적응 수준은 비노동경험 청소년들에 비해 상대적으로 낮게 나타났으며, 이들의 적응 수준을 유지시키기 위해서는 노동-학업 간 갈등을 완화시키는 것이 중요한 변수임을 확인하였다. 이를 위해 학교사회복지사는 노동경험 청소년들의 전반적인 생활문제에 대한 개별적 상담을 제공하는 한편 학생으로서의 정체성을 잃지 않도록 관심을 기울이고 학교생활에 피해를 입히지 않는 한도 내로 노동경험의 한계를 제시할 수 있다. 나아가 집단 프로그램을 실시함으로써 이들이 노동을 하면서 겪는 어려움과 이에 대한 해결방안에 대해 논의하고 노동을 통해 얻은 경험을 또래들과 공유함으로써 그 안에서 노동이 지닌 다양한 의미와 가치를 찾을 수 있도록 지도할 수 있다.

셋째, 노동현장에서 부당한 처우를 당하는 학생들을 위해 적극적인 보호자 역할을 수행할 수 있다. 많은 청소년들이 노동을 하면서 부당한 대우를 경험하고 있지만 이에 대해 제대로 대처하지 못하고 있는 것으로 나타난다. 이는 법적 권리에 대한 지식이 부족하여 부당대우임을 모르거나, 알더라도 실질적으로 도움을 요청할 곳이 없기 때문이라 할 수 있다. 또한 부모 몰래 노동을 하고 있기 때문에 부모로부터 실질적인 보호를 받기 어려운 경우도 상당수인 것으로 나타난다. 학교사

회복지사는 노동경험 학생들에 대한 적극적 보호자로서 부당한 처우
에 대항하여 청소년의 법적 권리를 주장할 수 있으며, 청소년들에게
노동권리와 부당대우에 대한 대처방법 등을 인지시키는 역할을 수행
할 수 있을 것이다.

넷째, 지역사회와 협력하여 노동현장에 대한 관리를 수행할 수 있
다. 평소 지역사회의 기관들과 협조함으로써 양질의 일자리를 발굴하
고 노동이 꼭 필요한 청소년들에게 이를 연결시켜 줄 수 있으며, 노동
현장과 연계함으로써 이들의 노동경험이 학교생활과 조화를 이룰 수
있도록 원조할 수 있다. 지역사회복지관과의 연계는 이러한 작업을 보
다 효율적으로 수행할 수 있도록 하는 데 도움이 될 것으로 보인다.

그 밖에도 학교사회복지사는 일반학생 모두를 대상으로 가치관탐색
이나 진로탐색 등의 프로그램을 실시하여 건전한 노동 가치관과 노
동에 대한 성장동기를 지닐 수 있도록 지도하고, 노동에 관한 법적 규
정과 부당 대우에 대한 대처방법 등에 대해 교육을 실시함으로써 청
소년들의 노동경험이 보다 긍정적 의미를 지니고 부당한 처우를 경험
하지 않도록 예방 기능을 수행할 수 있다.

이처럼 학교사회복지사는 생태체계적 시각을 바탕으로 시간제노동
학생 개인에 대한 개입은 물론, 학교의 전반적인 인식 전환, 가정과의
연계, 지역사회 내 노동현장과의 연계를 통해 시간제노동 학교청소년
의 적응수준 향상을 위한 역할을 효과적으로 수행해낼 수 있을 것으
로 보인다.

## 2) 가 정

본 연구 결과 부모의 지지는 노동경험 청소년의 적응수준에 유의미

한 영향을 미치지 못하는 것으로 나타났다. 노동경험 청소년의 부모들은 자녀가 스스로 용돈을 번다는 데 대해 크게 반대하고 있지는 않지만, 이들이 노동을 통해 어떤 경험을 하는지에 대해선 별로 관심을 가지지 않는 것으로 보인다. 하지만 청소년들의 노동경험은 부모의 인식이 어떠하냐에 따라 그 의미가 크게 달라지는 것으로 나타나며, 청소년들이 어떠한 노동을 얼마나 해야 할지 결정하고 노동경험을 해석하는 과정에 있어서도 부모의 역할은 매우 중요한 의미를 지니는 것으로 설명된다(Bronfenbrenner, 1986). 부모의 계속적인 관심은 청소년들이 노동을 하면서 부당 대우를 당하는 것과 같은 스트레스적 사건을 경험하지 않도록 보호해주는 기제이며, 자녀에게 직업, 돈, 사회생활 등에 대해 올바른 가치관을 가질 수 있도록 지도하는 기회를 제공할 수 있다.

부모가 구직과정에서 도움을 줄 경우 그 노동은 청소년들에게 유익한 영향을 미칠 수 있는 것으로 나타나며, 가정에서의 관심은 노동경험 자체는 물론이며 노동을 통해 얻은 대가를 소비하는 단계에까지 중요한 영향을 미칠 수 있는 것으로 보고된다(Manning, 1990; Hansen & Javis, 2000). 많은 청소년들이 소비의 방법에 대해 모르기 때문에 갑자기 큰돈이 생긴다는 것 자체를 노동경험의 문제점으로 지적하고 있으며(한경혜, 2000), 이러한 점을 볼 때 부모는 소비 방법을 교육하는 데 있어서 매우 중요한 역할을 수행할 것으로 보인다. 나아가 소비교육의 연장선상에서 저축, 용돈관리, 미래계획 등 경제전반에 대한 교육 기회를 마련할 수도 있을 것이다.

또한 부모는 청소년들이 노동경험을 통해 정상적인 자율성(autonomy) 발달을 획득할 수 있도록 도와야 한다. 청소년기 자율성 획득은 정상적인 발달과제의 하나로, 노동경험은 부모로부터의 경제적 심리적 독립을 촉진한다는 점에서 중요한 의미를 지닌다. 부모의 격려와 관심이 있을 때 청소년들은 노동경험을 통해 자립심과 자율성 성장을 경험할 수 있으며, 이 경우 노동경험은 청소년들로 하여금 부모와 어른세계에 대한 이해를 깊게 만들고 부모와 자녀 간 대화거리를 제공함으로써 관계를 돈독히 하는 기회를 마련할 수 있다. 반면 미성숙한 독립성은 부모-자녀 간 불화를 일으키며 이 경우 다른 영역에 대한 부모의 감독 통제까지도 약화시킴으로써 문제행동 등의 가능성이 높아질 수 있는 것으로 나타난다. 청소년기 노동경험이 이들의 자율성 획득을 위한 긍정적인 계기가 될 수 있도록 부모의 관심과 지도가 절실히 필요한 시점이라 하겠다.

### 3) 노동현장

조사를 통해 현재 청소년들의 노동환경은 매우 열악한 상태임을 확인하였으며, 이 같은 여건을 변화시키기 위해서는 무엇보다 노동시간, 임금 등에 대해 엄격히 규제하고 부당한 대우가 발생했을 때 담당자를 처벌할 수 있는 법적 제도적 장치를 강화해야 할 것이다. 또한 노동현장의 일부 고용주나 성인들의 경우 청소년들을 저임금으로 활용할 수 있는 대상으로 인식하여 착취하려 하는 지금의 세태는 반드시 사라지도록 해야 한다.

청소년들에게 있어 시간제노동은 처음 사회생활을 경험하는 기회로서 이들의 가치관 형성에 지대한 영향을 미칠 수 있고, 노동현장에서 만나는 성인은 청소년들의 인생에 영향을 미칠 수 있는 부모, 교사 다음의 의미 있는 성인이 될 수 있는 것으로 보고된다(Greenberger et al., 1981). 또한 노동현장은 빈곤이나 가출 등의 고위험(high risk)을 지닌 청소년들을 만날 수 있는 곳으로 이들에 대한 개입을 수행할 수 있는 효과적인 개입지점이 될 수 있다(김지혜, 2005). 이러한 점을 볼 때 고용주는 청소년들에게 멘터(mentor)의 역할을 수행할 수 있는 영향력 있는 존재로서 의미를 지닌다고 볼 수 있을 것이다. 그러나 본 연구에서 고용주의 지지는 시간제노동 청소년들의 문제행동에 정적인 영향을 미치는 것으로 나타나고 있는 바 이는 고용주나 노동현장의 감독자가 이들에게 있어 의미 있는 성인으로서의 역할을 수행하지 못하며 오히려 성인문화 전수역할을 수행하고 있는 것으로 해석된다. 고용주의 인식을 제고시키기 위한 정부차원의 교육 및 지원방안이 요구되며, 노동현장에서도 청소년들이 지닐 수 있는 노동과 학업 간의 갈등을 인식하고 학업에 지장을 최소화할 수 있도록 배려하는 자세가 필요할 것으로 보인다.

노동현장에서의 부당행위를 근절하기 위해 노동 청소년들을 대하는 성인 한 사람 한 사람이 사회의 어른으로서 모범을 보일 수 있어야 할 것이며, 무엇보다 청소년 노동에 대한 전체 사회의 부정적인 인식이 변화해야 할 것이다.


## 3. 정책적 함의

첫째, 청소년 불법고용과 부당대우에 관한 처벌규정을 강화함으로써 실질적으로 노동 청소년에 대한 부당대우와 인권침해가 근절되도록 해야 한다. 앞서 확인하였듯이 각종 노동관련 부당대우들은 청소년들의 적응에 부정적 영향을 미치고 있는 것으로 나타나며, 이를 볼 때 부당대우를 근절할 수 있는 보다 강도 높은 처벌 규정이 이루어져야 함을 알 수 있다. 무엇보다 청소년들의 탈선을 조장할 수 있는 유흥업소나 성매매 관련 업종에서의 불법취업에 대한 처벌을 강화해야 한다. 즉 청소년들의 노동경험에 대한 실질적인 이해에 바탕을 둔 법적 규정이 마련되어야 할 것으로 보이며, 그러한 법 규정의 내용에 대해 알리는 작업이 청소년과 고용주 양측을 대상으로 이루어져야 할 것이다.

둘째, 시간제노동 청소년에 대한 현행 법령들이 현실적으로 실행될 수 있도록 재정비되어야 한다. 현재 청소년 고용에 대한 법령을 살펴보면, 근로기준법에서 연소자로서의 고용보호에 관한 내용과(62조-75조) 단시간 근로자로서의 지위(21조, 25조)에 대한 내용이 전부이며, 선언적이고 모호한 표현으로 구체적이지 못한 문제점을 지닌다. 또한 연령과 시간제한, 부모 동의서 비치 등에 대한 이러한 규정들은 앞서 확인하였듯이 현실적으로 제대로 이행되고 있지 않은 실정이다. 법률적 규제로 인해 청소년 노동시장이 협소화됨으로써 오히려 불법적인 취업이 증가하고 있으며, 행정절차를 통해 부분적 허가를 인정하는 등 절차의 까다로움은 노동관련 법령에 대한 이해를 어렵게 만들며 오히려 이를 이용한 탈법적인 고용 착취가 초래되고 있다. 실효성 있는 법률로의 개정, 나아가 청소년 노동에 대한 보호권뿐만 아니라 이들의 '노동권'을 보장해 줄 수 있는 실질적인 법안이 마련되어야 할 것으로 보인다.

셋째, 건전한 시간제노동 일자리를 지원하고 이들을 부당한 피해로부터 보호해 줄 수 있는 공신력 있는 기관을 설립해야 한다. 현재처럼 많은 청소년들이 노동을 하려는 의지를 가지고 있는 상태에서 광고지나 비공식적 네트워크에 의존하여 이루어지는 구직과정은 이들이 유해한 직종에 접근할 수 있는 위험을 가중시키고 있다. 보다 공식화된 구인구직 중간창구를 마련하여 청소년들로 하여금 적성을 고려하여 업종을 선택할 수 있도록 하는 동시에 불법 고용으로부터 이들을 보호할 수 있는 제도적 장치가 필요한 실정이다. 현재 몇몇 인터넷 사이트를 통해 아르바이트 구직과 일자리 알선이 이루어지고 있지만 정확한 정보가 제공되지 않은 채 오히려 불법적 고용 통로로 악용되고 있다는 사례를 볼 때(한겨레신문 2005. 8. 7) 보다 공신력 있는 기관에서 이를 담당하여 운영해야 할 필요성이 크다. 즉 청소년 노동현장에서 발생하는 부당행위에 대한 고발상담 접수 및 처리 기능을 효과적으로 수행하고 노동 청소년들의 권익을 향상시키기 위해서는 공신력 있는 정부기관에서 이를 담당하는 것이 바람직할 것이다.

넷째, 청소년들에게 교육적 효과를 최대화시킬 수 있는 다양한 직종의 시간제노동을 개발해야 한다. 조사결과에서 보았듯이 현재 청소년들은 교육적 효과를 기대하기 힘든 단순작업이 주를 이루는 제한적인 직종에 주로 종사하고 있지만, 그러한 상황에서도 청소년들은 나름대로 기술활용과 창의성 발휘 같은 긍정적 의미를 찾아내어 경험하고 있으며, 이 경우 시간제노동 경험은 청소년들의 적응에 긍정적 영향을 미칠 수 있는 것으로 나타났다. 이러한 결과는 좋은 환경에서의 보다 의미 있는 노동경험은 청소년들에게 훨씬 큰 교육적 효과를 지닐 수 있음을 의미한다 하겠다. 즉 청소년 노동시장의 열악성을 들어 이들의 노동참여를 제한하려 하기보다는 좋은 환경과 폭넓은 선택의 기회를 제공함으로써 노동에의 참여를 결정하는 데부터 대가를 제공받는 데까지 일련의 자립심을 경험하고, 나아가 자신의 미래와 진로에도 도움이 되는 의미 있는 경험이 될 수 있도록 제도적으로 뒷받침해야 할 것이다.

# 제3절 연구의 한계와 제언

## 1. 한 계

첫째, 본 연구는 횡단적 연구로써 노동경험 이전 청소년들이 지녔던 적응 상태를 통제하지 못했다는 한계를 지닌다. 특히 노동경험 청소년의 학교적응의 경우 학교부적응이 노동경험의 원인이 될 수 있어 선후관계를 설명하는 논리에 문제가 생길 수 있다. 이러한 문제를 보완하기 위해 본 연구에서는 선후관계를 검토하는 작업을 거쳤지만, 이는 노동경험 유무와 관련된 것으로 노동특성에 대해서도 선택적 편의도 발생할 수 있는 것으로 나타난다[28]. 노동경험이 적응에 미치는 영향을 이해하는 데 있어 이러한 한계를 감안해야 할 것이다.

둘째, 연구대상이 서울지역 고등학생으로 제한되었다는 한계를 지닌다. 본 연구는 서울지역으로 조사대상을 제한하였기 때문에 조사결과를 중소도시 및 농어촌 지역을 포함하여 일반화하기는 어려울 것으로 보인다. 또한 학교청소년의 시간제노동과 직업으로서의 청소년 노동은 노동시장 안에서 매우 다른 특성을 지니고 있음을 감안할 때 학교중도탈락 청소년이나 직업청소년을 포함하여 적용시키기에는 한계를 지닌다.

셋째, 보다 정확한 척도의 사용이 요구된다. 시간제노동 청소년에 대한 국내의 선행연구는 전무한 실정으로 본 연구에서는 외국의 척도

---

28) 학교적응 수준이 높은 학생들은 노동이 학업에 해가 되지 않는 선에서 노동시간을 스스로 조절 할 수 있으며(Finch & Mortimer, 1985), 자아효능감이 높은 학생들은 노동을 선택하는 데 있어 노동자율성 같은 특성을 고려하는 것으로 나타난다(Shanahan et al., 1991).

를 번역하거나 연구자가 직접 척도를 작성하여 사용한 경우가 많다. 이에 대해 보다 정교하고 정확한 척도가 요구되며, 특히 청소년 그리고 시간제노동 청소년이라는 대상에 알맞은 국내 척도의 개발이 필요하다고 하겠다.

넷째, 불법적인 청소년 시간제노동의 특징이 반영되지 않았을 수 있다. 본 연구결과를 살펴보면 시간제노동 청소년들이 종사한 직업으로 유흥업소나 성매매 등 불법적인 직업에의 종사자는 제대로 표집되지 못하였다. 이는 조사대상이 학생 청소년들이고 조사도 학교 교실에서 이루어졌기 때문에 이러한 업종에서의 경험이 제대로 반영되지 않았을 가능성이 크다.


## 2. 후속 연구를 위한 제언

첫째, 종단적 연구를 통해 학교적응과 노동경험의 전후관계에 대해 보다 명확히 분석할 필요가 있다. 연구의 한계에서 지적하였듯이 노동경험의 영향을 파악하기 위해서는 노동에 참여하기 이전의 적응수준을 통제한 상태에서 노동경험의 전후를 비교하는 방식으로 분석이 이루어져야 하며, 이를 위해서는 종단적 데이터가 필요하다. 나아가 노동경험의 영향은 단기적인 적응에의 영향뿐만 아니라 학교졸업 후 사회진출에 미치는 영향과 같이 장기적으로 미치는 영향도 중요하므로 이에 대해서도 관심을 가져야 할 필요가 있다. 이러한 연구가 가능하기 위해서는 장기적인 패널 데이터의 축적이 이루어져야 할 필요성이 크다.

둘째, 노동특성이 시간제노동 청소년의 적응 수준에 영향을 미치는 직간접적인 경로를 파악할 필요가 있다. 본 연구에서는 노동특성이 청소년들의 학교적응, 심리적응, 행동적응 측면에 직접적으로 미치는 영향을 파악하였다. 그러나 노동경험의 영향은 직접적으로 설명하기 힘든 부분이 있을 수 있다. 예를 들어 노동경험의 특성은 노동－학업 간 갈등을 매개로 하여 학교적응이나 심리적응에 영향을 미칠 수 있으며, 그러한 간접적인 경로가 직접적인 영향을 보는 것보다 더욱 적절한 설명이 될 수도 있는 것이다. 청소년 시간제노동에 대한 이론적 보완을 통해 노동경험 특성들이 청소년들의 적응에 미치는 직간접적인 영향에 대해 보다 정확히 파악하는 작업이 수행되어야 할 것이다.

셋째, 심리적응 수준에 대한 시간제노동 경험의 영향을 보다 면밀하게 파악할 필요가 있다. 시간제노동 청소년의 심리적응 수준은 노동경험을 지니지 않은 청소년에 비해 유의미하게 낮은 수준은 아닌 것으로 나타났다. 이는 노동경험을 하는 것 자체는 심리정서적 측면에 부정적 영향을 미치지 않는 것으로 해석할 수 있으며, 선후관계 분석에 의하면 노동경험은 심리정서 측면과 오히려 긍정적 관련성을 나타내어 이에 대해 면밀한 분석이 필요할 것으로 보인다. 즉 노동경험은 청소년들에게 어떠한 영향을 미치는지 보다 다양한 노동경험 변수를 통해 긍정적 영향의 가능성을 찾아 낼 수 있을 것으로 보인다.

넷째, 학교계열에 따른 노동경험 특성과 그 영향에 대해 다루어볼 필요가 있다. 시간제노동 특성과 그 영향은 학교계열에 따라 다르게 나타날 수 있다. 본 연구에서 보았듯이 시간제노동 참여 여부에는 학교계열에 따라 서로 다른 특성이 영향을 미치는 것으로 나타났으며, 노동경험 특성에 있어서도 학교계열 간 차이를 보였다. 이러한 점을 감안할 때 학교계열에 따라 청소년들은 노동을 통해 서로 다른 경험을 할 수 있을 것으로 보이며, 이러한 경험은 적응 수준에도 서로 다른 영향을 미칠 수 있을 것으로 보인다. 학교계열에 따라 노동경험이 미치는 영향을 구분하여 검토할 때, 보다 정확한 양상을 파악할 수 있으며 이러한 결과를 통해 학교계열에 따라 보다 적합한 개입방안 및 접근방식을 도출할 수 있을 것이다.

다섯째, 시간제노동 청소년들의 직종에 따른 특성을 파악하여 정리할 필요가 있다. 현재 청소년 시간제노동 직종은 매우 제한적이며 단순한 작업이 주를 이루는 것으로 나타나, 보다 새롭고 유익한 직종을 개발해낼 필요성이 크다. 이에 현재 시간제노동 직종 각각의 특성을 파악하는 것은 청소년들에게 보다 적합한 직종을 밝히고 새로운 직종을 발굴하는데 큰 도움이 될 것으로 보인다. 이러한 작업을 통해 시간제노동 청소년 개개인에게 적합한 직종을 연결시켜줌으로써 이들에게 보다 유익한 경험을 제공하는 한편 부적절한 직종을 금지함으로써 청소년들을 보호할 수 있는 것이다. 본 연구는 시간제노동 청소년의 적응에 초점을 두고 있기 때문에 노동의 특성을 직종별로 구분하여 조사하지 않았지만, 앞으로 청소년의 노동직종을 체계적으로 정리하고 이를 세분화하여 그 특성과 그것이 미칠 수 있는 영향을 밝히는 작업이 이루어질 필요가 있다.

여섯째, 청소년 시간제노동은 현대 사회 청소년 문화의 한 부분이라 할 수 있으며, 소비문화와 연계하여 이해할 수 있을 것으로 보인다. 노동 동기, 노동시장에의 진입, 노동경험, 결과로서의 소비에 대한 일련의 과정을 짚어볼 때 청소년 노동에 대한 이해의 폭이 한층 깊어질 것으로 보인다.

일곱째, 본 연구에서는 노동관련 사회적 지지의 적응에 대한 주 효과에 대해 주로 다루었으나, 완충효과에 대해서도 고찰할 필요가 있다. 이는 노동 스트레스를 완화시키기 위한 주요 개입지점을 마련할 수 있다는 점에서 중요한 의미를 지닌다.

# 참고문헌

〈국내문헌〉

김광웅 (2001). 청소년과 일. 한국청소년복지학회 춘계학술대회 자료집.

김두섭, 강남준 (2000). **회귀분석 기초와 응용.** 서울 : 나남출판사.

김양호 (1997). **맞벌이 가족 남성의 역할갈등에 관한 연구.** 성신여자대학교 박사논문.

김예성 (2004). 학교청소년의 노동시장참여 경험여부와 노동시장참여 동기에 따른 특성 차이 연구. **청소년학연구,** 11(1), 209-233.

김정관 (2004). **일반계와 실업계 고등학생의 신뢰의식, 스트레스, 사회풍토지각 및 일탈행동 차이 분석.** 인하대학교 석사논문.

김정희 역 (1991). **스트레스와 평가 그리고 대처,** R. S. Lazarus와 Folkman의 Stress, appraisal and coping. 서울. 대광문화사.

김지혜 (1998). **청소년 학교적응에 영향을 미치는 사회지지체계에 관한 연구.** 이화여자대학교 석사논문.

김지혜 (2005). **가출청소년의 비행화과정 연구.** 서울대학교 박사논문.

문민식 (2001). **청소년의 학교생활 적응행동에 관련되는 사회심리적 변인들의 구조적 분석.** 충남대학교 박사논문.

문성호 (2003). 학생청소년의 노동시장 참여와 비행간의 관계. **청소년학연구,** 10(3), 83-103.

박지원 (1985). **사회적 지지 척도 개발을 위한 일 연구.** 연세대학교 박사논문.

박창남 (2004). 청소년 노동에서 인권의 의미에 관한 연구 : 중고등학교 재학생의 아르바이트 노동을 중심으로. **청소년복지연구,** 6(1), 25-36.

박현선 (1998). **빈곤청소년의 학교 적응유연성.** 서울대학교 박사논문.

서울교육통계연보 (2004). 서울시교육청. 인터넷자료.

서울시정개발연구원 (2000). 서울시 청소년 중장기 정책연구.

서울 YMCA 사회문제부 (1997). 청소년 아르바이트를 알아본다.

오문완 (1997). 단시간 근로에 관한 외국의 법 제도 연구. 한국노동연구원.

오승환 (2001). **저소득 결손가족 청소년의 적응 결정요인.** 서울대학교 박사논문.

이광호 (2001). 청소년 아르바이트(일)의 사회적 의미 이해에 관한 연구―청
　　소년 생활양식의 변화를 중심으로―. **청소년복지연구, 3**(2), 25-39.

이인정, 최해경 (1995). **인간행동과 사회환경.** 서울: 나남출판사.

이인재, 이선우, 류진석 (1997). **사회복지통계분석.** 서울: 나남출판사.

이철위, 박창남, 정혜영 (2000). 청소년파트타임 고용실태와 제도적 지원방
　　안 연구: 중고등학생의 아르바이트를 중심으로. 한국청소년개발원.

이형하, 이용교 (2002). 청소년 아르바이트 실태와 지원방안 연구. **청소년
　　복지연구, 4**(2), 89-100.

이혜진 (2000). 청소년 아르바이트 실태조사 결과보고. 서울 YMCA.

인권운동사랑방 (2000). 청소년노동 실태보고서. 가톨릭대학생연합회 현장
　　실천위원회.

장원섭 (1999). 시간제 취업이 고등학생의 직업의식에 미치는 영향 분석.
　　**직업능력개발연구, 2**, 197-227.

장원섭 (2001). 중고등학생 시간제 취업 경험의 의미. **직업교육연구,
　　20**(2), 95-108.

전경숙, 노재봉 (2003). 중퇴 청소년의 아르바이트 실태와 보호대책 연구.
　　한국청소년개발원.

전효관 (2002). 청소년 노동현실과 대안. 청소년 노동의 실태와 문제 토론
　　회 자료집. 참여연대.

정선욱 (2002). **시설보호 청소년의 심리사회적 적응에 영향을 미치는 요
　　인.** 서울대학교 박사논문.

정충영, 최이규 (1999). **SPSSWIN을 이용한 통계분석.** 무역경영사.

정현실 (2001). **기혼여교사의 역할갈등과 직무만족도와의 관계.** 숭실대학
　　교 석사논문.

조혜정 (1996). **학교를 거부하는 아이 아이를 거부하는 사회.** 서울: 또 하
　　나의 문화.

청소년보호위원회. (2004). 청소년 아르바이트 실태조사.

한경혜 (2000). 청소년 노동경험: 그 과정과 의미에 대한 질적 연구. **한국 청소년연구, 11**(2), 153-180.

황윤경 (1996). **청소년 또래집단의 지각된 사회적 지지와 심리사회적 성숙 도와의 관계.** 이화여대자대학교 석사논문.

## 〈국외문헌〉

Achenbach, T. M. (1991). *Handbook of Developmental Psychology.* N.Y. : Plenum.

Aneshenesel, C. S., & Gore, S. (1991). Development, stress, and role restructuring. In J. Eckenrode (Eds) *The Social Context of Coping.* N.Y. Plenum Press.

Aseltine Jr. R. H., Gore, S., & Gordon, J. (2000). Life stress, anger and anxiety and delinquency: An empirical test of general strain theory. *Journal of Health and Social Behavior, 41*(3), 256-275.

Bachman, J. G., & Schulenberg, J. (1993). How part-time work intensity relates to drug use, problem behavior, time use, and satisfaction among high school seniors: Are these consequences or merely correlates?. *Developmental psychology, 29*(2), 220-235.

Barling, J., Rogers, K., & Kelloway, K. (1995). Some effects of teenagers' part-time employment: the quantity and quality of work make the difference. *Journal of Organizational Behavior, 16,* 143-154.

Barnett, R. C., & Brennan, R. T. (1995). The relationship between job experiences and psychological distress: a structural equation approach. *Journal of Organizational Behavior, 16,* 259-276.

Barone, F. J. (1993). The effects of part-time employment on academic performance. NASSP Bulletine.

Barro, S. (1984). *The Incidence of Dropping Out: A Descriptive Analysis.* Washington, DC: Economic Research.

Bearden, L., Spencer, W., & Moracco, J. (1989). A study of high school dropouts. *The School Counselor, 37*, 113-120.

Bills, D. B., Helms, L. B., & Ozcan , M. (1995). The impact of student employment on teachers' attitudes and behaviors toward working students. *Youth & Society, 27*(2), 169-193.

Borman, K. M. (1991). *The first "real" job: A study of young workers.* Albany: State University of New York Press.

Bowles, S., & Gintis, H. (1976). *Schooling in Capitalist America.* New York: Basic.

Bronfenbrenner, U. (1986). Ecology of the family as a contest for human development: research perspectives. *Developmental Psychology, 6,* 723-742.

Brown, J. D., & Siegel, J. M. (1988). Attribution for negative life events and depression: the role of perceived control. *Journal of Personality and Social Psychology, 54*(2), 316-322.

Brown, L. P., & Cowen, E. L. (1989). Stressful events, support, and children's school adjustment. *Journal of Clinical Child Psychology, 18*(3), 214-220.

Bru, E., Murberg, T. A., & Stephens, P. (2001). Social support, negative life events and pupil misbehavior among young Norwegian adolescents. *Journal of Adolescence, 24,* 715-727.

Burke, P. J. (1991). Identity processes and social stress. *American Sociological Review, 56,* 836-849.

Burke, P. J., & Reitzes, D. C. (1981). The link between identity and role performance. *Social Psychology Quarterly, 44*(2), 83-92.

Burke, P. J., & Reitzes, D. C. (1991). An identity theory approach to commitment. *Social Psychology Quarterly, 54*(3), 239-251.

Carr, R. V., Wright, J. D., & Brody, C. J. (1996). Effects of high school work experience a decade later: Evidence from the national longitudinal survey. *Sociology of Education, 69,* 66-81.

Chartrand, J. M. (1990). A causal analysis to predict the personal and academic adjustment of nontraditional students. *Journal of Counseling Psychology, 37*(1), 65-73.

Cloward, R. A., & Ohlin, L. E. (1960). *Delinquency and opportunity: a theory of deluquent groups.* New York: Free Press.

Cobb, S. (1976). Social support as a moderator of life stress. *Psychosomatic Medicine, 38,* 300-314.

Coddington, R. (1972). The significance of life events as etiological factors in the disease of children: a study of normal population. *Journal of Psychosomatic Research, 16,* 205-213.

Cohen, J., & Cohen, P. (1983). *Applied multiple regression/correlation for the behavioral sciences* (2nd ed.). Hillsdale, NJ: Erlbaum.

Cole, L. (1989). *Psychology of adolescence* (5th ed.) New York: Holt Rinehart and Winston.

Coleman, J. S. (1961). *The Adolencent Society.* New York: Free Press of Glencoe.

Committee on the health and safety implications of child labor (1998). *Protecting Youth at Work - health, safety, and development of working children and adolescents in the United States.* Washington, D.C.: National Academy Press.

Cullen, F. T., Larson, M. T., & Mathers, R. A. (1985). Having money and delinquent involvement : the neglect of power in delinquency theory. *Criminal Justice and Behavior, 12,* 171-192.

D'Amico, R. (1984). Does employment during high school impair academic progress? *Sociology of Education, 57,* 152-164.

De Jonge, J., & Kompier, M. A. J. (1997). A critical examination of the demand-control-support model from a work psychological perspective. *International Journal of Stress Management, 4*(4), 235-258.

Dollard, M. F., Winefeild, A. H. (1998). A test of the demand-control/support model of work stress in correctional officers. *Journal of Occupational*

*Health Psychology, 3*(3), 243-264.

Dollard, M. F., & Winefield, H. R., Winefield, A. H., & de Jonge, J. (2000). Psychosocial job strain and productivity in human service workers: A test of the demand-control-support model. *Journal of Occupational and Organizational Psychology, 73*, 501-510.

Dubois, D. L., Eitel, S. K., & Felner, R. D. (1994). Effects of family environment and parent-child relationships on school adjustment during the transition to early adolescence. *Journal of Marriage and the Family, 56*, 405-414.

Dubois, D. L., Felner, R. D., Brand, S., Adan, A. M. & Evans, E. G. (1992). A prospective study of life stress, social support, and adaptation in early adolescence. *Child Development, 63*, 542-557.

Dubois, D. L., Felner, R. D., Meares, H., & Krier, M. (1994). Prospective investigation of the effects of socioeconomic disadvantage, life stress, and social support on early adolescent adjustment. *Journal of Abnormal Psychology, 103*(3), 511-512.

Dubow, E. F., & Tisak, J. (1989). The relation between stressful life events and adjustment in elementary school children: the role of social support and social problem-solving skills. *Child Development, 60*, 1412-1423.

Entwisle, D. R., Alexander, K. L., Olson, L. S., & Ross, K. (1999). Paid work in early adolescence developmental patterns. *Journal of Early adolescence, 19*, 363-388.

Finch, M. D., & Mortimer, J. T. (1985). Adolescent work hours and the process of achievement. *Research in Sociology of Education and Socialization, 5*, 171-196.

Finch, M. D., Shanahan, M. J., Mortimer, J. T., & Ryu, S. (1991). Work experience and control orientation in adolescence. *American Sociological Review, 56*, 597-611.

Frone, M. R. (1998). Predictors of work injuries among employed adolescents. *Journal of Applied Psychology, 83*(4), 565-576.

Frone, M. R. (2000). Work-family conflict and employee psychiatric disorders: the national comorbidity survey. *Journal of Applied Psychology, 85*(6), 888-895.

Frone, M. R., Russell, M., & Cooper, M. L. (1993). Relationship of work-family conflict, gender, and alcohol expectancies to alcohol use/abuse. *Journal of Organizational Behavior, 14*, 545-558.

Frone, M. R., Yardley, J. K., & Markel, K. S. (1997). Developing and testing an integrative model of the work-family interface. *Journal of Vocational Behavior, 50*, 145-167.

Gade, E., & Peterson, L. (1980). A comparison of working and nonworking high school students on school performance, socioeconomic status, and self-esteem. *The Vocational Guidance Quarterly, 29*, 65-69.

Gamberale, R., Bracken, R., & Mardones, S. (1994). Working motivation among high school students before and during the economic recession in the swedish labor market. *Scandinavian Journal of Psychology, 36*, 287-294.

Garmezy, N., Masten, A. S., Tellegen, A. (1984). The study of stress and competence in children: a building block for developmental psychopathology. *Child Development, 55*, 97-111.

Germain, C. B. (1979). *Social Work Practice : People and Environment.* N.Y. : Columbia University Press.

Glenn, N. D. (1980). Values, attitudes and beliefs. In O. G. Brim, Jr. & J. Kagan (Eds.), *Constancy and change in human development.* Cambridge, MA: Harvard University Press.

Gottfredson, D. C. (1985). Youth employment, crime, and schooling: a longitudinal study of a national sample. *Developmental Psychology, 21*(3), 419-432.

Green, G., & Jacquees, S. N. (1987). The effects of part-time employment on academic achievement. *Journal of Educational Research, 80*(6), 325-329.

Greenberger, E. (1988). Working in teenage America. In J. T. Mortimer & K. M. Borman (Eds), *Work experience and psychological development through the life span* (pp. 21-50). Washington, D.C.: American Association for the Advancement of Science.

Greenberger, E., & Steinberg, L. (1981). The workplace as a context for the socialization of youth. *Journal of Youth and Adolescence, 10*(3), 185-210.

Greenberger, E., & Steinberg, L. (1986). *When Teenagers Work : The psychological and social costs of adolescent employment.* New York: Basic Books.

Greenberger, E., Steinberg, L., & Ruggiero, M. (1982). A job is a job is a job... or is it? Behavioral observations in the adolescent workplace. *Work and Occupations, 9,* 79-96.

Greenberger, E., Steinberg, L. D., & Vaux, A. (1981). Adolescents who work: health and behavioral consequences of job stress. *Developmental psychology, 17*(6), 691-703.

Greenberger, E., Steinberg, L. D., Vaux, A., & McAuliffe, S. (1981). Adolescents who work: Effects of part-time employment on family and peer relations, *Journal of Youth and Adolescence, 9*(3)189-202.

Greenhaus, J. H., & Beutell, N. J. (1985). Sources of conflict between work and family roles. *Academy of Management Review, 10*(1), 76-88.

Hamilton, S. F., & Crouter, A. C. (1980). Work and growth: a review of research on the impact of work experience on adolescent development. *Journal of Youth and Adolescence, 9*(4), 323-338.

Hammer, L. B., Grigsby, T. D., & Woods, S. (1998). The conflicting demands of work, family, and school among students at an urban university. *The Journal of Psychology, 132*(2), 220-226.

Hannah, R. L., & Baum, C. L. (2001). An examination of college-bound high school students' labor market behavior : Why some students work and why some do not. *Education, 121*(4), 787-794

Hansen, D. M., & Jarvis, P. A. (2000). Adolescent employment and psychosocial outcomes. *Youth & Society, 31*(4), 417-436.

Hardesty, P. H., & Hirsch, B. J. (1992). Summer and school-term youth employment: ecological and longitudinal analyses. *Psychological Report, 71*, 595-606.

Harrell, W. A. (1990). Perceived risk of occupational injury: control over pace of work and blue-collar versus white-collar work. *Perceptual and Motor Skill, 70*, 1351-1359.

Havighurst, R. J. (1972). *Developmental Tasks and Education*, N.Y. : David McKay.

Helms, L. B., Bills, D., & Ozcan, M. (1994). Educators' perspectives on student employment. *Educational Policy, 8*(3), 272-288.

Hirsch, T. (1969). *Causes of Delinquency*. Berkely: University of California Press.

Hoffman, J. P., & Cerbone, F. G. (1999). Stressful life events and delinquency escalation in early adolescence. *Criminology, 37*(2), 343-373.

Holmes, C. S., Yu, Z., & Frentz, J. (1999). Chronic and discrete stress as predictors of children's adjustment. *Journal of Consulting and Clinical Psychology, 67*(3), 411-419.

Hurrelmann, K. (1990). Parents, peers, teachers and othersignificant partners in adolescence. *International Journal of Adolescence and Youth, 2*, 211-236.

Iverson, R. D., & Erwin, P. J. (1997). Predicting occupational injury: the role of affectivity. *Journal of Occupational and Organizational Psychology, 70*, 113-128.

Jex, S. M., & Beehr, T. A. (1991). Emerging theoretical and methodological issues in the study of work-related stress. *Research in Personnel and Human Resources Management, 9*, 311-365.

Johnson, J. V., & Hall, E. M. (1988). Job strain, work place social support, and cardiovascular disease: a cross-sectional study of a random sample of the Swedish working population. *American Journal of Public Health, 78*(10), 1336-1342.

Kablaoui, B. N., & Paulter, A. J. (1991). The effects of part time work experience on high school students. *Journal of Career Development, 17*, 195-211.

Kanner, A. D., Coyne, J. C., Schaefer, C., & Lazarus, R. S. (1981). Comparison of two modes of stress measurement : daily hassles and uplifts versus major life events. *Journal of Behavior Medicine, 4*(1), 1-39.

Karasek, R. A. (1979). Job demands, job decision latitude, and mental strain: implications for job redesign. *Administrative Science Quarterly, 24*, 285-308.

Karasek, R. A., & Theorell, T. (1990). *Healthy Work : stress, productivity, and the reconstruction of working life*. New York: Basic Books.

Keithly, D. C., & Deseran, F. A. (1995). Households, local labor, markets, and youth labor force participation, *Youth & Society, 26*(4), 463-492.

Kim, K. J., Conger, R. D., Elder Jr. G. H., & Lorenz, F. D. (2003). Reciprocal influences between stressful life events and adolescent internalization and externalizing problems. *Child Development, 74*(1), 127-143.

Koeske, R. D., & Koeske, G. F. (1989). Working and non-working students: roles, support and well-being. *Journal of Social Work Education, 25*(3), 244-256.

Kohn, M. L., & Schooler, C. (1978). The reciprocal effect of the substantive complexity of work and intellectual flexibility : A longitudinal assessment. *American Journal of Sociology*, 84, 24-52.

Kohn, M. L., & Schooler, C. (1982). Job conditions and personality: A longitudinal assessment of their reciprocal effects. *American Journal of Sociology*, 87, 1257-1286.

Kohn, M. L., Schooler, C., Miller, J., Miller, K. A., Schoenbach, C., & Schoenberg, R. (1983). *Work and personality : an inquiry into the impact of social stratification*. New Jersey: Norwood.

Landsbergis, P. A., Schnall, P. L., Deitz, D., Friedman, R., & Pickering, T. (1992). The patterning of psychological attributes and distress by "job strain" and social support in a sample of working men. *Journal of Behavioral Medicine*, 15(4), 379-405.

Large, M. D., & Marcussen, K. (2000). Extending identity theory to predict differential forms and degrees of psychological distress. *Social Psychology Quarterly*, 63(1), 49-59.

Larsen, P. & Shertzer, B. (1987). The high school dropout: Everybody's problem? *The school Counselor*, 34, 163-169.

Lazarus, R. S. (1963). *Personality and Adjustment*. Englewood Cliff: prentice Hall.

Lazarus R. S., & Cohen, J. B. (1977). Environmental stress. In L. Altrman & F. Wohlwill (Eds). *Human Behavior and Environment : Current Theory and Research, 2.* N.Y.: Plenum.

Lazarus, R. S., & Folkman, S. (1991). *Stress, appraisal and coping.* New York: Springer.

Lillydahl, J. H. (1990). Academic achievement and part-time employment of high school students. *Journal of Economic Education*, 21, 307-316.

Lorence, J., & Mortimer, J. T. (1985). Job involvement through the life course: A panel study of three age groups. *American Sociological Review*, 50, 618- 638.

Loughlin, C. A., & Barling, J. (1998). Teenagers' part-time employment and their work-related attitudes and aspirations. *Jorunal of Organizational Behavior, 19,* 197-207.

Loughlin, C. A., & Barling, J. (1999). The nature of youth employment. In J. Barling & E. K. Kelloway (Eds.), *Young Workers: varieties of experience.* Washington D. C.: American Psychological Association.

Mannheim, B. (1988). Social background, schooling and parental job attitudes as related to adolescents' work value. *Youth & Society, 19,* 269-293.

Manning, W. D. (1990). Parenting employed teenagers. *Youth & Society, 22*(2), 184-200.

Markel, K. S., & Frone, M. R. (1998). Job characteristics, work-school conflict, and school outcomes among adolescents: testing a structural model. *Journal of Applied Psychology, 83*(2), 277-287.

Marsh, H, W. (1991). Employment during high school: Character building or a subversion of academic goals? *Sociology of Education, 64,* 172-189.

McKechnie, J., Lindsay, S., Hobbs, S., & Lavalette, M. (1996). Adolescents' perceptions of the role of part-time work. *Adolescence, 31*(121), 193-204.

McNeal, R. B. (1997). Are students being pulled out of high school? The effect of adolescent employment on dropping out. *Sociology of Education, 70,* 206-220.

Mihalic, S. W., & Elliotte, D. (1997). Short and long term consequences of adolescent work, *Youth & Society, 28*(4), 464-498.

Mortimer, J. T. (1988). Introduction. In J. T. Mortimer & K. M. Borman (Eds), *Work experience and psychological development through the life span* (pp. 1-18). Washington, D.C.: American Association for the Advancement of Science.

Mortimer, J. T., & Finch, M. D. (1986a). The development of self esteem in the early work career. *Work and Occupations, 13,* 217-239.

Mortimer, J. T., & Finch, M. D. (1986b). The effects of part-time work on self-concept and achievement. In K. Borman & J. Reisman (Eds.) *Becoming a Worker* (pp. 66-89). Norwood, NJ: Ablex.

Mortimer, J. T., Finch, M. D., Dennehy, K., Lee, C., & Beebe, T. (1994). Work experience in adolescence. *Journal of Vocational Education Research, 19,* (1), 39-70.

Mortimer, J. T., Finch, M. D., Owens, T. J., & Shanahan, M. (1990). Gender and work in adolescence. *Youth & Society, 22,* 201-224.

Mortimer, J. T., Finch, M. D., Ryu, S., Shnahan, M. J., & Call, K. T. (1996). The effects of work intensity on adolescent mental health, achievement, and behavioral adjustment: new evidence from a prospective study. *Child Development, 67,* 1243-1261.

Mortimer, J. T., Finch, M. D., Shanahan, M. J., & Ryu, S. (1992a). Work experience, mental health, and behavioral adjustment in adolescence. *Journal of Research on Adolescence, 2*(1), 25-57.

Mortimer, J. T., Finch, M. D., Shanahan, M. J., & Ryu, S. (1992b). Adolescent work history and behavioral adjustment. *Journal of Research on Adolescence, 2,* 59-80.

Mortimer, J. T., & Lorence, J. (1979). Occupational experience and the self-concept : A longitudinal study. *Social Psychology Quarterly, 42,* 307-323.

*Mortimer, J. T., Lorence, J., & Kumka, D. S. (1986). Work, Family, and Personality: transition to adulthood. New Jersey: Ablex Publishing Co.*

Mortimer, J. T., Pimentel, E. E., Ryu, S., Nash, K., & Lee, C. (1996). Part-time work and occupational value formation in adolescence. *Social Force, 74*(4), 1405-1418.

Mortimer, J. T., & Shanahan, M. J. (1994). Adolescent work experience and family relationships. *Work and Occupations, 21,* 369-384.

Mortimer, J. T., Shanahan, M. J., & Ryu, S. (1994). The effects of adolescent employment on school-related orientation and behavior. In R. K. Silbereisen & E. Todt (Eds.), *Adolescence in Context: the interplay of family, school, peers, and work in adjustment.*. New York: Springer-Verlag.

Mortimer, J. T., & Yamoor, C. (1987). Interrelations and parallels of school and work as sources of psychological development. *Research in the Sociology of Education and Socialization, 7,* 221-246.

Muntaner, C., & O'Campo, P. J. (1993). A critical appraisal of the demand/control model of the psychological work environment: epistemological, social, behavioral and class considerations. *Social Science Medicien, 36*(11), 1509-1517.

Newcomb, M. D., Huba, G. J., & Bentler, P. M. (1981). A multidimensional assessment of stressful life events among adolescents: derivation and correlates. *Journal of Health and Social Behavior, 22,* 400-415.

O'Brien, G. E., & Feather, N. T. (1990). The relative effects of unemployment and quality of employment on the affect, work values and personal control of adolescents. *Journal of Occupational Psychology, 63,* 151-165.

Oettinger, G. S. (1999). Does high school employment affect high school academic performance? *Industrial and Labor Relations Review, 53*(1), 136-151.

Phillips, S., & Sandstrom, K. (1990). Parental attitudes toward 'youthwork'. *Youth & Society, 22,* 160-183.

Printz, B. L., Shermis, M. D., & Webb, P. M. (1999). Stress-buffering factors related to adolescent coping: a path analysis. *Adolescence, 34*(136), 715-734.

Pryor-Brown, L., & Cowen, E. L. (1989). Stressful life events, support, and children's school adjustment. *Journal of Clinical Child*

Psychology, *18*(3), 214-220.

Quirk, K. J., Timothy, Z. K., & Jeffrey, T. Q. (2001). Employment during high school and student achievement : Longitudinal analysis of national data. *Journal of Educational Research*, *95*, 1-9.

Reynolds, A. J., & Gill, S. (1994). The role of parental perspectives in the school adjustment of inner-city black children. *Journal of Youth and Adolescence*, *23*(6), 671-694.

Rich, L. M. (1996). The long run impact of teenage work experience : A reexamination. *The Review of Black Political Economy*, *25*(2), 11-36.

Rowlison, R. T., & Felner, R. D. (1988). Major life events, hassle, and adaptation in adolescence. *Journal of Personality and Social Psychology*, *55*, 432-444.

Ruggiero, M., Greenberger, E., & Steinberg, L. (1982). Occupational deviance among first-time workers. *Youth & Society*, *13*, 423-428.

Ruscoe, G. C., Morgan, J. C., & Peebles, C. (1996). Students who work. *Adolescence*, *31*, 625-632.

Savery, L. K., & Wooden, M. (1994). The relative influence of life events and hassles on work-related injuries: some Australian evidence. *Human Relations*, *47*(3), 283-305.

Sayfer, A. W., Leahy, B. H., & Colan, N. B. (1995). The impact of work on adolescent development. *Families in Society: The Journal of Contemporary Human Services*, 76, 38-45.

Schill, W. J., McCartin, R., & Meyer, K. (1985). Youth employment: Its relationships to academic and family variables, *Journal of Vocational Behavior*, *26*, 155-163.

Schoenhals, M., Tienda, M., & Schneiderm B. (1998) The educational and personal consequences of adolescent employment. *Social Forces*, *77*(2), 723-762.

Seeman, M. (1967). On the personal consequences of alienation in work.

*American Sociological Review, 32,* 273-285.

Seiffge-Krenke, I. (2000). Causal links between stressful events, coping style, and adolescent symptomatology. *Journal of Aoldescence, 23,* 675-691.

Shek, D. T. L. (1997). The relation of family functioning to adolescent psychological well-being, school adjustment, and problem behavior. *The Journal of Genetic Psychology, 158*(4), 467-479.

Shanahan, M. J., Finch, M., Mortimer, J. T., & Ryu, S. (1991). Adolescent work experience and depressive affect. *Social Psychology Quarterly, 54*(4), 299-317.

Shapiro, E. G. (1977). Racial difference in the value of job rewards. *Social Force, 56*(1), 21-30.

Shek, D. T. L. (1997). The relation of family functioning to adolescent psychological well-being, school adjustment, and problem behavior. *The Journal of Genetic Psychology, 158*(4), 467-479.

Siegriest, J. (1996). Adverse health effects of high-effort/low-rewards conditions, *Journal of Occupational Psychology, 1,* 27-41.

Singh, K. (1998). Part time employment in high school and its effect on academic achievement. *Journal of Educational Research, 91,* 131-139.

Skorikov, V. B., & Vondracek, F. W. (1997). Longitudinal relationships between part-time work and career development in adolescents. *The Career Development Quarterly, 45*(3), 221-235.

Smailes, E. M. (2002). Difficult work conditions and youths' mental health: selection or causation?.

Soderfeldt, B., Soderfeldt, M., Muntaner, C., O'Campo, P., Warg, L., & Ohlson, C. (1996). Psychological work environment in human service organizations: a conceptual analysis and development of the demand-control model. *Social Science Medicine, 42*(9), 1217-1226.

Spector, P. E., Chen, P. Y., & O'Connell, B. J. (2000). A longitudinal study of relations between job stressors and job strains while controlling for prior negative affectivity and strains. *Journal of Applied Psychology, 85*(2), 211-218.

Steel, L. (1991). Early work experience among white and non-white youth. *Youth & Society, 22*, 419-447.

Steinberg, L. (1982). Jumping off the work experience bandwagon. *Journal of Youth and Adolescence, 11*(3), 183-205.

Steinberg, L. (1983). The varieties and effects of work during adolescence. *Advances in Developmental Psychology, 3*, 1-37.

Steinberg, L., & Cauffman, E. (1995). The impact of employment on adolescent development. *Annals of Child Development, 11*, 131-166.

Steinberg, L., & Dornbusch, S. M. (1991). Negative Correlates of part-time employment during adolescence: Replication and Elaboration. *Developmental psychology, 27*, (2), 304-313

Steinberg, L., Fegley, S., & Dornbusch, S. M. (1993). Negative impact of part-time work on adolescent adjustment: Evidence from a longitudinal study. *Developmental psychology, 29*(2), 171-180.

Steinberg, L. D., & Greenberger, E. (1980). The part-time employment of high school students: a research agenda. *Children and Youth Service Review, 2*, 159-183.

Steinberg, L. D., Greenberger, E., Garduque, L., & McAuliffe, S. (1982). High school students in labor force: Some costs and benefits to schooling and learning. *Educational Evaluation and Policy Analysis, 4*, 363-372.

Steinberg, L. D., Greenberger, E., Garduque, L., Ruggiero, M., & Vaux, A. (1982). Effects of working on adolescent development. *Developmental psychology, 18*(3), 385-395.

Steinberg, L., Greenberger, E., Jacobi, M., & Garduque, L. (1981). Early work experience : A partial antidote for adolescent egocentrism.

*Journal of Youth and Adolescence, 10,* 141-157.

Stern, D. & Nakata, Y. (1989). Characteristics of high school studens' paid jobs, and employment experience after graduation. In D. Stern & D. Eichorn (Eds.) *Adolescence and Work: Influences of social structure, labour market s, and culture.* Hillsdale, NJ: Lawrence Erlbaum Associates.

Stern, D., Stone, J. R., Hopkins, C., & McMillion, M. (1990). Quality of students' work experience and orientation toward work. *Youth & Society, 22,* 263-282.

Stone, J. R., Stern, D., Hopkins, C., & McMillion, M. (1990). Adolescents' perceptions of their work: school supervised and non-school supervised. *Journal of Vocational Education Research, 15*(2), 31-51.

Super, D. E. (1957). *The Psychology of Careers: An introduction to vocational development.* New York: Harper.

Thoits, P. A. (1983). Dimensions of life stress that influence psychological distress: an evaluation and synthesis of literature. In H. R. Kapan(Eds), *Psychological Stress : Trends in theory and research* (pp. 33-103). N.Y. : academic press.

Tymms, P. B., & Fitz-Gibbon, C. T. (1992). The relationship between part-time employment and A-level results. *Educational Research, 34*(3), 193-199.

Van der doef, M., & Maes, S. (1999). The job demand-control(-support) model and psychological well-being: a review of 20 years of empirical research. *Work & Stress, 13*(2), 87-114.

Wall, T. D., Jackson, P. R., Mullarkey, S., & Parker, S. K. (1996). The demand-control model of job strain: a more specific test. *Journal of Occupational Psychology, 69,* 153-166.

Warren, J. R., LePore, P. C., & Mare, R. D. (2000). *Employment during High school: consequences for students' grades in academic courses*. Center for Statistics and the Social Sciences, University of Washington, working paper no. 2.

Wijting, J. P., Arnold, C. R., & Conrad, K. A. (1977). Relationships between work values, socio-educational and work experiences and vocational aspirations of 6th, 9th, 10th, and 12th graders. *Journal of Vocational Behavior, 11*, 51-65.

Williams, C. L., & Uchiyama, C. (1989). Assessment of life events during adolescence: the use of self-report inventories. *Adolescence, 24*(93), 95-118.

Wirtz, P. W., Rohrbeck, C. A., Charner, I., & Fraser, B. S. (1988). Employment of adolescents while in high school: employment intensity, interference with schoolwork, and normative approval. *Journal of Adolescent Research, 3*(1), 97-105.

Worley, L. P. (1995). Working adolescents : Implications for counselors. *The School Counselor, 42*, 218-223.

Worsnop, R. L. (1990). Teen work to balance school & Jobs. *Editorial Research Reports, 31*, 494-506.

Wright, J. P., Cullen, F. T., & Nicolas, W. (1997). Working while in school and delinquent involvement implications for social policy. *Crime & Delinquency, 43*, 203-221.

Yamoor, C., & Mortimer, J. (1990). Age and gender differences in the effects of employment on adolescent achievement and well-being. *Youth & Society, 22*, 225-240.

Young, R. A. (1983). Career development of adolescents: an ecological perspective. *Journal of Youth and Adolescence, 12*(5), 401-417.

〈신문기사〉

"청소년 아르바이트 사기조심". 한겨레신문, 2005. 8. 7.

# 부 록

## 설문지

|   |   |   |   |   |
|---|---|---|---|---|
|   |   |   |   |   |

## 청소년 아르바이트 경험에 대한 연구조사

안녕하세요?
설문에 응해주셔서 대단히 감사합니다.

 본 설문지는 청소년복지 증진을 위한 목적으로 작성된 것으로, 여러분의 생각, 학교생활, 아르바이트와 관련된 경험 등에 관한 질문들로 구성되어 있습니다. 여러분이 주신 진지하고 성의 있는 응답은 청소년복지증진을 위해 귀중하게 사용될 것입니다.

 각 질문에는 **특정 정답이 있는 것이 아니므로**, 여러분의 솔직한 생각을 적어주시면 됩니다. 또한 여러분이 응답한 결과는 **어느 누구에게도 비밀로 할 것이며 외부로 절대 유출되지 않을 것임**을 약속드립니다.

 각 문항을 잘 읽은 후 본인에게 해당되는 문항들에 대해 **빠짐없이 응답해 주시기를 부탁드립니다.** 중간에 그만 두거나 문항을 빠뜨려서 애써서 작성한 설문지가 사용할 수 없게 되는 일이 생기지 않도록 해주시기를 부탁드립니다. 아울러 별도의 설명이 없는 경우 한 문항에 하나의 대답만을 선택해주시면 됩니다.

 질문 내용에 대해 의문이 생기거나 기타 문의사항이 있는 경우, 아래의 연락처로 연락주시면 상세히 설명해드리겠습니다. 감사합니다.

서울대학교 사회복지학과 박사과정　김예성

Ⅰ. 다음은 여러분 자신에 대한 질문입니다. 각 문항을 잘 읽고 해당되는 부분에 ∨표 해주세요.

1. 학교생활에 있어 여러분 자신의 모습은 어떠한지 해당하는 곳에 ∨표 해 주세요.

| | | 전혀 그렇지 않다 | 별로 그렇지 않다 | 때때로 그렇다 | 대체로 그렇다 | 매우 그렇다 |
|---|---|---|---|---|---|---|
| 1 | 학교를 가는 것이 시간 낭비라는 생각이 든다. | | | | | |
| 2 | 내가 배우고 있는 대부분의 과목을 좋아한다. | | | | | |
| 3 | 학교성적은 좋은 편이다. | | | | | |
| 4 | 우리학교 선생님 대부분을 존경한다. | | | | | |
| 5 | 수업시간에 도움이 되는 것을 배운다고 생각한다. | | | | | |
| 6 | 시험일자가 발표되면 시험공부를 열심히 한다. | | | | | |
| 7 | 수업 중 선생님의 질문에 적극적으로 임한다. | | | | | |
| 8 | 수업 중 나의 생각을 적극적으로 발표한다. | | | | | |
| 9 | 수업 내용이 어려울 경우 그것을 이해하기 위해 더욱 노력한다. | | | | | |
| 10 | 숙제는 스스로의 힘으로 빠짐없이 해오는 편이다. | | | | | |
| 11 | 수업 중 의문이 생기면 선생님께 질문을 한다. | | | | | |
| 12 | 과제물은 기한 내에 빠짐없이 제출한다. | | | | | |
| 13 | 수업 중 선생님 말씀을 주의 깊게 듣는다. | | | | | |
| 14 | 학교에서 지내는 대부분의 시간이 즐겁다. | | | | | |
| 15 | 학교공부를 하면서 종종 좌절감을 느낀다. | | | | | |
| 16 | 선생님의 지시를 잘 따른다. | | | | | |
| 17 | 학교는 종종 나를 기분 나쁘게 한다. | | | | | |
| 18 | 때때로 학교가 싫증이 난다. | | | | | |
| 19 | 수업 끝날 시간을 기다리곤 한다. | | | | | |

\*여러분은 지난 6개월간 다음의 행동을 얼마나 경험하였나요? 해당 칸에 ∨표 해주세요.

| | | 없음 | 1-2회 | 3-4회 | 5-6회 | 7회 이상 |
|---|---|---|---|---|---|---|
| 20 | 담배를 피운 적이 있다. | | | | | |
| 21 | 술을 마신 적이 있다. | | | | | |
| 22 | 본드 가스 흡입 또는 약물을 복용한 적이 있다. | | | | | |
| 23 | 가출을 한 적이 있다. | | | | | |
| 24 | 유흥업소를 출입한 적이 있다. | | | | | |
| 25 | 남의 물건을 훔친 적이 있다. | | | | | |
| 26 | 폭력을 쓰거나 패싸움을 한 적이 있다. | | | | | |
| 27 | 이성과 성관계 한 적이 있다. | | | | | |

2. 현재 또는 최근 6개월간 자신의 생각이나 행동은 어떠하였나요?

| | | 그렇지 않다 | 가끔 그렇다 | 자주 그렇다 |
|---|---|---|---|---|
| 1 | 혼자 있는 것을 좋아한다. | | | |
| 2 | 말하고 싶지 않다. | | | |
| 3 | 숨기는 것이 많고 남에게 속을 털어놓지 않는다. | | | |
| 4 | 수줍어한다. | | | |
| 5 | 기운이 별로 없다. | | | |
| 6 | 불행하다고 생각하거나 슬프고 우울하다. | | | |
| 7 | 남들과 어울리고 싶지 않다. | | | |
| 8 | 외롭다. | | | |
| 9 | 잘 운다. | | | |
| 10 | 나쁜 생각이나 나쁜 행동을 할까봐 두렵다. | | | |
| 11 | 스스로 완벽해야 한다고 생각한다. | | | |
| 12 | 아무도 나를 사랑하지 않는다고 느낀다. | | | |
| 13 | 남들이 나를 해치려 한다고 생각한다. | | | |
| 14 | 나는 가치가 없고 남보다 못하다고 생각한다. | | | |
| 15 | 신경이 날카롭고 긴장되어 있다. | | | |
| 16 | 지나치게 겁이 많거나 불안해한다. | | | |
| 17 | 지나치게 죄책감을 느낀다. | | | |
| 18 | 의심이 많다. | | | |
| 19 | 자살에 대해 생각한다. | | | |
| 20 | 걱정이 많다. | | | |

**\* 여러분은 지난 1년간 아르바이트(시간제노동)를 해본적이 있나요?**

□ ① 해본 적 있다          □ ② 해본 적 없다

☞ 아르바이트 경험이 있다면 다음 페이지(3페이지)로, 없다면 10페이지로 가십시오.

**〈아르바이트 경험이 '있는' 학생들만 응답해주시기 바랍니다.〉**

Ⅱ. 다음은 여러분의 아르바이트 경험에 대한 질문들입니다. 적절한 응답을 골라주시거나 빈칸에 적어주시기 바랍니다.

1. 현재도 아르바이트를 하고 있나요?

□ ① 예          □ ② 아니오

2. 가장 처음 아르바이트를 하게 된 것은 언제인가요?

□ ① 초등학교     □ ② 중1     □ ③ 중2     □ ④ 중3

□ ⑤ 고1          □ ⑥ 고2     □ ⑦ 기타(        )

3. 다음 표를 참조하여 <u>지난 1년간</u> 여러분이 해보았던 <u>아르바이트의 종류</u>를 모두 적은 뒤, 각각에 대해 <u>일한 기간과 일한 시간(하루 몇 시간씩 일주일에 며칠을 일했는지)</u>을 적어주시기 바랍니다.

| | |
|---|---|
| ① 전단지 돌리기 | ② 패스트푸드점 서빙/카운터/배달 |
| ③ 분식점, 중국집 서빙/카운터/배달 | ④ 편의점 점원 |
| ⑤ 주유소 주유원 | ⑥ 카페(커피숍) 서빙 |
| ⑦ 일반상점 판매원 | ⑧ 신문 및 우유배달 |
| ⑨ 단란주점 등 유흥업소 호객/서빙/접객 | ⑩ PC방, 당구장, 만화방 카운터/서빙 |

| | ⑪ 비디오방, 노래방 카운터/서빙 | ⑫ 비디오대여점 카운터 |
| --- | --- | --- |
| | ⑬ 건설현장 노동 | ⑭ 공장노동 |
| | ⑮ 주차관리 | ⑯ 이벤트 행사장 도우미 |
| | ⑰ 사무업무 보조(설문조사 포함) | ⑱ 이삿짐 운반 또는 물건 포장 |
| | ⑲ 아기, 노인 돌보기 | ⑳ 기타 (구체적으로)_____ |

| | 아르바이트 종류 | 시작 시기 | 일한 기간 (한달은 30일로 표기) | 일한 시간 |
| --- | --- | --- | --- | --- |
| 1 | | 1) 올해 1학기 2)지난 겨울방학<br>3) 작년 2학기 4)작년 여름방학 | ———일 | 하루__시간<br>일주일에__일 |
| 2 | | 1) 올해 1학기 2)지난 겨울방학<br>3) 작년 2학기 4)작년 여름방학 | ———일 | 하루__시간<br>일주일에__일 |
| 3 | | 1) 올해 1학기 2)지난 겨울방학<br>3) 작년 2학기 4)작년 여름방학 | ———일 | 하루__시간<br>일주일에__일 |

4. 아르바이트를 시작하기 전 부모님의 동의를 받았나요?

☐ ① 처음부터 흔쾌히 허락해 주셨다.

☐ ② 마지못해 허락해 주셨다.

☐ ③ 처음에 몰래 시작하였다가 나중에 설득하여 허락받았다.

☐ ④ 처음에 몰래 시작하였다가 들켜서 그만두었다.

☐ ⑤ 부모님 반대를 무릅쓰고 계속 하였다.

☐ ⑥ 부모님 몰래 시작하고 계속 모르게 하였다.


5. 아르바이트를 시작하기 전 고용계약서를 작성하고 부모동의서를 제출하였나요?

　고용계약서 : 작성하였다 (　　) 　작성하지 않았다 (　　)

　부모동의서 : 제출하였다 (　　) 　제출하지 않았다 (　　)

6. 다음 문항들을 읽고 여러분이 아르바이트를 하게 된 동기를 가장 잘 설명해주는 문항을 두 가지만 골라 순서대로 적어주세요.(　　→　　)

① 특정 물건을 사기 위한 비용 마련

② 학비나 생활비 마련

③ 일상적인 용돈 마련

④ 사회생활을 경험하고 싶어서

⑤ 진로결정에 도움을 받고 싶어서

⑥ 가족이나 친구를 돕기 위해

⑦ 특별한 동기 없음(심심해서, 친구가 하자고 해서)

⑧ 기타 ＿＿＿＿＿＿＿＿＿＿＿＿＿＿＿＿＿＿＿＿＿

7. 다음 학교생활과 관련하여 여러분 자신에게 해당되는 곳에 ∨표 해주세요.

| | | 전혀 그렇지 않다 | 별로 그렇지 않다 | 때때로 그렇다 | 대체로 그렇다 | 매우 그렇다 |
|---|---|---|---|---|---|---|
| 1 | 아르바이트 때문에 아침에 일어나 학교가기가 힘들다. | | | | | |
| 2 | 아르바이트로 인한 피로 때문에 수업에 지장이 있다. | | | | | |
| 3 | 아르바이트 때문에 집에서의 공부시간이나 숙제시간이 줄어들었다. | | | | | |
| 4 | 아르바이트를 하면서 성적이 나빠졌다. | | | | | |
| 5 | 학교 수업시간에 아르바이트와 관련된 생각으로 집중에 방해가 된다. | | | | | |
| 6 | 아르바이트 경험이 학교수업을 이해하는 데 도움이 되는 것 같다. | | | | | |
| 7 | 학교에서 배운 내용이 아르바이트를 하는 데 도움이 되는 것 같다. | | | | | |

| | | 전혀<br>그렇지<br>않다 | 별로<br>그렇지<br>않다 | 때때로<br>그렇다 | 대체로<br>그렇다 | 매우<br>그렇다 |
|---|---|---|---|---|---|---|
| 8 | 아르바이트 경험을 통해 내가 좋아하는 교과<br>목에 대해 알게 되었다. | | | | | |
| 9 | 아르바이트 경험을 통해 나에게 맞는 직업과<br>진로에 대해 알게 되었다. | | | | | |
| 10 | 아르바이트 경험을 통해 학교교육이 중요함<br>을 느끼게 되었다. | | | | | |
| 11 | 나는 학업과 아르바이트를 동시에 하는 것이<br>매우 부담스럽다. | | | | | |
| 12 | 나는 아르바이트를 하지 않는 학생들에 비해<br>훨씬 더 힘들게 산다는 생각이 든다. | | | | | |
| 13 | 학업과 아르바이트를 동시에 하기 때문에 내<br>가 하고 싶어하는 일들을 할 수가 없다. | | | | | |
| 14 | 학생이 아르바이트를 하는 것에 대한 부모의<br>안 좋은 시각 때문에 갈등을 느낀다. | | | | | |
| 15 | 학생이 아르바이트를 하는 것에 대한 학교의<br>안 좋은 시각 때문에 갈등을 느낀다. | | | | | |
| 16 | 학생이 아르바이트를 하는 것에 대한 사회의<br>안 좋은 시각 때문에 갈등을 느낀다. | | | | | |

8. 아르바이트 일은 여러분에게 얼마나 부담이 되나요? 적절한 칸
에 ∨표 해주세요.

| | | 전혀<br>그렇지<br>않다 | 별로<br>그렇지<br>않다 | 때때로<br>그렇다 | 대체로<br>그렇다 | 매우<br>그렇다 |
|---|---|---|---|---|---|---|
| 1 | 힘에 부칠 정도로 일이 많다. | | | | | |
| 2 | 항상 시간에 쫓겨 쉴 틈이 없다. | | | | | |
| 3 | 일을 할 때 바싹 긴장을 해야 한다. | | | | | |
| 4 | 일이 끝날 때면 녹초가 되는 느낌이 든다. | | | | | |

9. 여러분이 아르바이트를 통해 하는 일은 어떠한가요? 알맞은 칸
에 ∨표 해주세요.

| | | 전혀 그렇지 않다 | 별로 그렇지 않다 | 때때로 그렇다 | 대체로 그렇다 | 매우 그렇다 |
|---|---|---|---|---|---|---|
| 1 | 도전하고자 하는 의욕을 불러일으킨다. | | | | | |
| 2 | 단조롭고 지루하다. | | | | | |
| 3 | 흥미진진하고 즐겁다. | | | | | |
| 4 | 일을 통해 창의력을 발휘하는 느낌이 든다. | | | | | |
| 5 | 일을 통해 새롭고 유용한 것을 배울 수 있다. | | | | | |
| 6 | 일을 통해 나의 기술이나 능력을 사용할 기회가 있다. | | | | | |
| 7 | 내가 원하는 방식으로 일을 수행할 수 있다. | | | | | |
| 8 | 일의 속도를 나의 페이스에 맞게 조절할 수 있다. | | | | | |
| 9 | 나의 의견과 제안이 일에 영향을 미치고 반영된다. | | | | | |

10. 여러분은 아르바이트를 하면서 다음과 같은 감정을 얼마나 느
꼈는지 그 정도를 나타내는 숫자에 ○표 해주세요.

0————————1————————2————————3————————4

전혀 느끼지 않음                                         매우많이 느낌

| 1 | 지루함 | 0 — 1 — 2 — 3 — 4 | 5 | 여유로움 | 0 — 1 — 2 — 3 — 4 |
|---|---|---|---|---|---|
| 2 | 짜증남 | 0 — 1 — 2 — 3 — 4 | 6 | 기쁨 | 0 — 1 — 2 — 3 — 4 |
| 3 | 좌절감 | 0 — 1 — 2 — 3 — 4 | 7 | 즐거움 | 0 — 1 — 2 — 3 — 4 |
| 4 | 불쾌감 | 0 — 1 — 2 — 3 — 4 | 8 | 행복감 | 0 — 1 — 2 — 3 — 4 |

11. 여러분은 실제 일을 하면서 다친 경험이 있나요? 해당하는 칸에 ∨표 해주세요.

|   |   | 없다 | 한 번 | 두 번 | 세 번 | 네 번 이상 |
|---|---|---|---|---|---|---|
| 1 | 뜨거운 것에 데인 적이 있다. |   |   |   |   |   |
| 2 | 날카로운 것에 베인 적이 있다. |   |   |   |   |   |
| 3 | 뼈가 부러지거나 삔 적이 있다. |   |   |   |   |   |
| 4 | 교통사고를 당한 적이 있다. |   |   |   |   |   |
| 5 | 넘어지거나 떨어져서 다친 적이 있다. |   |   |   |   |   |

12. 지난 1년간 아르바이트를 하면서 다음과 같은 경험을 한 적이 있나요?

|   |   | 없음 | 한 번 | 두 번 | 세 번 | 네번 이상 |
|---|---|---|---|---|---|---|
| 1 | 임금을 제때에 받지 못한 적이 있다. |   |   |   |   |   |
| 2 | 정해진 임금보다 적게 받거나 받지 못한 적이 있다. |   |   |   |   |   |
| 3 | 정해진 업무시간을 넘게 일한 데 대한 초과수당을 제대로 받지 못한 적이 있다. |   |   |   |   |   |
| 4 | 맡은 일 이외의 다른 일까지 억지로 하게 한 적이 있다. |   |   |   |   |   |
| 5 | 고용주나 상사에 의해 일방적으로 해고당한 적이 있다 |   |   |   |   |   |
| 6 | 고용주나 상사로부터 심한 욕설을 들은 적이 있다. |   |   |   |   |   |
| 7 | 고용주나 상사로부터 맞은 적이 있다. |   |   |   |   |   |
| 8 | 고용주나 상사로부터 성희롱을 당한 적이 있다 |   |   |   |   |   |
| 9 | 고용주나 상사로부터 성폭력을 당한 적이 있다 |   |   |   |   |   |
| 10 | 일하다 입은 상해에 대해 치료비나 보상을 받지 못한 적이 있다. |   |   |   |   |   |

13. 여러분이 일하면서 받은 임금은 얼마인가요?

　　시간당 ＿＿＿＿＿원　　（또는 일당 ＿＿＿＿＿원）

여러분이 받은 임금은 여러분이 일한 것에 비해 어떻다고 생각하나요?

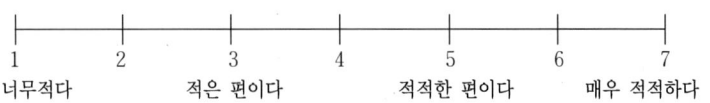

1 2 3 4 5 6 7
너무적다      적은 편이다      적적한 편이다      매우 적적하다

14. 다음은 여러분이 아르바이트 장소에서 함께 일한 또래 동료들에 관한 질문입니다.

1) 함께 일한 또래동료들은 몇 명 정도였나요? (　　　)명

2) 아르바이트 시간 이외에 동료들과 어울리는 시간은 얼마나 되나요?

□ ① 전혀 어울리지 않는다.
□ ② 한 달에 한 번 미만
□ ③ 한 달에 한두 번
□ ④ 일주일에 한두 번
□ ⑤ 일주일에 세 번 이상
□ ⑥ 기타 (　　　)

3) 아르바이트를 하며 만난 동료들에 대한 설명으로 적절한 칸에 ∨표 해주세요.

| | | 전혀 그렇지 않다 | 별로 그렇지 않다 | 때때로 그렇다 | 대체로 그렇다 | 매우 그렇다 |
|---|---|---|---|---|---|---|
| 1 | 학교를 그만두었다. | | | | | |
| 2 | 가출 경험이 있다. | | | | | |
| 3 | 술이나 담배를 한다. | | | | | |
| 4 | 본드나 가스, 약물을 한다. | | | | | |
| 5 | 술집이나 유흥업소를 출입한다. | | | | | |

15. 다음은 여러분들의 아르바이트에 대한 가정에서의 반응입니다. 해당되는 칸에 ∨표 해주세요.

| | | 전혀 그렇지 않다 | 별로 그렇지 않다 | 때때로 그렇다 | 대체로 그렇다 | 매우 그렇다 |
|---|---|---|---|---|---|---|
| 1 | 부모님은 나에게 아르바이트를 해볼 것을 권장하셨다. | | | | | |
| 2 | 아르바이트 자리를 구하는 데 있어 부모님의 도움을 받았다. | | | | | |
| 3 | 아르바이트 일에 대해 부모님과 많은 대화를 나눈다. | | | | | |
| 4 | 아르바이트에 대해 부모님은 여러 가지 격려와 충고를 해주신다. | | | | | |
| 5 | 아르바이트로 인해 어려운 일이 생길 경우 부모님에게 알려 도움을 받을 것이다. | | | | | |

16. 다음은 여러분들의 아르바이트에 대한 가정에서의 반응입니다. 해당되는 칸에 ∨표 해주세요.

| | | 전혀 그렇지 않다 | 별로 그렇지 않다 | 때때로 그렇다 | 대체로 그렇다 | 매우 그렇다 |
|---|---|---|---|---|---|---|
| 6 | 우리 학교는 학생이 아르바이트를 구하거나 아르바이트를 잘 할 수 있도록 배려해준다. | | | | | |
| 7 | 우리 학교 선생님은 아르바이트 하는 학생들을 야단치거나 그만두도록 강요하곤 한다. | | | | | |
| 8 | 우리 학교 선생님은 아르바이트 하는 학생에 대해 이해해 주는 편이다. | | | | | |
| 9 | 우리 학교 선생님은 아르바이트 생활에 대해 조언이나 격려를 해준다. | | | | | |
| 10 | 아르바이트로 인해 어려운 일이 생길 경우 학교선생님에게 알려서 도움을 받을 것이다. | | | | | |

17. 다음 문항들에 있어 여러분들이 <u>아르바이트 고용주</u>에 대해 느끼는 정도에 ∨표 해주세요.

| | | 전혀<br>그렇지<br>않다 | 대체로<br>그렇지<br>않다 | 그저<br>그렇다 | 대체로<br>그렇다 | 매우<br>그렇다 |
|---|---|---|---|---|---|---|
| 1 | 내가 고민되는 문제에 대해 이야기하면 기꺼이 들어줄 것이다. | | | | | |
| 2 | 함께 있으면 친밀감을 느끼게 해준다. | | | | | |
| 3 | 내가 취한 행동의 옳고 그름을 객관적으로 평가해 준다. | | | | | |
| 4 | 나를 인격적으로 존중해 준다. | | | | | |
| 5 | 나의 의견을 존중해주고 대체로 긍정적으로 받아들인다. | | | | | |
| 6 | 내게 생긴 문제의 원인을 찾는 데 도움이 되는 정보와 지식을 제공해 줄 것이다. | | | | | |
| 7 | 내가 현실을 이해하고 잘 적응할 수 있도록 건전한 충고를 해준다. | | | | | |
| 8 | 대체로 내가 배울 점이 많은 존경할 만한 사람이라고 생각한다. | | | | | |
| 9 | 나의 일에 대가를 바라지 않고 최선을 다해 도와줄 것이다 | | | | | |
| 10 | 내가 요청할 때마다 기꺼이 시간을 내주고 응해 줄 것이다. | | | | | |

☞ <u>11페이지</u>로 가서 나머지 문항에 응답해 주시기 바랍니다.

## 〈 아르바이트 경험이 '없는' 학생들만 응답해주시기 바랍니다.〉

Ⅲ. 평소 여러분이 아르바이트에 대해 가지고 있는 생각을 묻는 문제들입니다. 적절한 답을 골라주세요.

1. 아르바이트를 하지 않는 이유는 무엇인가요?

☐ ① 학교공부에 방해가 될까봐

☐ ② 부모님이 반대하셔서

☐ ③ 사회적으로 안 좋은 인식 때문에

☐ ④ 시간이 없어서

☐ ⑤ 몸이 힘들까 봐

☐ ⑥ 그냥 아르바이트를 하고 싶은 마음이 전혀 없다

☐ ⑦ 기 타 ( )

2. 아르바이트를 하고 싶은 생각이 있나요?

☐ ① 전혀 없다

☐ ② 해보고 싶은 마음은 있으나 아르바이트 자리를 찾아본 적은 없다

☐ ③ 하고 싶은 마음이 있으며 아르바이트 자리를 찾은 적이 있거나 찾고 있는 중이다.

3. 아르바이트를 하고 있는 학생들에 대해 어떻게 생각하나요?

☐ ① 돈을 벌 수 있으므로 부러운 생각이 든다.

☐ ② 가정형편이 안 좋기 때문일 것이므로 안됐다는 생각이 든다.

☐ ③ 안 좋은 분위기에 휩쓸리기 쉬울 것이므로 불량한 생각이 든다.

☐ ④ 기 타 ( )

**〈아르바이트 경험 여부에 상관없이 '모두' 응답해주시기 바랍니다.〉**

1. 다음은 여러분 자신에 대한 질문입니다.

1) 나의 성별은?　　□ ① 남자　　　　□ ② 여자

2) 나의 학년은?

□ ① 중2　　　　□ ② 중3　　　　□ ③ 인문계고1

□ ④ 인문계고2　　□ ⑤ 실업계고1　　□ ⑥ 실업계고2

3) 나의 연령은?　만 (　　)세

4) 내가 생각하고 있는 고등학교 졸업 후 진로는?

　□ ① 대학에 진학할 것이다.

　□ ② 취업을 하여 사회생활을 시작할 것이다.

5) 다음 보기 중 여러분이 장래 직업을 선택하는 데 있어 <u>가장 우선적</u>으로 고려하는 것부터 순서대로 번호를 적어주세요. 보기에 없는 것은 기타에 직접 적어 주세요.

| | |
|---|---|
| ① 급여(돈) | ② 일에서 느끼는 보람 |
| ③ 적성에 맞는지 여부 | ④ 명예 |
| ⑤ 권력 | ⑥ 기타 (　　) |

　　(　　) → (　　) → (　　)→ (　　)→ (　　)

6) 여러분은 학교를 통해 아르바이트와 관련하여 주의할 점 등에 대한 교육프로그램을 들은 적이 있나요?

　□ ① 있다　　　　□ ② 없다

2. 다음은 여러분의 용돈에 대한 질문입니다.

1) 여러분이 한 달 동안 쓰는 용돈은 얼마나 되나요?

☐ ① 1만 원 미만  ☐ ② 1만 원 이상-3만 원 미만
☐ ③ 3만 원 이상-5만 원 미만  ☐ ④ 5만 원 이상-10만 원 미만
☐ ⑤ 10만 원 이상-15만 원 미만  ☐ ⑥ 15만 원 이상-20만 원 미만
☐ ⑦ 20만 원 이상

2) 용돈액수에 대해 어떻게 느끼나요?

| 1 | 2 | 3 | 4 | 5 | 6 | 7 |
|---|---|---|---|---|---|---|
| 너무 적다 | | 적은 편이다 | | 충분한 편이다 | | 매우 충분하다 |

3) 용돈 마련은 주로 어떻게 하나요?

☐ ① 전부 부모님으로부터 받는다.

☐ ② 대부분 부모님으로부터 받고 일부 내가 번다.

☐ ③ 대부분 내가 벌고 일부 부모님으로부터 받는다.

☐ ④ 전부 내가 번다.

☐ ⑤ 기타 (        )

4) 여러분은 용돈을 주로 어디에 쓰는지 순서대로 세 가지를 골라
주세요.

(        ) → (        ) → (        )

① 친구와 어울리기, 놀기

② 옷, CD 등 구입

③ 식사, 간식비

④ 학용품, 참고서 구입

⑤ 문화활동(영화, 스포츠 관람, 여행……)

⑥ 담배, 술 구입

⑦ 데이트 비용

⑧ 기타 (          )

3. 다음은 여러분 가족에 대한 질문입니다.

1) 부모님의 연령은?    아버지 만(    )세    어머니 만(    )세

2) 나의 가족관계는?

□ ① 친아버지 친어머니 모두 계신다.

□ ② 친아버지만 혼자 계신다.

□ ③ 친어머니만 혼자 계신다.

□ ④ 친아버지와 계모가 계신다.

□ ⑤ 친어머니와 계부가 계신다.

□ ⑥ 두 분 다 안 계신다.

3) 나의 형제관계는?

(    )남 (    )녀 중 (    )째

4) 여러분 가정의 한 달 평균 수입은 대략 얼마 정도 되나요?

□ ① 50만 원 미만

□ ② 50만 원 이상-100만 원 미만

□ ③ 100만 원 이상-150만 원 미만

□ ④ 150만 원 이상-200만 원 미만

□ ⑤ 200만 원 이상-250만 원 미만

□ ⑥ 250만 원 이상-300만 원 미만

□ ⑦ 300만 원 이상-350만 원 미만

□ ⑧ 350만 원 이상-400만 원 미만

□ ⑨ 400만 원 이상

5) 여러분 가정의 생활 정도는 다음 중 어디에 해당된다고 생각하나요?

```
    ├───────┼───────┼───────┼───────┼───────┼───────┤
    1       2       3       4       5       6       7
가장 못사는 층              중간층               가장 잘사는 층
```

6) 아버지의 교육 정도는 어떠한가요?

□ ① 무학      □ ② 국졸

□ ③ 중졸      □ ④고졸

□ ⑤ 대졸      □ ⑥ 대학원졸 이상

7) 어머니의 교육 정도는 어떠한가요?

□ ① 무학      □ ② 국졸

□ ③ 중졸      □ ④고졸

□ ⑤ 대졸      □ ⑥ 대학원졸 이상

8) 아버지는 어떠한 일을 하고 계시나요?

□ ① 직업이 없다 → 직업이 없다면 일을 안 하신지는 얼마나 되었습니까?

         □ ① 1달 미만       □ ② 6개월 미만

         □ ③ 6개월-1년      □ ④ 1년 이상

□ ② 직업이 있다 → 어떤 일을 하시나요? (            )

(아래 〈표〉를 참조하여 답해주세요.)

9) 어머니는 어떠한 일을 하고 계시나요?

□ ① 직업이 없다

□ ② 직업이 있다 → 어떤 일을 하시나요? (    )

(아래 〈표〉를 참조하여 답해 주세요.)

242

## 〈표〉

**전문직**

| | |
|---|---|
| 01) 의사, 약사, 간호사 | 02) 변호사, 법조인 |
| 03) 교수, 연구원 | 04) 교사, 강사 |
| 05) 언론인, 방송인, 작가, 예술가, 체육인, 종교인 | |
| 06) 건축사, 엔지니어 | 07) 항공/선박 승무원 |

**관리직**

| | |
|---|---|
| 11) 기업체 및 자영업 경영주(5인 이상 고용) | 12) 기업체 간부(대기업 부장급 이상) |
| 13) 고급공무원(중앙관서 과장 및 지방관서 국장 이상) | |
| 14) 자영업체 간부 및 사회단체 간부 | 15) 군인(영관급 이상), 경찰(경정 이상) |

**사무직**

| | |
|---|---|
| 21) 회사원, 은행원 | 22) 일반공무원(사무관 이하) |
| 23) 사회단체 직원 | 24) 군인(하사관급), 경찰(경감 이하) |

**판매/서비스직**

| | |
|---|---|
| 31) 소규모 가게 주인(5인 미만 고용) | 32) 요식업소 경영주(음식점, 카페) |
| 33) 숙박, 미용업소 경영주 | 34) 서비스직 종업원, 도/소매업 점원 |
| 35) 부동산 중개인 | 36) 경비원, 청소원 등 |

**생산직**

| | |
|---|---|
| 41) 생산감독(주임 및 반장) | 42) 숙련노동자, 기능공 |
| 43) 반숙련 노동자 | 44) 건설현장인부, 막노동자 |
| 51) 농어촌산업(자영농, 소작농, 축산, 어업) | |

---

★ 장시간 설문에 응답하느라 수고 많이 하셨습니다.

빠뜨린 문항이 없는지 다시 한번 확인해주시기 부탁드립니다.

대단히 감사합니다!

· 저자 ·

김예성    · 약 력 ·
(金芮成)    서울대학교 인문대학 서양사학과 졸업
서울대학교 사회과학대학원 사회복지학 석사
서울대학교 사회과학대학원 사회복지학 박사

한국청소년문화연구소 연구원
서울대학교 사회과학연구원 전임연구원

· 주요논저 ·
「초등학생의 또래괴롭힘에 영향을 미치는 요인」
「학교청소년의 노동시장참여 경험여부와 노동시장참여 동기에 따른 특성 차
이 연구」
「청소년 아르바이트 경험과 학교적응의 관계에 관한 연구 : 노동-학업간
갈등을 중심으로」
외 다수

## 청소년의 아르바이트 경험과 적응

· 초판 인쇄    2008년 1월 10일
· 초판 발행    2008년 1월 10일

· 지 은 이    김예성
· 펴 낸 이    채종준
· 펴 낸 곳    한국학술정보㈜
경기도 파주시 교하읍 문발리 513-5
파주출판문화정보산업단지
전화   031) 908-3181(대표) · 팩스   031) 908-3189
홈페이지   http://www.kstudy.com
e-mail(출판사업부)   publish@kstudy.com
· 등   록    제일산-115호(2000. 6. 19)
· 가   격

26,000원

ISBN   978-89-534-8035-3 93330 (Paper Book)
      978-89-534-8036-0 98330 (e-Book)